COLLECTION
FOLIO/HISTOIRE

Jean Maitron

Ravachol
et les anarchistes

Gallimard

Cet ouvrage a originellement paru dans la collection Archives
dirigée par Pierre Nora et Jacques Revel

Né le 17 décembre 1910 à Sardy-lès-Épiry (Nièvre), Jean Maitron fut instituteur puis professeur de cours complémentaire jusqu'en 1955. Dès 1940, Jean Maitron avait décidé de se consacrer à l'histoire sociale. Il entreprit, la paix revenue, une thèse d'État sur l'histoire du mouvement anarchiste en France. Il la soutint en 1950, sa thèse complémentaire étant consacrée à un militant anarcho-syndicaliste, Paul Delesalle. Puis il entreprit d'élaborer un *Dictionnaire biographique du mouvement ouvrier français et international*. Détaché au CNRS pour cinq ans, il put avancer grandement dans la rédaction du *Dictionnaire,* œuvre collective réunissant une centaine de participants.

Chemin faisant, Jean Maitron s'était consacré à la quête d'archives ouvrières et avait fondé le 18 mars 1949, sous le patronage de G. Bourgin et d'Ed. Dolléans, l'Institut français d'histoire sociale qui fut doté d'importantes archives de militants, dont celles de P. Delesalle, d'E. Armand, de P. Monatte, etc. Il en fut le secrétaire durant vingt ans (jusqu'en septembre 1969), créant également en 1951 une revue, *L'Actualité de l'Histoire,* à laquelle succéda, en 1960, *Le Mouvement social* dont les animateurs furent, après lui, Madeleine Rebérioux puis Patrick Fridenson.

Nommé en 1963 maître-assistant à la Sorbonne (aujourd'hui Paris I), il eut pour mission de fonder un Centres d'histoire du syndicalisme dont E. Labrousse fut le premier directeur.

Par lettre du 11 mars 1981, Jean Maitron fit don au Centre d'histoire du syndicalisme et à différents centres nationaux de sa bibliothèque et de ses archives sociales. Le 16 novembre 1987, Jean Maitron s'éteignit. Le 16 novembre 1988, la bibliothèque du Centre prit le nom de Jean Maitron.

Il n'y a, il ne peut y avoir ni **Credo,** ni **Catéchisme** libertaires.

Ce qui existe et ce qui constitue ce qu'on peut appeler la doctrine anarchiste, c'est un ensemble de principes généraux, de conceptions fondamentales et d'applications pratiques sur lesquels l'accord s'est établi entre individus qui pensent en ennemis de l'Autorité et luttent, isolément ou collectivement, contre toutes les disciplines et contraintes politiques, économiques, intellectuelles et morales qui découlent de celle-ci.

Il peut donc y avoir et, en fait, il y a plusieurs variétés d'anarchistes mais toutes ont un trait commun qui les sépare de toutes les autres variétés humaines. Ce point commun, c'est la **négation du principe d'Autorité dans l'organisation sociale et la haine de toutes les contraintes qui procèdent des institutions basées sur ce principe.**

Ainsi, quiconque nie l'Autorité et la combat est anarchiste. (...)

L'Autorité revêt trois formes principales engendrant trois groupes de contraintes : 1° la forme politique : l'**Etat;** 2° la forme économique : le **Capital;** 3° la forme morale : la **Religion.**

Sébastien FAURE,
Encyclopédie anarchiste.

Le cadre

Les documents que nous présentons ici n'ont nullement l'ambition de former un récit continu du mouvement anarchiste en France ni de fournir l'image complète de la doctrine et de l'action. Bien plus : ils risquent parfois, par leur caractère disparate et leur longueur inégale, de fausser les proportions d'ensemble. Il suffira pourtant de les parcourir pour en constater l'intérêt : leur saveur, leur variété nous justifieront d'avoir préféré ici l'inédit au connu et sacrifié l'explication générale du phénomène anarchiste à quelques coups de projecteurs limités mais essentiels.

Après avoir vécu de longues années de recherches dans l'intimité du milieu anarchiste à la fin du siècle dernier, il nous a paru que quelques textes — comme les curieux Mémoires de Ravachol ou de Garnier, un des « bandits tragiques » — des dossiers de police inédits et des correspondances privées — comme celle de Victor Serge —, étaient dans leur crudité et leur continuité aussi éclairants que de longs commentaires; et surtout, portaient sur les hommes et leurs actes un témoignage d'une autre nature que l'analyse historique, qui méritait donc d'être entendu.

D'où cette galerie d'hommes, d'actes, de témoignages que relie seulement un fil conducteur mais qui, de la Commune à la Grande Guerre, illustre les moments les plus marquants de la geste anarchiste. L'action militante, individuelle avec Ravachol, devient collective avec l'entrée des anarchistes dans les syndicats et les Bourses du Travail. Elle redevient individuelle et dégénère avec Bonnot et sa bande.

Aussi distinguerons-nous trois phases dans cette his-

toire : la propagande par le fait, l'anarcho-syndicalisme, l'illégalisme. C'est dans ce cadre que nous situerons nos documents.

1
La propagande par le fait

A l'échelle internationale, le mouvement anarchiste est né des divergences graves qui opposèrent au sein de la Première Internationale Marx et Bakounine, « autoritaires » et « anti-autoritaires ». Elles aboutirent à une scission définitive au Congrès de La Haye en 1872.

En France, au lendemain de l'écrasement de la Commune, « la section française de l'Internationale dissoute, les révolutionnaires fusillés, envoyés au bagne ou condamnés à l'exil (...); la terreur confinant au plus profond des logis les rares hommes échappés au massacre », c'est dans cette atmosphère décrite par Pelloutier [1] que, au cours des années suivantes, certains disciples de Bakounine tentent en vain de se regrouper. Dans l'exil, en Suisse notamment, d'autres se prononcent en 1879-1880 pour le communisme anarchiste, pour l'abolition de toutes les formes de gouvernement et la libre fédération des groupes producteurs et consommateurs [2], affirment l'absolue nécessité de sortir du terrain légal pour porter l'action sur celui de l'illégalité, seule voie menant à la Révolution [3].

On retrouve ces idées exprimées dans les résolutions d'un congrès international qui veut marquer une renais-

1. *Histoire des Bourses du Travail* (A. Costes, 1921), p. 69.
2. *Le Révolté*, 18 octobre 1879.
3. Compte rendu de la réunion tenue à Vevey, en septembre 1880. Cf. Archives Nationales F7 12.504.

sance de l'Internationale « anti-autoritaire ». Il se tient à Londres le 14 juillet 1881 et proclame notamment :

... Désormais la grande Association qui, il y a dix ans faisait trembler la bourgeoisie, va prendre une vie nouvelle.

Tous ceux qui, réellement, sans réticences, veulent la révolution sociale et qui comprennent que la révolution ne se prépare que par des moyens révolutionnaires, — se donnent aujourd'hui la main et constituent une seule organisation, vaste et puissante, l'ASSOCIATION INTERNATIONALE DES TRAVAILLEURS.

Assez de patauger dans la boue parlementaire! Assez de chercher des chemins tortueux pour arriver à notre but! Assez de supplier là où l'ouvrier doit prendre ce qui lui appartient de droit. Assez de se prosterner devant les idoles du passé! [...]

Les représentants des socialistes-révolutionnaires des deux mondes, réunis à Londres le 14 juillet 1881, tous partisans de la destruction intégrale, par la force, des institutions actuelles, politiques et économiques, ont accepté cette déclaration de principes (*celle du premier congrès de l'Internationale tenu à Genève en 1866*).

Ils déclarent — d'accord, d'ailleurs, avec la conception que lui a toujours donnée l'Internationale; — que le mot *morale* employé dans les considérants n'est pas employé dans le sens que lui donne la bourgeoisie, mais dans ce sens que la société actuelle, ayant pour base l'immoralité, ce sera l'abolition de celle-ci, par tous les moyens, qui nous amènera à la moralité.

Considérant que l'heure est venue, de passer de la période d'affirmation à la période d'action, et de joindre à la propagande verbale et écrite, dont l'inefficacité est démontrée, la propagande par le fait et l'action insurrectionnelle. [...]

Le Congrès émet le vœu que les organisations adhérentes à l'Association Internationale des Travailleurs veuillent bien tenir compte des propositions suivantes :

Il est de stricte nécessité de faire tous les efforts pos-

sibles pour propager par des actes, l'idée révolutionnaire et l'esprit de révolte dans cette grande fraction
de la masse populaire qui ne prend pas encore une
part active au mouvement, et se fait des illusions sur
la moralité et l'efficacité des moyens légaux.

En sortant du terrain légal, sur lequel on est générale-
lement resté jusqu'aujourd'hui, pour porter notre action
sur le terrain de l'illégalité qui est la seule voie menant
à la révolution, — il est nécessaire d'avoir recours à
des moyens qui soient en conformité avec ce but. [...]

Les sciences techniques et chimiques ayant déjà rendu
des services à la cause révolutionnaire et étant appelées
à en rendre encore de plus grands à l'avenir, le Congrès
recommande aux organisations et individus faisant partie de l'Association Internationale des Travailleurs, de
donner un grand poids à l'étude et aux applications de
ces sciences comme moyen de défense et d'attaque.

*En France, la séparation définitive des anarchistes
et des autres groupes socialistes date du congrès régional du Centre tenu à Paris le 22 mai 1881. A partir
de cette même époque, les compagnons vont préconiser
inlassablement « la propagande par le fait », destinée à
affirmer par des actes révolutionnaires les principes
anarchistes. Sous des rubriques intitulées « Etudes scientifiques » ou « Produits antibourgeois », les journaux
anarchistes tels* le Drapeau noir, l'Affamé, la Lutte
sociale, *expliqueront à leurs lecteurs comment fabriquer
des bombes pour faire la révolution. En vain d'ailleurs,
et les actes seront rares. A partir de 1887-1888 cesse
cette propagande qui finit même par être dénoncée
comme inefficace...*

*Et pourtant, c'est de 1892 à 1894 que naît et se
développe en France une véritable épidémie terroriste.*

*L'affaire de Clichy (chap. I : le défi) est le point de
départ. En même temps que Ravachol se faisait le
justicier des compagnons frappés, d'autres attentats, ici
et là, étaient perpétrés dont les auteurs n'étaient pas
toujours retrouvés. Bientôt les journaux inauguraient*

une rubrique permanente : « la dynamite ». Les compagnons n'étaient d'ailleurs pas seuls à pratiquer la « propagande par le fait ». Des fous, de mauvais plaisants, des individus qui voulaient faire peur à leur propriétaire ou à leur concierge, rédigeaient des lettres de menaces, non suivies d'exécution le plus souvent, dont plusieurs milliers sont réunies dans des cartons de la Préfecture de Police. Elles étaient du type :

Avis : Vous vous êtes rendu coupable de tel abus de pouvoir. Le Comité exécutif a décidé que vous sauteriez tel jour, à telle heure...

La peur gagnait certains. Et l'on vit un propriétaire donner congé au commissaire de police qui avait arrêté Ravachol et se trouvait, de ce fait, menacé de représailles anarchistes ou encore un magistrat de Saint-Etienne s'enfuir pour ne pas juger les complices de Ravachol. Cas isolés certes, mais qui donnent une idée de la crise...

Les compagnons, eux, ne se contentent d'ailleurs pas de menacer. Les explosions répondent aux condamnations ou aux exécutions, la terreur anarchiste à la terreur bourgeoise. Le cordonnier Léauthier poignarde « le premier bourgeois venu » en la personne du ministre de Serbie à Paris [1]. Et Vaillant lance une bombe à la Chambre des députés sur « les bouffe-galette de l'Aquarium [2] ». « Qu'importent les victimes, si le geste est beau! » proclame à cette occasion le poète Laurent Tailhade! Et le gouvernement d'en profiter pour faire voter en quelques jours, on pourrait dire en quelques heures, « les lois scélérates » par la suite si souvent utilisées, et pas seulement contre les anarchistes. Une semaine après l'exécution de Vaillant, Henry lance sa bombe au café Terminus près de la gare Saint-Lazare [3]. Puis le Belge Pauwels saute à l'église de la Madeleine avec

1. 13 novembre 1893.
2. 9 décembre 1893.
3. 12 février 1894.

13 Le cadre

l'engin qu'il transportait [1]. Et c'est la bombe du restaurant Foyot [2] qui crève l'œil de Laurent Tailhade... « *Qu'importe la victime!...* » *Enfin, Santo Geronimo Caserio poignarde, le 24 juin 1894, le Président de la République Sadi Carnot,* « *Carnot le tueur* », *celui qui s'est refusé à grâcier Vaillant. Le lendemain,* « *Madame veuve Carnot* » *recevait une photographie de Ravachol qu'accompagnaient ces mots :* « *Il est bien vengé!* »

De ces attentats, dont l'énumération serait fastidieuse, nos trois premiers chapitres illustrent quelques-uns des plus représentatifs.

2

Changement
de tactique

Le procès des Trente mit fin à cette flambée terroriste. En août 1894, comparurent devant les Assises de la Seine les principaux leaders anarchistes dont Jean Grave et Sébastien Faure. Ils furent acquittés.

Ce verdict de sagesse, s'il contribua à l'apaisement, ne fut cependant pas la cause déterminante de la fin des attentats. Cette cause fut la condamnation, par les anarchistes eux-mêmes, de la « *dynamite individuelle* », *condamnation prononcée avant même qu'aient explosé les premières bombes de Ravachol.* « *Un édifice basé sur des siècles d'histoire ne se détruit pas avec quelques kilos d'explosifs* », *écrivait Kropotkine dans* la Révolte *des 18-24 mars 1891. Et il souhaitait que désormais* « *l'idée anarchiste et communiste pénètre dans les masses* ».

Convaincus de l'inefficacité du terrorisme individuel,

1. 15 mars 1894.
2. 4 avril 1894. L'auteur est demeuré inconnu. Cf. un chapitre de notre ouvrage : *Le Syndicalisme révolutionnaire, Paul Delesalle, 1870-1948* (Les Editions ouvrières).

les anarchistes n'eurent donc aucun mal à renoncer à le pratiquer et si, par solidarité, ils n'accablèrent pas ceux des leurs qui s'y adonnaient, ils soulignèrent maintes fois, durant la période des attentats de 1892-1894, la nécessité d'être aux côtés des travailleurs, d'entrer dans les syndicats et de prêcher d'exemple dans l'action.

Emile Pouget, impliqué dans le Procès des Trente, mais qui avait pu, à temps, passer la frontière, avait dû renoncer à faire paraître son Père Peinard *dont le dernier numéro parisien est daté du 21 février 1894. A Londres, dès octobre, il reprend la plume et, dans le style « prolo » qui lui est propre, développe la tactique nouvelle.*

A ROUBLARD ROUBLARD ET DEMI [1]!

Par le temps qui court, il ne fait pas bon crier sur les toits qu'on est anarcho.

Y a même pas besoin d'ouvrir le bec pour être fichu au clou, il suffit d'avoir une tête déplaisant à quelque roussin! [...]

Est-ce à dire que les gars d'attaque doivent suivre les ordres de la gouvernance : poser leur chique et faire les morts? [...]

Non, non! C'est moins que jamais le moment de rentrer dans sa coquille et d'y subir, kif-kif une huître, toutes les avanies des capitalos. [...]

Puisqu'il n'y a plus mèche de faire carrément de la propagande et d'afficher ses idées au plein soleil, il s'agit de biaiser, de manœuvrer en douceur, de telle manière que les bandits de la haute n'y puissent rien trouver de répréhensible.

Un endroit, où y a de la riche besogne, pour les camaros à la redresse, c'est la Chambre syndicale de leur corporation. Là, on ne peut pas leur chercher pouille : les Syndicales sont encore permises; elles ne sont pas, — à l'instar des groupes anarchos, — consi-

---

1. *Le Père Peinard*, série londonienne, 1re quinzaine d'octobre 1894.

dérées comme étant des associations de malfaiteurs. [...]

Je sais qu'on peut rengainer bien des choses contre les Syndicales : « Qu'elles sont des nids d'ambitieux... Que de là sont sortis ces tristes socialos à la manque, qui rêvent de devenir les grands seigneurs du Quatrième Etat. »

Ben oui, toute médaille a son revers! Mais, de là à conclure que les Syndicales sont pour les ambitieux, ce que sont les cloches pour les melons... il y a loin! Si les ambitieux ont fourmillé, et fourmillent encore, dans ces groupements, c'est parce que les gars francs du collier n'y ont pas mis le hola. Et dam, les ambitieux, c'est kif-kif les punaises : c'est le diable pour s'en dépêtrer.

Si, la première fois que ces merles-là ont jacassé d'élections et autres ragougnasses politicardes, un bon bougre s'était trouvé à point pour leur répliquer : « La Syndicale n'est pas une couveuse électorale, mais bien un groupement pour résister aux crapuleries patronales et préparer le terrain à la Sociale. La Politique, n'en faut pas! Si tu en pinces pour elle vas-en faire aux chiottes! »

Du coup, vous auriez vu, sinon tous, du moins la grosse part des prolos, approuver le camaro et envoyer coucher l'ambitieux. [...]

Qu'un copain essaie, qu'il adhère à sa Syndicale, qu'il ne brusque pas le mouvement, qu'au lieu de vouloir ingurgiter tout de go ses idées aux camarades, il y aille en douceur, et prenne pour tactique, chaque fois qu'un ambitieux viendra bavasser élections municipales, législatives, ou autres saloperies, de dire en quatre mots : « La Syndicale a pour but de faire la guerre aux patrons, et non de s'occuper de politique... » S'il est assez finaud pour ne pas prêter le flanc aux mensonges des aspirants bouffe-galette, qui ne manqueront pas d'en baver pis que pendre sur son compte, il se verra vivement écouté. [...]

Le problème est celui-ci : « Je suis anarcho, je veux

semer mes idées, quel est le terrain où elles germeront le mieux?

« J'ai déjà l'usine, le bistrot... je voudrais quéque chose de mieux : un coin où je trouve des prolos se rendant un peu compte de l'exploitation que nous subissons et se creusant la tête pour y porter remède... Ce coin existe-t-il? »

Oui, nom de dieu! Et il est unique : c'est le groupe corporatif! [...]

... Tabler sur des trucs légaux pour se tirer de la mistoufle est aussi illusoire que de réclamer l'appui d'une crapule contre son associé.

Le gouvernement est, forcément, l'ami des exploiteurs : ils sont indispensables l'un à l'autre. C'est se monter le job que d'attendre des autorités quelque chose qui nous soit favorable.

Les socialos politicards sont d'un avis contraire : ils prétendent forcer la gouvernance à faire des réformes. Ils se trompent. Y a qu'à voir à quoi ils aboutissent : tous les jours ils abandonnent un morceau de leur ancien programme; avant peu, y aura plus mèche de les distinguer d'avec les radicaux.

La cinquantaine de dépotés socialos qui moisissent à l'Aquarium se contentent de se laisser vivre. Si, par hasard, histoire de prouver qu'ils ne sont pas d'absolus propres à rien, ils font un peu de boucan, en faveur du populo, la gouvernance les laisse dire, et continue comme si rien n'était, à intervenir en faveur des patrons. [...]

Faisons donc nos affaires nous-mêmes, et garons-nous des intermédiaires. En tout et pour tout, les intermédiaires sont d'abominables sangsues.

Ceci dit, voici, par à peu près, quel doit être le turbin de la Syndicale :

Primo, elle doit constamment guigner le patron, empêcher les réductions de salaires et autres crapuleries qu'il rumine. Si les prolos n'étaient pas toujours sur le qui-vive, les singes les auraient vite réduits à boulotter des briques à la sauce aux cailloux?

Deuxièmo, outre ce turbin journalier, qui est la popote courante, y a une autre besogne, bougrement chouette : préparer le terrain à la Sociale.

Nous subissons le patron, parce qu'il n'y a pas mèche de faire autrement. Nous savons que c'est de notre travail qu'il s'engraisse. Si, pour le moment, nous nous contentons de le tenir en respect, nous espérons bien, un de ces quatre matins, être assez à la hauteur pour le foutre carrément à la porte.

C'est cela qu'à la Syndicale nous devons expliquer aux nouveaux venus qui y rappliquent, pour se garantir contre l'exploitation.

L'usine est à nous tous : chaque brique des murs est cimentée de notre sueur; chaque rouage des machines est graissé de notre sang.

Quel beau jour, celui où nous pourrons reprendre notre bien, — faire la grande Expropriation.

Ça fait, nous nous alignerons pour turbiner en frangins. Et, si l'ex-patron ne fait pas le rouspéteur, on lui fera une place à l'usine : il travaillera à égalité, kif-kif les camaros.

Voilà, mille marmites, ce qu'il faudrait dégoiser aux bons bougres qui s'amènent à la Syndicale, tout chauds et bouillants.

Quelle galbeuse tournure ça prendrait, si les groupes corporatifs étaient farcis de fistons marioles, ayant une haine carabinée pour les patrons et les gouvernants.

Des gas ne se désintéressant pas de la lutte au jour le jour, — si mesquine qu'elle paraisse, — comprenant que c'est la vie actuelle, et que s'en isoler est malsain;

Des gas ne regardant pas comme des couillonnades indignes d'eux, de fourrer leur grain de sel dans les grèves et toutes les chamailleries s'élevant entre ouvriers et patrons;

Mais, turellement, faisant converger tous leurs actes, — même les plus petiots —, vers le but à atteindre : le chambardement général.

Dès le printemps 1895, les journaux anarchistes ont retrouvé droit de cité en France et, dans les **Temps Nouveaux,** *nouvel hebdomadaire de Jean Grave, le secrétaire général de la Fédération des Bourses du Travail, l'anarchiste Fernand Pelloutier, prenait position après Pouget et dans le même sens, sur le problème de l'entrée des anarchistes dans les syndicats.*

L'ANARCHISME ET LES SYNDICATS OUVRIERS [1]

De même que bien des ouvriers de ma connaissance hésitent, quoique désabusés du socialisme parlementaire, à faire profession de socialisme libertaire, parce que, à leur sens, toute l'anarchie consiste dans l'emploi... individuel... de la dynamite, de même je sais nombre d'anarchistes qui, par un préjugé fondé d'ailleurs, se tiennent à l'écart des syndicats et, le cas échéant, les combattent, parce que pendant un temps cette institution a été le véritable terrain de culture des aspirants députés. [...]

Cependant, le rapprochement commencé dans quelques grands centres industriels ou manufacturiers ne cesse de s'étendre. Un camarade de Roanne a naguère indiqué aux lecteurs des *Temps Nouveaux* que, non seulement les anarchistes de cette ville sont entrés enfin dans les groupes corporatifs, mais qu'ils y ont acquis par leur énergie et l'ardeur de leur prosélytisme une autorité morale réellement profitable à la propagande. Ce que nous avons appris touchant les syndicats de Roanne, je pourrais le dire de maints syndicats d'Alger, de Toulouse, de Paris, de Beauvais, de Toulon, etc., qui, entamés par la propagande libertaire, étudient aujourd'hui les doctrines dont hier ils refusaient, sous l'influence marxiste, d'entendre même parler. [...]

Cette entrée des libertaires dans le syndicat eut un résultat considérable. Elle apprit d'abord à la masse

1. Article écrit par Fernand Pelloutier le 20 octobre 1895, publié dans *Les Temps Nouveaux* (2-8 novembre 1895), journal de Jean Grave.

la signification réelle de l'anarchisme, doctrine qui, pour s'implanter, peut fort bien, répétons-le, se passer de la dynamite... individuelle; et, par un enchaînement naturel d'idées, elle révéla aux syndiqués ce qu'est et ce que peut devenir cette organisation corporative dont ils n'avaient eu jusqu'alors qu'une étroite conception.

Personne ne croit ou n'espère que la prochaine révolution, si formidable qu'elle doive être, réalise le communisme anarchique pur. Par le fait qu'elle éclatera, sans doute, avant que soit achevée l'éducation anarchiste, les hommes ne seront point assez mûrs pour pouvoir s'ordonner absolument eux-mêmes, et longtemps encore les exigences des caprices étoufferont en eux la voix de la raison. Par conséquent (l'occasion est bonne pour le dire), si nous prêchons le communisme parfait, ce n'est ni avec la certitude ni même avec l'esprit que le communisme sera la forme sociale de demain; c'est pour avancer, approcher le plus possible de la perfection l'éducation humaine, pour avoir, en un mot, le jour venu de la conflagration, atteint le maximum d'affranchissement. Mais l'état transitoire à subir doit-il être nécessairement, fatalement la geôle collectiviste? Ne peut-il consister en une organisation libertaire limitée exclusivement aux besoins de la production et de la consommation, toutes institutions politiques ayant disparu? Tel est le problème qui, depuis de longues années, préoccupe et à juste titre beaucoup d'esprits.

Or, qu'est-ce que le syndicat? Une association, d'accès ou d'abandon libre, sans président, ayant pour tous fonctionnaires un secrétaire et un trésorier révocables dans l'instant, d'hommes qui étudient et débattent des intérêts professionnels semblables. Que sont-ils, ces hommes? Des producteurs, ceux-là mêmes qui créent toute la richesse publique. Attendent-ils, pour se réunir, se concerter, agir, l'agrément des lois? Non; leur constitution légale n'est pour eux qu'un amusant moyen de faire de la propagande révolutionnaire avec la garantie du gouvernement, et d'ailleurs combien d'entre eux ne figurent pas et ne figureront jamais sur l'Annuaire officiel des Syndicats? Usent-ils du mécanisme parlementaire pour prendre leurs résolutions? Pas davantage; ils discutent, et l'opinion la plus répandue fait loi, mais une loi sans sanction, exécutée précisément parce qu'elle est subordonnée à l'acceptation individuelle — sauf le cas, bien entendu, où il s'agit de résister au patronat. Enfin, s'ils nomment à chaque séance un président, un délégué à l'ordre, ce n'est plus que par l'effet de l'habitude, car une fois nommé, ce président est parfaitement oublié et oublie fréquemment lui-même la fonction dont ses camarades l'ont investi. Laboratoire des luttes économiques, détaché des compétitions électorales, favorable à la grève générale avec toutes ses conséquences, s'administrant anarchiquement, le syndicat est donc bien l'organisation à la fois révolutionnaire et libertaire qui pourra seule contre-balancer et arriver à détruire la néfaste influence des politiciens collectivistes.

Supposons maintenant que, le jour où éclatera la révolution, la presque totalité des producteurs soit groupée dans les syndicats; n'y aura-t-il pas là, prête à succéder à l'organisation actuelle, une organisation quasi libertaire, supprimant de fait tout pouvoir politique, et dont chaque partie, maîtresse des instruments de production, réglerait toutes ses affaires elle-même, souverainement, et par le libre consentement de ses membres? Et ne serait-ce pas « l'association libre des producteurs libres »? [...]

Que les hommes libres entrent donc dans le syndicat, et que la propagation de leurs idées y prépare les travailleurs, les artisans de la richesse, à comprendre qu'ils doivent régler leurs affaires eux-mêmes et à briser, par suite, le jour venu, non seulement les formes politiques existantes, mais toute tentative de reconstitution d'un pouvoir nouveau. Cela montrera aux autoritaires combien était fondée leur crainte, déguisée en dédain du « syndicalisme » et combien éphémère leur doctrine, disparue avant même d'avoir pu s'affirmer!

Cette entrée des anarchistes dans les syndicats marque un tournant capital dans l'histoire du mouvement ouvrier français.

En ce qui concerne celle du mouvement anarchiste, ce fut l'âge d'or. Du moins pendant quelques années. Car le moyen devint une fin et le syndicalisme révolutionnaire s'annexa nombre de compagnons — parmi les plus importants — qui furent perdus pour l'anarchisme proprement dit. Nos deux chapitres centraux évoquent cette conquête de la C.G.T. par les compagnons, cette conquête des compagnons par la C.G.T...

3
La reprise individuelle

Un mal redoutable menaçait cependant le mouvement. Ce mal s'appelait l'illégalisme. A aucun moment il ne contamina toute l'anarchie. Mais jamais il n'avait été complètement absent des théories et de la pratique libertaires. Le mouvement connut toujours des « en dehors », des « hors du troupeau », des « réfractaires », tous vocables qui servirent de titres à des journaux anarchistes, qui servirent aussi à définir, d'un mot ou d'une expression, un courant idéologique.

En 1887, Duval, en 1889, Pini défrayèrent la chronique comme adeptes de la reprise individuelle, du droit au vol. Le premier, condamné à mort, fut finalement dirigé sur le bagne d'où il s'évada. Le second accueillit la sentence qui le condamnait à vingt ans de travaux forcés au cri de : Vive l'anarchie ! A bas les voleurs! *Leurs actes, le bruit fait autour de leur condamnation, obligèrent les théoriciens libertaires à prendre position. Certains, comme Jean Grave, tout en justifiant les actes de Duval et de Pini, déniaient toute valeur révolutionnaire à la reprise individuelle. D'au-*

tres, comme Sébastien Faure, Elisée Reclus et son neveu Paul, approuvaient le vol que ce dernier justifiait en ces termes dans un article publié dans la Révolte, *le 21 novembre 1891 :*

Ce que j'appellerai ma proposition principale est celle-ci : *Dans notre société actuelle, le vol et le travail ne sont pas d'essence différente.* Je m'élève contre cette prétention qu'il y a un honnête moyen de gagner sa vie, le travail; et un malhonnête, le vol ou l'estampage. [...]

Comme producteur, nous cherchons à obtenir le plus possible de notre travail, comme consommateur, nous payons le moins cher possible, et de l'ensemble de ces transactions, il résulte que tous les jours de notre vie, nous sommes volés et que nous volons. [...]

L'activité de la vie que nous rêvons est également éloignée de ce qu'on nomme aujourd'hui le travail et de ce qu'on nomme le vol : on prendra sans demander et cela ne sera pas le vol, on emploiera ses facultés et son activité et cela ne sera pas le travail. [...]

Une quinzaine d'années plus tard, ce sont les exploits de la bande Jacob qui attirent l'attention, bande organisée vers 1900 et qui, en 1905, aurait accompli une centaine de vols, le montant des « reprises » étant évalué à 5 millions. Même si ce chiffre d'affaires *paraît « gonflé », comme nous l'écrivait Jacob le 5 mai 1949, il n'en est pas moins vrai que l'entreprise fut importante; elle valut d'ailleurs à son animateur quelque vingt ans de bagne.*

Marius Jacob — le modèle, a-t-on dit, de l'Arsène Lupin de Maurice Leblanc? — qui réserva, au début tout au moins, 10 % de chacune des reprises opérées par son association, aux œuvres de propagande anarchiste, qui, par ailleurs, opérait « chez tout parasite social : prêtre, militaire, juge, etc. » mais non au domicile de ceux qu'il jugeait remplir une fonction utile : « médecins, architectes, littérateurs, etc. » (Souvenirs d'un demi-siècle *rédigés à notre intention par Marius Jacob en 1948), définit ainsi son illégalisme aux Assises de la Somme en mars 1905 :*

Moi aussi, je réprouve le fait par lequel un homme s'empare violemment et avec ruse du fruit du labeur d'autrui. Mais c'est précisément pour cela que j'ai fait la guerre aux riches, voleurs du bien des pauvres. Moi aussi je voudrais vivre dans une société où le vol serait banni. Je n'approuve et n'ai usé du vol que comme moyen de révolte propre à combattre le plus inique de tous les vols : la propriété individuelle.

Pour détruire un effet il faut au préalable en détruire la cause. S'il y a vol, ce n'est que parce qu'il y a abondance d'une part et disette de l'autre; que parce que tout n'appartient qu'à **quelques-uns. La lutte ne disparaîtra que lorsque les hommes mettront en commun leurs joies et leurs peines, leurs travaux et leurs richesses, que lorsque tout appartiendra à Tous.**

C'est au temps où Jacob prononçait ces paroles que parut à Paris — 13 avril 1905 — le premier numéro de l'anarchie, *journal individualiste qui allait être, quelques années plus tard, l'organe des illégalistes. Son fondateur, Albert dit Libertad, né en 1875 à Bordeaux de parents inconnus, venu à Paris en 1897, s'imposa par son éloquence et ses qualités d'audace et d'entraîneur d'hommes et fonda, en octobre 1902, les Causeries populaires. Libertad, gravement infirme, ne se déplaçait qu'au moyen de béquilles; il était pourtant de toutes les réunions et de toutes les bagarres...*

Autour de l'anarchie *se grouperont des collaborateurs comme A. Lorulot, E. Armand, Mauricius, Kibaltchiche qui se succéderont à la direction du journal après la mort de Libertad en 1908.*

C'est dans la fermentation de ce milieu illégaliste que va naître l'affaire de la bande à Bonnot. Elle en est une ultime expression...

1

Le défi

L'anarchie en cour d'assises : *tel est le titre d'une brochure d'un des propagandistes libertaires les plus importants, Sébastien Faure. Elle est consacrée aux débats de la cour d'assises de la Seine, le 28 août 1891. D'un côté trois anarchistes, Decamps, Dardare et Léveillé. En face : les magistrats Benoit, président de la cour d'assises et Bulot avocat général.*

Le 1ᵉʳ mai précédent, une bagarre avait en effet éclaté dans la banlieue parisienne entre les « forces de l'ordre » et des anarchistes qui revenaient d'une manifestation. Les compagnons étaient armés, les agents aussi. Des coups de feu claquèrent. Un des anarchistes, Léveillé, eut la cuisse traversée d'une balle. Conduits au commissariat de Clichy, les anarchistes détenus furent passés à tabac par les agents déchaînés. Trois mois plus tard, Decamps et Dardare étaient lourdement condamnés après que l'avocat général eût requis pour le premier le châtiment suprême. Léveillé était acquitté. Voici sa « défense anarchiste », vraisemblablement de la plume de Sébastien Faure lui-même :

J'ai tiré

Si, dès les premiers jours de mon arrestation, et dans le cours de l'instruction, j'ai nié avoir fait feu, ce n'est point, Messieurs, que j'aie l'habitude d'esquiver la responsabilité de mes actes. Mais, convaincu que, si des témoignages absolument décisifs ne s'élevaient pas contre moi, je serais élargi, et estimant que, contre les représentants de l'autorité qui emprisonne, tous les moyens sont bons pour recouvrer la liberté, j'ai, un instant, espéré.

Mais aujourd'hui, j'ai déclaré et je déclare catégoriquement que j'ai tiré sur ceux qui m'attaquaient. Mon devoir, je l'ai fait comme mes amis Decamps et Dardare.

Je veux être condamné avec eux, ou avec eux acquitté.

Si vous les jugez coupables, je le suis comme eux; et ma part de responsabilité, je la revendique pleine et entière.

Je ne chercherai pas à provoquer votre indignation par le récit des traitements qui nous ont été infligés. Qu'il vous suffise de savoir, Messieurs, que, la cuisse traversée par une balle, lorsque, dévoré par la fièvre et en proie à de cruelles souffrances, je demandais de l'eau pour nettoyer ma blessure, on me répondait par des coups de botte et de crosse de revolver. Qu'il vous suffise de vous rappeler que cette douloureuse agonie a duré pendant six fois vingt-quatre heures et que je suis resté sans soins jusqu'au 20 mai, c'est-à-dire pendant vingt jours.

Cependant, Messieurs, en temps de guerre, alors que les instincts les plus féroces ont libre cours, il est de règle absolue que les blessés tombés aux mains de l'ennemi soient soignés, et les prisonniers respectés.

Mais, pour les hommes de police, nous sommes plus que des ennemis, parce que nous sommes des révolutionnaires, des *anarchistes*.

Nous sommes des anarchistes

Aussi, ne faut-il pas s'étonner que l'accusation vise contre nous la peine de mort.

Et pourquoi?

Parce que, adversaires résolus de l'Autorité qui affame, humilie, emprisonne et tue, nous voulons le triomphe de l'Anarchie; de l'Anarchie, qu'on vous

28

représente toujours comme une doctrine de haine et de violence, et qui n'est en réalité qu'une doctrine de paix, de fraternité, d'amour; puisque l'Anarchie a pour but de substituer la solidarisation des intérêts individuels à leur antagonisme, et de remplacer la concurrence, source de tous les dualismes, de toutes les animosités, de tous les crimes sociaux, par l'association et l'harmonie universelles. [...]

L'Anarchie, qui, dans l'état actuel des choses, n'est et ne peut être que la négation du système autoritaire tout entier, n'est et ne peut être, en période de lutte, que la pratique de la désobéissance, de l'insoumission, de l'indiscipline, en un mot de la révolte.

A ce titre, l'idée anarchiste est aussi vieille que le principe de l'autorité, car du jour où un homme a émis la prétention de commander à d'autres hommes, ceux-ci ont, peu ou prou, refusé d'obéir.

Ce que l'ignorance a créé

Mais, de même que l'ignorance a créé les Dieux et fait naître les systèmes gouvernementaux, de même cette seule ignorance a empêché les humains de secouer le joug et de voir clairement leurs droits.

Il devait en outre arriver que jetés sur une planète dont les entrailles contiennent des trésors inépuisables, mais ne sachant pas fouiller le sol et en tirer parti, les hommes, aux prises avec la difficulté de se nourrir, de se préserver des intempéries et de se développer librement, se disputassent, se battîssent et se tuassent, pour se procurer ce que demandaient leurs appétits, leurs besoins, leurs aspirations.

La constatation de cette perpétuelle « *lutte pour la vie* » a fait croire que ces conflits, ces rivalités, ces batailles, sont fatals, qu'ils ont de tout temps existé, qu'ils se perpétueront jusqu'à la consommation des siècles.

Mais l'ignorance, ce mal des âges primitifs, a été de plus en plus entamée par les connaissances s'accumulant à travers les siècles.

L'humanité s'est peu à peu enrichie de façon merveilleuse; les conquêtes de l'esprit humain se sont multipliées; l'horizon s'est démesurément élargi; les éléments soumis par l'homme sont devenus ses collaborateurs les plus assidus, les plus dociles et les plus désintéressés; le travail, appuyé sur la Science, a fait jaillir du sous-sol des richesses extraordinaires; la culture, habilement développée, a couvert le sol des réjouissantes moissons, des fruits savoureux, des fleurs parfumées, des arbres robustes; les fléaux ont été conjurés, les épidémies victorieusement combattues; les maux naturels, presque tous enrayés!

Mais des accapareurs...

Et au sein d'une terre aussi féconde, aussi belle, aussi luxuriante, les hommes dont les efforts de génération en génération, s'étaient solidarisés pour atteindre à ce but, ont eu la sottise de continuer, les uns à vouloir tout accaparer, les autres à consentir à leur dépouillement.

Les accapareurs deviennent de plus en plus scandaleusement opulents et de moins en moins nombreux, tandis que la famille des déshérités devient de plus en plus pauvre et de plus en plus considérable.

D'où vient que ces millions et ces millions de miséreux ne fassent pas rendre gorge à cette poignée de milliardaires?

Il n'est pas malaisé de répondre à cette question.

Cela provient : 1° des préjugés de toute nature soigneusement entretenus par les privilégiés dans le cerveau des masses; ces préjugés : gouvernement, lois, propriété, religion, patrie, famille, etc., etc.

C'est le frein moral.

2° Du système de répression qui déshonore la terre : magistrats, policiers, gendarmes, soldats, gardiens de prisons; voilà le frein matériel. [...]

Plus de gouvernement!

Aussi, à cette fin du XIXᵉ siècle, la formule anarchiste se résume-t-elle en ces trois mots qui ont le don de terrifier les uns et de faire sourire incrédulement les autres « Plus de gouvernement ».

Oui, plus de gouvernement!

Tout est là, car du jour où le gouvernement (et j'entends par-là tout système gouvernemental, quelle qu'en soit la forme, quelle que soit son étiquette), du jour, dis-je, où tout gouvernement aura disparu, les lois écrites, les codes n'auront plus de raison d'être, puisqu'ils ne pourront plus s'appuyer sur la force pour se faire craindre ni respecter.

Du même coup, la loi naturelle se substituera sans effort aux lois artificielles; car, ne l'oubliez pas, messieurs, l'Anarchie, c'est le libre jeu dans l'humanité des lois naturelles, ou, plus exactement, car je veux éviter ce mot de « Lois », des forces naturelles qui régissent l'Univers entier.

Plus de Codes! plus de magistrats! plus de policiers! plus de gendarmes! plus de soldats! plus de prêtres! plus de dirigeants en un mot, plus de gouvernements!

Tel est notre mot d'ordre! Tel est notre cri de ralliement! Telle est la formule de l'Anarchie luttant contre le vieux monde social. [...]

Un tableau de la société moderne

Laissez-moi brièvement, en quelques coups de crayon, vous esquisser le tableau de la Société moderne.

En haut :

Des prêtres trafiquant des sacrements et des cérémonies religieuses; des fonctionnaires courbant la tête mais levant la caisse et le pied; des officiers vendant à l'ennemi les secrets de la défense dite nationale; des littérateurs ordonnant à leur pensée de glorifier l'injuste, des poètes idéalisant le laid, des artistes *apothéosant* l'inique, pourvu que ces turpitudes leur assurent un fauteuil à l'Académie, une place à l'Institut, ou des titres... de rente.

Des commerçants falsificateurs trompant sur le poids, la qualité et la provenance des marchandises, des industriels sophistiquant leurs produits, des agioteurs pêchant des milliards dans l'Océan inépuisable de la bêtise humaine.

Des politiciens, assoiffés de domination, spéculant, sur l'ignorance des uns et la bonne foi des autres; des plumitifs, se disant journalistes, prostituant leur plume avec une désinvolture qui n'a d'égale que la niaiserie des lecteurs.

En bas :

Des maçons sans abri, des ouvriers tailleurs sans pantalon, des ouvriers boulangers sans pain, des milliards de producteurs frappés par le chômage et par conséquent par la faim; des foules errant, de par le monde, à la recherche d'un pont à jeter, d'un tunnel à percer, d'un terrassement à faire; des familles entassées dans des taudis; des fillettes de quinze ans obligées pour manger de supporter les caresses puantes des vieux et les assauts lubriques des jeunes bourgeois.

Des masses aveuglées, qui paraissent absolument inaptes au réveil de la dignité, des cohues se précipitant sur le passage d'un ministre qui les exploite, et lui prodiguant de ridicules acclamations, des foules se portant à une gare, au-devant d'un monarque, fils, frère ou cousin de roi qui arrive, des peuples oubliant dans la griserie des fêtes nationales, l'étourdissement des fanfares et le tourbillon des bals publics que, hier, ils mouraient de misère et d'esclavage, que demain ils crèveront de servitude et de détresse.

Tel est le désespérant tableau qu'offre notre actuelle humanité.

Voilà l'ordre qu'engendre la plus *gouvernementalisée* des Sociétés!

Et, bien qu'extrêmement sombres, les couleurs n'en sont point chargées à plaisir : il est des turpitudes, des hontes, des coquineries, des tortures que nul langage humain ne saurait décrire.

Demain, foule innombrable

Mais au sein de cette pourriture qui ronge les puissants et de ce servilisme qui déshonore les faibles; au sein de cette cynique hypocrisie qui caractérise les grands et de cette incroyable naïveté dont meurent les petits; au milieu de cette insolence qu'affichent les « *en haut* » et de cet aplatissement qui flétrit les « *en bas* »; au milieu de la féroce cupidité des voleurs et de l'insondable désintéressement des volés; entre les loups du pouvoir, de la religion, de la fortune, et les moutons du travail, de la pauvreté, de la servitude;

Se dresse une poignée de valeureux, phalange que n'a point contaminée la morgue des insolents ni entamée la platitude des humbles.

Hier, demi-quarteron; aujourd'hui armée; demain foule innombrable, ils vont où est la Vérité, ne se souciant pas plus des ricanements apeurés des riches que de l'indifférence morne des pauvres.

Aux puissants, ils disent :

« Vous ne régnez que par l'ignorance et la crainte. Vous êtes les continuateurs dégénérés des barbares, des tyrans, des malfaiteurs publics.

« Par qui vous faites-vous entretenir dans l'oisiveté? Par vos victimes!

« Qui vous protège et vous défend contre l'ennemi

de l'intérieur et de l'extérieur? O amère dérision! Vos victimes encore! Qui fait de vous des députés, des sénateurs, des ministres, des gouvernants?

« Encore une fois, vos victimes.

« Et l'ignorance de celle-ci, soigneusement entretenue par vous, non seulement n'aperçoit pas ces incohérentes iniquités, mais encore elle engendre la résignation, le respect, presque la vénération.

« Mais, nous vous démasquerons sans pitié et nous montrerons, bourreaux, vos hideuses faces sur lesquelles se lisent la duplicité, l'avarice, l'orgueil, la lâcheté. »

Et que disent-ils, ces hommes, aux petits, aux exploités, aux asservis?

Ecoutez :

« O vous qui naissez dans un berceau de paille, grandissez en butte à toutes les misères, et vivez condamnés au travail forcé et à la vieillesse prématurée des souffre-douleurs, ne vous désespérez point.

« Prolétaire, petit-fils de l'esclave antique, fils du serf du Moyen Age, sache que ta détresse n'est pas irrémédiable.

« Vous tous qui faites partie de cette humanité asservie dont les pieds meurtris ont laissé dans le sillon humain, depuis trop de siècles déjà, des traces sanglantes, ayez confiance en l'avenir.

« Loqueteux, souffrants, ventre-creux, va-nu-pieds, exploités, meurtris, déshérités, chaque jour diminue la puissance et le prestige de vos maîtres, et chaque jour, vos bataillons deviennent de plus en plus formidables.

« Haut les cœurs et les fronts!

« Prenez conscience de vos droits.

« Apprenez que tout homme est l'égal d'un autre homme. Il est faux que, pour les uns, il n'y ait que des droits à exercer, et pour les autres, des devoirs à remplir. Refusez tous d'obéir et nul ne songera plus à commander.

« Naissez enfin à la dignité.

« Laissez grandir en vous l'esprit de révolte, et avec la Liberté vous deviendrez heureux! »

Voilà, messieurs, ce que sont les anarchistes. Tel est leur langage, tel le nôtre.

Nous ne regrettons rien

Je conclus :

Coupables nous serions si, réveillant chez nos camarades de misère le sentiment de la dignité, nous en manquions nous-mêmes.

Criminels, oh! oui, bien des criminels nous serions si, appelant les hommes à la révolte, nous nous inclinions devant les menaces et nous soumettions aux injonctions des représentants de l'autorité.

Lâches, les derniers des lâches nous serions si, relevant le courage de nos compagnons de lutte et les excitant à la vaillance, nous ne défendions pas notre vie et notre liberté lorsqu'elles sont en péril.

Voilà pourquoi, ce que j'ai fait, ce que nous avons fait (mes amis, je le sais, pensent comme moi) nous devions le faire; aussi nous ne regrettons rien.

Si vous me condamnez, mes convictions resteront inébranlables.

Il y aura un anarchiste de plus en prison, mais cent de plus dans la rue.

Et notre exemple sera suivi; il sera le point de départ de révoltes qui se multiplieront, deviendront de plus en plus collectives, jusqu'à ce que la Révolution universelle fasse entrer dans le domaine de la pratique les idées pour lesquelles je vis, pour lesquelles je souffre avec une certaine joie, pour lesquelles je suis prêt, comme tous les anarchistes, à verser s'il le faut, sans fanfaronnade comme sans faiblesse, jusqu'à la dernière goutte de mon sang [1].

Les compagnons ressentirent comme un défi brutalités et condamnations infligées aux anarchistes de Clichy. L'un d'eux, Ravachol, allait le relever.

1. Extraits de *L'Anarchie en cour d'assises*, par Sébastien Faure.

Les mémoires
de Ravachol

François, Claudius Koeningstein — Ravachol du nom de sa mère — apparut à Saint-Denis en juillet 1891. Recherché pour assassinat suivi de vol, il y vécut sous le nom de Léon Léger chez le compagnon Chaumartin dont la femme était une amie de celle de l'anarchiste Decamps. D'accord avec un certain Simon Charles, Achille dit Biscuit qui avait assisté aux débats de l'affaire Decamps, d'accord également avec Jas-Béala et sa maîtresse Mariette Soubère, il décida de venger les compagnons condamnés.

Ils songent d'abord à faire sauter le commissariat de Clichy et le 7 mars 1892, les voilà qui emportent une marmite chargée d'une cinquantaine de cartouches de dynamite et de débris de fer en guise de mitraille; mais le projet avorte en raison des difficultés d'approche. Ils décident alors de s'attaquer au conseiller Benoît qui présida les assises lors de la condamnation de Decamps et de Dardare; Simon va reconnaître les lieux, 136 boulevard Saint-Germain, mais ne réussit pas à découvrir l'étage auquel habite le conseiller. On décide cependant de passer à l'action et, le 11 mars, Chaumartin accompagne les quatre terroristes jusqu'au tramway. Koeningstein, élégamment vêtu, s'installe alors à l'intérieur tandis que Mariette Soubère prend place sur l'impériale, entre Simon et Béala, aussi près que possible du cocher, afin de mieux échapper aux investigations des préposés de l'octroi. Elle recouvre de ses jupes la marmite en fonte déposée devant elle. Après le passage de la barrière, elle descend et retourne chez elle tandis que Ravachol, Simon et Béala poursuivent leur route et prennent la correspondance menant au boulevard Saint-Germain.

39 Les mémoires de Ravachol

Lorsqu'ils sont arrivés devant le numéro 136, Ravachol, armé de deux pistolets et muni de l'engin, entre dans l'immeuble et dépose la marmite sur le palier du premier étage, au-dessus de l'entresol, afin d'attaquer l'habitation en son centre. Il allume alors la mèche, descend sans être vu, est surpris par l'explosion à l'instant même où il regagne le trottoir. La projection de mitraille fit d'effrayants ravages : « j'ai cru, dit Ravachol, que la maison me tombait dessus! » Les dégâts furent évalués à 40.000 francs de l'époque, mais il n'y eut toutefois qu'un blessé; le président Benoît, qui occupait le quatrième étage, fut indemne.

Dans les jours qui suivirent, Ravachol et ses amis décidèrent de s'en prendre au substitut Bulot et Ravachol confectionna avec Simon un engin qu'il bourra de 120 cartouches. Mais une auxiliaire de la police qui fréquentait la maison Chaumartin avait connu le premier attentat et fait, dès le 16 mars, tous rapports utiles à ses employeurs moyennant une gratification de 750 F, plus 50 F pour frais de mission, compte non tenu de ses appointements ordinaires. Chaumartin fut arrêté le 17. Simon, détenu également. Quant à Ravachol, il put déménager à temps et alla habiter Saint-Mandé sans renoncer pour autant à l'attentat envisagé. Il coupa seulement sa barbe et, le 27 mars, à 6 h 20 du matin, prit l'omnibus pour se rendre rue de Clichy où il arriva vers 8 heures. Sur le trottoir, non loin du numéro 39, il ouvrit la valise qu'il avait apportée puis pénétra dans l'immeuble du magistrat, ignorant toutefois à quel étage il habitait. Il abandonna alors sa valise au second palier après avoir allumé les mèches. Il eut ensuite le temps de faire une cinquantaine de mètres dans la rue puis une détonation effrayante retentit et l'immeuble fut ravagé jusqu'en ses fondements. Selon M. Girard, chimiste, qui déposa à l'audience, seule, la présence de nombreuses ouvertures dans la cage de l'escalier qui permirent l'évacuation des gaz, évita l'effondrement de la maison. Par miracle, il n'y eut que sept blessés et quelque 120 000 F de dégâts.

Après l'attentat, Ravachol prit l'omnibus Batignolles-Jardin des Plantes afin de passer rue de Clichy et de juger de l'effet de l'explosion mais l'omnibus fut détourné de son trajet habituel. Vers 11 heures, il se rendit au restaurant Véry, boulevard Magenta. Le garçon, Lhérot, ayant émis quelques récriminations au sujet du service militaire, Ravachol pensa « qu'il y avait quelque chose à faire » et se mit à lui exposer les théories anarchistes. Mal lui en prit car Lhérot le considéra alors comme un homme « pas comme il faut ». Et, lorsque Ravachol revint trois jours plus tard dans ce même restaurant, Lhérot reconnut en lui, grâce à la cicatrice de sa main gauche et au signalement que les journaux avaient donné, le dynamiteur du boulevard Saint-Germain et de la rue de Clichy. La police, alertée, arrêta, non sans mal, Ravachol que dix hommes suffirent à peine à maîtriser.

Le 26 avril, il comparut devant la cour d'assises de la Seine en un Palais de justice gardé comme s'il devait soutenir une attaque. C'est que, la veille, le restaurant Véry avait sauté. La bombe avait fait deux morts, « vérification » dira le Père Peinard en un jeu de mots sinistre. A l'issue des débats, furent seuls condamnés Simon et Ravachol à qui on infligea les travaux forcés à perpétuité [1]. Deux mois plus tard, à Montbrison, la cour d'assises de la Loire condamnait Ravachol, à mort cette fois, pour l'assassinat le 18 juin 1891 d'un vieil ermite à Chambles près de Saint-Etienne, assassinat qui avait rapporté à son auteur plusieurs milliers de francs. Ravachol avait été accusé également, outre divers méfaits, de deux autres crimes : le meurtre en 1886, près de Saint-Chamond, d'un rentier et de sa domestique et celui des dames Marcon de Saint-Etienne le 27 juillet 1891, mais il nia avec énergie et des doutes sérieux subsistèrent.

1. Simon dit Ravachol II, forçat matricule 26507, fut tué aux Iles du Salut le 23 octobre 1894 à la suite d'une rébellion de détenus anarchistes.

Ravachol avait été arrêté le 30 mars. Jusqu'à sa comparution devant les assises, soit pendant un mois environ, trois inspecteurs le surveillèrent jour et nuit. Ils observèrent ses faits et gestes, enregistrèrent ses paroles et rédigèrent des rapports qui ont été conservés aux archives de la Préfecture de Police sous la cote B a/1132.

Dès le 30 au soir, il exposait ses conceptions anarchistes [1] à ses gardiens qui rédigèrent ensuite le rapport suivant :

Le sus-nommé après avoir mangé de bon appétit nous a parlé en ces termes :

Messieurs, j'ai l'habitude, partout où je me trouve de faire de la propagande. Savez-vous ce que c'est que l'Anarchie?

A cette demande nous avons répondu que non.

Mes principes

Cela ne m'étonne pas, répondit-il. La classe ouvrière, qui comme vous est obligée de travailler pour se procurer du pain, n'a pas le temps de s'adonner à la lecture des brochures que l'on met à sa portée; il en est de même pour vous.

L'anarchie, c'est l'anéantissement de la propriété.

Il existe actuellement bien des choses inutiles, bien des occupations qui le sont aussi, par exemple, la comptabilité. Avec l'anarchie, plus besoin d'argent, plus

1. Nous ne nous sommes permis que quelques corrections orthographiques et de ponctuation.

Ravachol, élevé dans la misère, gagna sa vie dès l'âge de huit ans et ne dut qu'à ses seuls efforts son instruction et sa culture. Il convient de tenir compte de ces facteurs si l'on veut juger avec équité ses « pensées » qui semblent par ailleurs avoir été honnêtement transcrites, leur facture rappelant celle d'autres « pensées » du même militant publiées en septembre 1893 par le journal anarchiste *L'Insurgé*. Disons aussi qu'elles sont reproduites pour caractériser Ravachol, non pour constituer un exposé de la philosophie libertaire.

besoin de tenue de livres et d'autres emplois en dérivant.

Il y a actuellement un trop grand nombre de citoyens qui souffrent tandis que d'autres nagent dans l'opulence, dans l'abondance. Cet état de choses ne peut durer; tous nous devons non seulement profiter du superflu des riches, mais encore nous procurer comme eux le nécessaire. Avec la société actuelle il est impossible d'arriver à ce but. Rien, pas·même l'impôt sur les revenus ne peut changer la face des choses et cependant la plupart des ouvriers se persuadent que si l'on agissait ainsi, ils auraient une amélioration. Erreur, si l'on impose le propriétaire, il augmentera ses loyers et par ce fait se sera arrangé à faire supporter à ceux qui souffrent la nouvelle charge qu'on lui imposerait. Aucune loi, du reste, ne peut atteindre les propriétaires car étant maîtres de leurs biens on ne peut les empêcher d'en disposer à leur gré. Que faut-il faire alors? Anéantir la propriété et, par ce fait, anéantir les accapareurs. Si cette abolition avait lieu, il faudrait abolir aussi l'argent pour empêcher toute idée d'accumulation qui forcerait au retour du régime actuel.

C'est l'argent en effet le motif de toutes les discordes, de toutes les haines, de toutes les ambitions, c'est en un mot le créateur de la propriété. Ce métal, en vérité, n'a qu'un prix conventionnel né de sa rareté. Si l'on n'était plus obligé de donner quelque chose en échange de ce que nous avons besoin pour notre existence, l'or perdrait sa valeur et personne ne chercherait et ne pourrait s'enrichir puisque rien de ce qu'il amasserait ne pourrait servir à lui procurer un bien-être supérieur à celui des autres. De là plus besoin de lois, plus besoin de maîtres.

Quant aux religions, elles seraient détruites puisque leur influence morale n'aurait plus lieu d'exister. Il n'y aurait plus cette absurdité de croire en un Dieu qui n'existe pas car après la mort tout est bien fini. Aussi doit-on tenir à vivre, mais, quand je dis vivre, je m'entends. Ce n'est pas piocher toute une journée pour engraisser ses patrons et devenir, en crevant de faim, les auteurs de leur bien-être.

Il ne faut pas de maîtres, de ces gens qui entretiennent leur oisiveté avec notre travail, il faut que tout le monde se rende utile à la société, c'est-à-dire travaille selon ses capacités et ses aptitudes; ainsi un tel serait boulanger, l'autre professeur, etc. Avec ce principe, le labeur diminuerait, nous n'aurions chacun qu'une heure ou deux de travail par jour. L'homme, ne pouvant rester sans une occupation, trouverait une distraction dans le travail; il n'y aurait pas de fainéants et s'il en existait leur nombre serait tellement minime qu'on pourrait les laisser tranquilles et les laisser profiter sans murmurer du travail des autres.

N'ayant plus de lois, le mariage serait détruit. On s'unirait par penchant, par inclinaison [1] et la famille se trouverait constituée par l'amour du père et de la mère pour leurs enfants. Si par exemple, une femme n'aimait plus celui qu'elle avait choisi pour compagnon, elle pourrait se séparer et faire une nouvelle association. En un mot, liberté complète de vivre avec ceux que l'on aime. Si, dans le cas que je viens de citer, il y avait des enfants, la société les élèverait c'est-à-dire que ceux qui aimeraient les enfants, les prendraient à leur charge.

Avec cette union libre, plus de prostitution. Les maladies secrètes n'existeraient plus puisque celles-ci ne naissent que de l'abus du rapprochement des sexes, abus auquel est obligée de se livrer la femme que les conditions actuelles de la société forcent à en faire un métier pour subvenir à son existence. Ne faut-il pas pour vivre de l'argent à tout prix!

Avec mes principes que je ne puis en si peu de temps vous détailler à fond, l'armée n'aurait plus raison d'être puisqu'il n'y aurait plus de nations dis-

---

1. *Sic*. De qui est le mot? De Ravachol... ou de ses transcripteurs? (*Toutes les notes des Mémoires de Ravachol sont de la Rédaction*).

tinctes, les propriétés étant détruites et toutes les nations s'étant fusionnées en une seule qui serait l'Univers.

Plus de guerres, plus de querelles, plus de jalousie, plus de vol, plus d'assassinat, plus de magistrature, plus de police, plus d'administration.

Les anarchistes ne sont pas encore entrés dans le détail de leur constitution, les jalons seuls en sont jetés. Aujourd'hui les anarchistes sont assez nombreux pour renverser l'état actuel des choses, et si cela n'a pas lieu c'est qu'il faut compléter l'éducation des adeptes, faire naître en eux l'énergie et la ferme volonté d'aider à la réalisation de leurs projets. Il ne faut pour cela qu'une poussée, que quelqu'un se mette à leur tête et la révolution s'opérera.

Celui qui fait sauter les maisons a pour but d'exterminer tous ceux qui par leurs situations sociales ou leurs actes sont nuisibles à l'anarchie. S'il était permis d'attaquer ouvertement ces gens-là sans crainte de la police et par conséquent pour sa peau *(sic)* on n'irait pas détruire leurs habitations à l'aide d'engins explosibles, moyens qui peuvent tuer en même temps qu'eux la classe souffrante qu'ils ont à leur service [1].

Après avoir exposé ses principes, Ravachol manifesta l'intention de « dicter ses mémoires d'une manière complète et détaillée ». Il le fit en effet du 10 au 17 avril, puis les inspecteurs refusèrent — sur ordre? — de continuer à écrire sous sa dictée. Voici ces mémoires,

1. Ravachol eut l'occasion en avril d'exposer ses thèses anarchistes à M. Puyrabaud, inspecteur général des prisons et au directeur de la Conciergerie venus lui rendre visite dans l'après-midi du 19. Le rapport des gardiens s'exprime à ce sujet en ces termes : « Monsieur l'Inspecteur général a eu un entretien assez animé avec le détenu au sujet des théories anarchistes. Ravachol lui a énergiquement tenu tête. » La veille, le directeur de la Conciergerie était déjà venu, seul cette fois, et avait remis au prisonnier une liste de onze questions à traiter « pour se distraire ». Nous possédons questions et réponses mais ces dernières ne font que reprendre, en partie, ce que nous reproduisons ici.

jusqu'ici inédits, tels que les ont transcrits ceux qui avaient charge de veiller le détenu :

Enfance
et adolescence

Je suis né à Saint-Chamond (Loire) le 14 octobre 1859, de parents hollandais et français.

Mes parents vivaient, je crois, séparés [1], mais ils avaient la ferme intention de s'unir, le retard de cette union ne dépendait que des formalités à remplir (acte de naissance etc., de mon père hollandais).

Mon père était lamineur [2], ma mère était moulinière en soie. A ce moment, ils étaient dans une petite aisance, car ma mère avait reçu quelque peu d'argent de sa famille, mais mon père avait des dettes qu'il fallut éteindre.

J'ai été élevé en nourrice jusqu'à l'âge de trois ans et d'après les dires de ma mère, je n'ai pas eu tous les soins nécessaires pour un jeune enfant.

A ma sortie de nourrice, je fus placé à l'asile et y suis resté jusqu'à l'âge de six ou sept ans.

Mon père battait ma mère et me faisait des questions pour faire des rapports contre elle, ce à quoi je ne répondis jamais, et par suite du désaccord dans le ménage, il l'abandonna avec quatre enfants, dont le plus jeune avait trois mois.

Il s'en alla dans son pays, mais comme il était atteint d'une maladie de poitrine, il succomba au bout d'un an.

Berger

Ma mère ne pouvait subvenir à l'existence de quatre enfants et me plaça à la campagne (La Rivoire près de

---

1. Ravachol entend par là qu'ils n'étaient pas mariés.
2. Aux forges d'Isieux.

Saint-Chamond) chez Mr. Loa, mais il ne put me garder car j'étais trop petit pour attacher ou détacher les vaches qu'il avait et je revins près de ma mère, attendre l'année suivante.

Ma mère allait demander l'assistance aux gens aisés et elle m'envoyait quelquefois chercher soit de l'argent ou du pain.

Un jour, je me souviens, que l'on donna à ma mère un costume de collégien, je ne voulus pas le porter tel qu'il était de peur que les autres enfants me disent que c'était un vêtement de mendicité, et il fallut que ma mère enlevât tous les boutons et tout ce qui pouvait faire soupçonner ce don.

Nous vécûmes tous bien tristement, et l'année suivante je repris le chemin de la campagne et retournai chez Mr. Loa, qui me payait 15 francs pour la saison.

Je n'avais alors que huit ans, et j'aidais mon maître qui n'avait que moi de domestique, à engerber le foin sur les voitures, en mot aux travaux de fenaison.

Le dimanche, j'assistais aux offices religieux, en somme je suivais les principes qui m'avaient été inculqués par mes parents.

L'hiver, je revins dans ma famille, et je continuai à aller à l'école.

L'année suivante je suis allé dans la montagne, à la Barvanche chez Liard, où je gardais six vaches et quelques chèvres.

Le travail me semblait plus pénible surtout que j'y suis resté le commencement de l'hiver.

Cet hiver me frappa pour plusieurs raisons : la première fut les souffrances que j'endurais du froid pour mener les chèvres brouter la pointe des genêts, et étant mal chaussé, j'avais les pieds pour ainsi dire dans la neige, la deuxième, la perte d'une de mes sœurs, la plus jeune, et une maladie que je fis, la fièvre muqueuse.

L'année suivante, je suis allé pendant l'été chez un gros fermier Mr. Bredon, meunier et marchand de bois dans la commune d'Izieux. J'avais 4 chevaux, 8 vaches et 4 bœufs, un troupeau de brebis et quelques chèvres. Je gardais les vaches et les bœufs, c'était en 1870, j'avais onze ans.

Je crois que ce fut cet hiver que je fis ma première communion chez mes parents.

Quelquefois en gardant les vaches, je pleurais en souvenir de ma petite sœur que j'avais perdue.

Je me souviens que ma mère vint me voir, elle était malade, et j'ai beaucoup pleuré lorsque je l'ai vue s'en aller en me laissant dans des mains étrangères, et aussi parce que je la savais malade et malheureuse.

L'année suivante, je suis allé à la Brouillassière entre Val Fleury et Saint-Chamond, mon patron M. Paquet était brutal pour les animaux et tenait une ferme appartenant à l'hospice et était un peu dans la misère, je n'y étais pas trop malheureux.

En revenant passer l'hiver à la maison, je me suis embauché par l'intermédiaire de maman dans un atelier de fuseaux où je gagnais 10 sous par jour, et à la belle saison je suis retourné à la campagne à Gray dans la montagne. Là j'étais bien vu de mes patrons que j'aimais beaucoup.

J'y ai passé l'été et l'hiver et cela avec plaisir, car ils avaient un fils très instruit avec qui j'étais content de causer. Si je n'y suis pas resté, c'est à cause des faibles appointements qu'ils me donnaient, car je gagnais trop peu pour acheter même des vêtements.

Le jour même que je les quittai pour aller à Saint-Chamond, j'ai rencontré sur la route un cantonnier à qui j'ai exposé ma situation. Alors il m'a dit qu'il connaissait un paysan qui cherchait un berger. Il m'expliqua que je le trouverais sans doute à Obessa, en effet je l'y trouvai et fus embauché pour les gages de 80 francs.

Je suis parti avec lui, et j'ai passé la nuit chez lui, le lendemain je suis venu à pied chez moi, et j'appris par ma mère qu'il y avait un paysan tout près de Saint-Chamond qui cherchait un berger, alors j'ai cédé aux instances de ma mère et me suis rendu chez le fermier que ma mère m'avait indiqué, car celui de la

Fouillouse ne m'avait pas donné d'arrhes, autrement je serais allé chez lui, d'autant plus qu'ayant moins de bêtes à garder, j'aurais eu moins de mal que chez l'autre, et ce fut la dernière fois que je fus berger.

Je me rappelle un fait sans importance, mais qui peut faire connaître l'avarice de mon patron. Un jour il me dit : « dépêchons-nous de manger, nous mangerons mieux à la maison » ; ce à quoi je répondis : « — à la maison ou ici, vous me dites la même chose, car vous êtes toujours à nous presser, et à nous commander du travail au moment des repas de manière que nous n'ayions pas le temps de prendre notre nécessaire. »

Il voulut me rembaucher pour l'année suivante, mais j'ai refusé, voulant apprendre un état autre que cultivateur.

Arrivé chez moi, je suis allé travailler quelques jours dans une mine de charbon pour trier les pierres, je gagnais 15 sous par jour. De là je suis allé je crois chez des cordiers pour tourner la roue, j'y étais assez bien, gagnant de 0,75 à 1 franc; en sortant de là, je suis allé chez des chaudronniers en fonte, je chauffais les rivets et frappais devant, je gagnais 1 franc par jour. Le bruit m'assourdissant, je fus obligé de partir.

Apprenti teinturier

Ma mère m'embaucha alors comme apprenti teinturier chez Puteau et Richard à Saint-Chamond.

J'ai dû faire trois ans d'apprentissage et un apprentissage pour ainsi dire nul, puisque l'on cachait le secret des opérations, et il fallait pour en savoir quelques mots, surprendre les ouvriers pendant le travail et questionner les camarades pendant que les contremaîtres n'étaient pas là.

On ne voulait pas que les apprentis mettent la main à la pâte; pour apprendre ils devaient seulement regarder quand ils avaient le temps, car on ne voulait pas sacrifier une pièce de soie pour les apprendre et il fallait qu'ils produisent d'une autre manière. Je me souviens que nous profitions de l'heure des repas des contremaîtres pour nous exercer et nous perfectionner.

La première année je touchais 1,50 F par jour, la deuxième 2 F, la troisième, pendant six mois 2,45 F, et les six autres mois 2,50 F.

Nous faisions assez souvent sans augmentation de salaire douze à treize heures de travail.

On exigeait de nous un travail au-dessus de nos forces, et on nous faisait soulever des poids que des hommes maniaient difficilement.

Les dimanches, jusqu'à l'âge de seize ans, le soir, j'allais de temps en temps avec des camarades au bal, la seule distraction de Saint-Chamond.

Je ne suis allé que très rarement au café, parfois on se réunissait quelques camarades pour aller faire un tour à la campagne, ou on allait chez l'un ou chez l'autre pour apprendre à danser.

Ce fut à peu près ma vie pendant mes dernières années d'apprentissage, je dépensais à peu près 15 sous par dimanche.

Ma mère avait repris son travail avec plus d'ardeur lorsqu'elle eut placé mon frère aux enfants assistés, n'ayant conservé que ma sœur auprès d'elle, mais, comme mon frère se plaignait des Frères qui le gardaient, ma mère le reprit lorsque je fus ouvrier; j'avais alors dix-neuf ans.

Ouvrier et militant

Je suis resté six mois ouvrier dans la maison où j'ai fait mon apprentissage aux appointements de 3,75 F au lieu de 4 F comme l'indiquait le règlement de la maison, mais sachant que je n'étais pas expérimenté dans la partie je n'osais quitter la maison, et il a fallu qu'on me renvoie pour perte de temps causée par notre bavardage et nos ris entre camarades.

De là, je suis allé au Creux commune d'Izieux, à la maison Journoux, mais comme je n'étais pas très fort ouvrier, il me donnait 3,90 F au lieu de 4 F; j'y suis resté une dizaine de mois, jusqu'à la grève.

J'assistais à toutes les réunions des grévistes qui n'eurent pas gain de cause; la grève dura environ trois semaines.

Pendant ce temps je vécus sur mes économies; dès le début de la grève je fus renvoyé avec tous mes camarades.

Je partis un soir à 9 heures, pour Lyon, et cela pédestrement, avec un camarade, Jouany, natif de Saint-Chamond.

A deux heures du matin, éreintés par la marche, nous nous sommes couchés sous un arbre, mais nous nous sommes réveillés vers 4 heures du matin à cause du froid et avons poussé jusqu'à Givors [1], pensant trouver un train, mais comme c'était trop bonne heure, nous avons marché jusqu'à Grigny [1], là dans un café nous avons cassé la croûte en .attendant le train, c'est moi qui ai réglé les dépenses. Après le repas, nous avons pris le premier train pour Lyon, nous nous sommes embauchés tous les deux dans une teinturerie de soie, en noir (à la montée de la butte), nous y sommes restés quelque temps, et quand la grève de Saint-Chamond a été terminée, beaucoup de nos camarades y sont rentrés, bien qu'ils n'aient pas eu gain de cause.

Ne voulant céder à la volonté des patrons, je suis resté à Lyon et suis rentré dans un autre atelier où on gagnait 4,50 F par jour, c'est-à-dire 0,50 F de plus (maison Coron, rue Godefroy, teinturerie en couleurs).

Je n'y suis pas resté longtemps, le travail ayant baissé, et mon camarade ayant été renvoyé avant moi.

---

1. Non loin de Lyon, dans le Rhône.

Je me suis trouvé sans travail pendant un mois, car n'étant ouvrier qu'en noir, je m'embauchais difficilement. Voyant que je ne trouvais pas d'embauche, je suis retourné chez ma mère car je n'avais plus qu'une trentaine de francs en poche.

J'avais fait connaissance d'une jeune fille avant de partir de Saint-Chamond, que j'aimais beaucoup et qui m'écrivait souvent, pendant mon séjour à Lyon, de revenir auprès d'elle, mais je retardais toujours pensant pouvoir faire quelques économies pour m'habiller convenablement .

Elle est même venue me voir à Lyon, et j'ai eu le plaisir de passer une nuit auprès d'elle. Je m'étais permis, avant de connaître cette jeune fille, de faire quelques fredaines en sortant du bal, mais ce ne fut que des amours d'un jour.

A Saint-Chamond, le travail marchait peu, je restai donc sans travail encore quelque temps, et par conséquent à la charge de ma mère.

Un jour je rencontre un ouvrier de connaissance qui travaillait dans une usine métallurgique, chez les Potin; il m'invita à aller avec lui. J'acceptai avec empressement.

Arrivés au portail de l'usine, il fallut attendre que l'on vienne choisir les hommes qui plaisaient.

A ce moment, on rentrait un cylindre. Comme le chemin était en pente, on avait mis des hommes derrière la voiture pour retenir en cas d'accident; j'ai profité de l'occasion et me suis mis avec ceux qui faisaient la corvée, et une fois dans l'atelier, je me suis présenté au contremaître ou directeur, Mr. Pernod, et j'ai été de suite accepté avec un autre du pays, mais pas celui qui m'avait suggéré l'idée d'aller à cet atelier, car lui, étant resté à la porte, n'avait pas été embauché.

J'ai travaillé comme manœuvre à plusieurs machines entre autres la cisaille, à raison de 3 F par jour.

Le cinquième jour que je m'y trouvais, c'était je crois le jour de l'an, dans un moment de repos, et pendant que je dormais, un garçon de four sortant des dragons, vient pour me jeter un seau d'eau à la figure. Je l'entendis; aussitôt je me levai sur mon séant et l'ai interpellé. Alors voulant boxer avec moi, je lui envoyai un coup de poing par la figure jusqu'à ce qu'il fut content de la distribution, et comme mon père s'était rendu célèbre par les volées qu'il avait données à plusieurs et au contremaître Humbert, tous les ouvriers voulurent voir le fils de l'Allemand, comme on l'appelait, après la scène que je venais d'avoir.

J'ai oublié de dire qu'une pareille affaire m'était arrivée à Saint-Chamond et que j'avais eu aussi gain de cause; c'est de là que ma réputation d'homme à redouter en cas de dispute se fit.

A mon retour à Saint-Chamond, je reliai connaissance avec la jeune fille dont j'ai parlé, et je ne l'ai abandonnée qu'avec beaucoup de peine lorsqu'elle m'apprit que nos relations ne pouvaient plus continuer, puisqu'elle était courtisée en vue du mariage, par le fils de son patron.

Je suis resté dans cette usine cinq mois environ et en suis sorti volontairement pour m'embaucher chez Pichon teinturier à Saint-Chamond.

Je perds la foi.

J'avais commencé à lire le *Juif errant* d'Eugène Sue chez Journoux, lorsque j'avais dix-huit ans.

La lecture de ce volume avait commencé à me montrer odieuse la conduite des prêtres : je plaignais amèrement les deux jeunes filles et leur compagnon Dagobert.

Or un jour une conférence fut faite à Saint-Chamond par Mme Paule Minck [1], collectiviste.

Elle traita des idées religieuses, les combattit, en un mot elle fit une conférence anticléricale. D'après elle, pas de Dieu, pas de religion, du matérialisme complet. Elle disait que saint Gabriel était un joli garçon qui faisait la cour à celle que l'on appelle la Vierge [2], et que saint Joseph n'était que son époux pur et simple.

J'ai été très frappé de ses discours, et déjà poussé par le *Juif errant* contre la religion, je n'ai plus eu confiance, et j'ai à peu près complètement perdu les idées religieuses.

Dans un cercle d'études sociales

Quelque temps après, Léonie Rouzade [3], collectiviste, et Chabert [4] de même parti, c'est-à-dire le Parti ouvrier, firent une conférence à Saint-Chamond à laquelle j'ai assisté.

Le sujet de la femme était anticlérical, et l'homme traita la question sociale.

Tous ces discours m'ébranlèrent, et à la sortie de cette réunion, j'ai demandé à mon ami Nautas s'il y avait des écrits qui traitaient ces matières. Il me répondit que oui, que le journal *Le Prolétariat* [5] imprimé

1. Ming sur le manuscrit. Paule Minck (Paule Adèle Mekarski dite), 1840-1901, fille d'un réfugié polonais, participa à la Commune de Paris, adhéra au Parti ouvrier puis suivit Paul Brousse lors de la scission de 1882.
2. C'est l'archange Gabriel qui aurait annoncé à la Vierge qu'elle serait mère de Jésus-Christ.
3. Rosade sur le manuscrit. Léonie Rouzade était une oratrice appréciée du Parti ouvrier. Elle suivra Paul Brousse lors de la scission de 1882.
4. Chabert Charles-Edme, 1818-1890, membre de la première Internationale, un des réorganisateurs du mouvement ouvrier après la Commune, membre du Parti ouvrier créé à Marseille en 1879, puis de la Fédération des Travailleurs socialistes de France dirigée par Brousse après la scission de 1882.
5. Journal de Paul Brousse. Il a succédé, en 1884, au *Prolétaire* fondé par Chabert.

à Paris me mettrait au courant de toutes ces questions.

Sur ces entrefaites, je fis connaissance d'un autre camarade qui avait eu une discussion énergique avec le maire de Saint-Chamond, M. Chavannes, qui a été député.

Je trouvais étrange qu'un ouvrier discutât aussi vertement avec un maire, car ces deux personnages sortaient de la conférence avec moi. Cet ouvrier s'appelait Père.

J'ai cherché à causer avec cet homme qui avait pris la parole pour notre grève des teinturiers. Je parvins à le voir, et il m'apprit qu'un cercle d'études sociales était en formation. Je lui demandai si je pourrais en faire partie, il me répondit affirmativement et me donna quelques explications. Depuis lors j'en fis partie.

Ce qui m'avait tant poussé à continuer l'étude des problèmes sociaux, c'était aussi la première lecture du *Prolétaire* qui parlait en faisant l'apologie de la Commune de 1871, et des victimes du nihilisme russe. Je l'avais tellement lu et relu, que je le savais presque par cœur. J'avais alors vingt à vingt et un ans. Je lisais aussi un journal quotidien collectiviste *Le Citoyen de Paris*. Dès le début, je comprenais difficilement leurs idées, mais en persévérant je suis parvenu à voir qu'elles étaient bonnes.

Je deviens anarchiste

Dans le cercle dont je faisais partie, il venait souvent des orateurs anarchistes qui, prenant la parole, m'éclairaient sur les points que je ne comprenais pas.

Bordat [1], Régis Faure [2], m'ouvrirent un autre genre d'idées. De prime abord je trouvai leurs théories impos-

---

1. Bordat Toussaint, né à Chassenard (Allier) en 1854. Militant anarchiste lyonnais.
2. Faure Régis, né vers 1851, mort à Paris en juin 1911. Passementier stéphanois. Militant syndicaliste et anarchiste.

sibles, je ne voulais pas les admettre, mais à force de lire les brochures collectivistes et anarchistes, et avoir entendu maintes conférences, j'optai pour l'anarchie sans toutefois être complètement convaincu sur toutes leurs idées.

Ce ne fut que deux ou trois ans après que je devins complètement de l'avis de l'anarchie.

Premiers démêlés avec la justice

Je suis resté chez Pichon, à peu près deux ans et demi, j'ai été renvoyé de cette maison parce que j'ai eu quelques minutes de retard à la rentrée du travail du matin, et j'ai répondu au contremaître qui m'en faisait l'observation qu'il ne comptait pas les jours où je restais après l'heure. C'est à cause de ces paroles qu'il me donna mes trois jours pour me retirer.

C'est après cette affaire que je fis maison sur maison à cause du manque de travail, chez Vindrey, chez Balme, chez Cuteau et Richard. Je suis retourné trois fois chez Vindrey, j'ai travaillé sur ces entrefaites chez Coron à Saint-Etienne, pendant un mois. C'est chez Vindrey que je suis resté le plus longtemps.

Je fréquentais alors les cours du soir, primaires et de chimie, et j'ai même fait une demande pour être admis à suivre les cours de jour pendant les jours de chômage, autorisation qui m'a été refusée parce que j'étais trop vieux.

J'apprenais difficilement et ne comprenais qu'après que l'on m'eût expliqué plusieurs fois. C'est là que j'appris un peu de calcul.

Etant chez Vindrey, j'étais anarchiste, je commençais à faire des explosifs, mais je n'arrivais pas à fabriquer des engins convenables, n'ayant que de mauvaises matières entre les mains; je cherchais à faire de la dynamite. Un de mes amis, qui avait acheté dans une vente de l'acide sulfurique ne put le garder chez lui, car un de ses enfants avait failli se brûler avec, il me le donna.

Un jour, une fille qui avait été trompée par son amant, vint me trouver sachant que j'avais à ma disposition du vitriol, ou pour mieux dire acide sulfurique, et m'en demanda pour brûler un cor qu'elle avait. Je me défiais, et je lui demandai comment elle l'employait. Elle me répondit qu'elle en prenait une goutte avec une paille, et le mettait sur le cor, que ce procédé lui avait déjà réussi. Alors je lui en ai donné très peu dans un grand récipient, mais elle s'en est servi en y ajoutant un peu d'eau, pour le jeter à la face de son amant.

Cette femme fut arrêtée et on lui demanda où elle avait eu cet acide, elle dit que c'était moi qui lui avais donné. Je fus donc appelé auprès du Commissaire de Police; là, l'affaire s'expliqua et je fus relâché après avoir été entendu.

La police a dû sans doute aller prendre des renseignements à ce sujet sur moi chez mon patron M. Vindrey, car dès qu'il eût appris que j'étais anarchiste, il renvoya d'abord mon frère et ensuite moi, et cela immédiatement. J'eus beau lui demander des explications il ne me répondit pas, mais à force d'injures et d'insultes, je lui arrachai cet aveu : que s'il m'avait connu il y aurait déjà longtemps qu'il m'aurait mis à la porte.

Je ne pouvais laisser mourir de faim ma mère...

A ce moment ma sœur venait d'avoir un enfant avec son amant. Nous étions sans travail, mon frère et moi et sans un sou d'avance. Nous n'avions que le pain que le boulanger voulait bien nous donner. Ne trouvant de travail nulle part, je fus obligé d'aller en quête de nourriture.

Je prenais un pistolet et j'allais à la campagne à la

chasse aux poulets avec un panier à la main pour les mettre, je faisais semblant de ramasser des pissenlits. Mon frère allait voler des sacs de charbon. Un jour même il faillit se blesser en sautant un mur avec un sac, étant poursuivi. Ce charbon on le prenait parmi les déchets.

Il m'était pénible d'aller prendre la volaille à de malheureux paysans, qui peut-être n'avaient que cela pour vivre, mais je ne savais pas ceux qui étaient riches et je ne pouvais pas laisser mourir de faim ma mère, ma sœur et son enfant, mon frère et moi [1].

J'ai bien cherché à travailler, mais partout on me renvoyait, ma mère et ma sœur ignoraient d'où provenait la volaille que j'apportais, je leur disais que j'avais donné un coup de main à des paysans et qu'ils m'avaient donné une poule en paiement. Je fus obligé d'agir ainsi durant à peu près un mois, c'est-à-dire jusqu'au mois de mai, où je suis parti pour Saint-Étienne.

Une fois du travail à peu près assuré, mon frère s'est aussi embauché et ma mère vint me rejoindre. Mon frère gagnait beaucoup plus que moi mais dépensait davantage, il ne rapportait presque rien à la maison.

Un jour je lui en fis le reproche et même plusieurs fois, en lui disant : « Que ferions-nous à la maison, si j'en faisais autant que toi; demain nous n'aurions qu'à regarder la table et je lui fis la morale. » Il se mit à pleurer sentant le reproche juste, mais cela ne le corrigeait pas, qu'il gagne peu ou beaucoup.

J'avais appris à jouer de l'accordéon, et le dimanche

1. Joséphine Koeningstein, sœur de Ravachol, vint dire à Montbrison que l'accusé lui avait tenu lieu de père. Quant au frère de Ravachol, ouvrier teinturier à Givors, il temoigna également en ces termes : « Mon frère nous a servi de père; il m'a empêché d'aller dans une providence (maison pour enfants tenue par des religieuses), m'a soutenu et mis dans le bon chemin; sans lui, étant jeune, j'aurais crevé de faim; il était très bon avec ma mère et ma sœur; dans sa jeunesse, mon frère nous menait à la messe. » (Cf. *Gazette des Tribunaux*, 24 juin 1892.)

quand j'en trouvais l'occasion, j'allais faire danser [1], cela me permettait d'avoir quelques sous devant moi, pour pourvoir à mes dépenses personnelles, car je remettais toute ma paie entre les mains de ma mère pour laquelle j'avais alors beaucoup d'affection, affection qu'elle perdit plus tard à cause de son bavardage et de ses cancans au sujet d'une maîtresse que je fis par la suite.

Contrebandier

Au bout de deux ans que j'étais à Saint-Etienne, je me mis à faire de la contrebande pour les alcools, car mon travail ne pouvait me suffire à cause des jours trop nombreux de chômage [2].

Au moyen d'appareils en caoutchouc qui s'adaptaient à la conformation du corps, je passais les liquides soit en tramway soit à pied. Je portais sur moi des fioles d'odeur de manière que les personnes qui m'approchaient sentissent le goût des parfums au lieu de celui des émanations de l'alcool.

Cette idée m'avait été suggérée par un camarade qui m'avait fourni l'argent et les indications nécessaires.

Quelque temps après je fis connaissance d'une femme mariée, par l'intermédiaire de ma mère. Celle-ci, qui allait aux conférences des protestants, parla à cette femme beaucoup en ma faveur, comme du reste toutes les mères font. Ma mère avait fait cela croyant parler à une demoiselle.

Or, un dimanche, elle l'invita à venir chez nous. J'étais endimanché et prêt à sortir. En voyant cette petite brune aux grands yeux noirs, je compris que

1. J. F. Gonon, *Histoire de la chanson stéphanoise et forézienne*, confirme le fait. Ravachol faisait danser la jeunesse moyennant un cachet de cinq francs par soirée. Ravachol composa même quelque chansons de caractère social.
2. « Je faisais de la contrebande tant que je pouvais; je n'ai pas à m'en cacher. C'était mon métier. » (Ravachol aux assises de la Loire, audience du 21 juin 1892.)

c'était la personne dont ma mère m'avait parlé, et je fus galant avec elle, autant que ma faible éducation me le permettait. Il nous resta à cette dame et à moi, une bonne impression de notre entrevue; j'appris qu'elle était mariée avec un ouvrier passementier âgé de vingt ans de plus qu'elle.

Les relations commencèrent, d'abord amicales et ensuite intimes. Elle avait deux enfants, un garçon de douze ans et un autre de sept ans, qui était estropié.

Je compris que cette femme était malheureuse avec son mari qui jamais ne lui causait, et dont, à cause de la différence d'âge, le caractère était bien contraire, lui était renfermé, et grossier, elle expansive et affectueuse.

Je conçus l'idée de lier pour toujours ma vie avec cette femme; je lui exposai ces idées et mes théories, c'est-à-dire qu'il lui était permis comme à moi de céder, lorsqu'elle le voudrait, à un penchant d'amour. Je lui autorisais même à recevoir chez nous ceux pour lesquels elle avait un penchant. Il en aurait été de même pour moi, sans que cette conduite détruisît notre union; seulement nous devions agir par respect l'un pour l'autre, avec discernement, en tenant secrets les rapports étrangers à la maison, de telle sorte que l'on ne fasse pas naître dans le cœur de l'un ou de l'autre la jalousie, fille de la peine spontanée du cœur.

Cette femme s'appelait Bénéditte. Comme sa situation était très précaire, je lui donnais de l'argent dans la mesure du possible. J'étais donc obligé pour ainsi dire par l'affection que je lui portais, à continuer la contrebande pour lui venir en aide et avoir quelque argent devers moi. Elle ne sut que très tard que je faisais la contrebande car je ne pouvais pas toujours lui dissimuler ce que je faisais d'autant plus qu'elle se trouvait souvent dans la chambre où je retirais mes appareils.

Ma mère apprit bientôt cette relation, et excitée par les voisines et sachant cette femme mariée, elle fit tout son possible pour briser cette union de cœur.

Elle l'insultait plus bas que terre en pleine rue, et accompagnait ses paroles de menaces. Ceci m'indisposa fort contre ma mère et malgré toutes les conciliations possibles que je fis auprès d'elle, elle ne faisait que continuer de plus belle. C'est alors que mon amour filial se changea en haine, et que je m'attachai de jour en jour avec plus de force à ma maîtresse.

Faux-monnayeur

Voyant que la contrebande ne produisait plus beaucoup et que le travail ne marchait pas, je résolus de faire de la fausse monnaie [1], car je me rappelais qu'un de mes amis en avait fait et que cela avait réussi; cet ami se nommait Charrère.

Je commençai à faire des pièces de 1 F et de 2 F, quelques-unes de 5 F, et de 0,50 F. J'en ai écoulé quelque peu; je trouvai trop méticuleux la fabrication et trop difficile l'écoulement.

Pourtant, je voulais faire le bonheur de ma maîtresse et le mien, nous mettre pour l'avenir à l'abri de toute misère. L'idée du vol en grand me vint à l'esprit. Je me disais qu'ici-bas nous étions tous égaux et nous devions avoir les mêmes moyens pour se procurer le bonheur.

Profanateur

Abandonné de toutes ressources, dénué de tout et sachant qu'il y avait actuellement assez de choses de produites pour satisfaire à tous les besoins d'un chacun, je cherchais quelle était la chose qui pouvait me procurer le bien-être. Or, je ne voyais que l'argent, je ne désirais en posséder que pour mes moyens d'exis-

1. Ravachol, à l'audience du 21 juin 1892, en réponse au président de la cour d'assises qui lui rappelait son activité de faux-monnayeur : « Oui, Monsieur, je ne m'en cache pas, je n'ai pas à m'en cacher. »

tence de chaque jour, et non pour le bonheur d'être dans l'opulence et regorger d'or.

Je me mis donc en quête de savoir où je pourrais frapper, ne pouvant me résigner à crever de faim à côté de gens qui étaient dans le superflu.

J'appris qu'à Notre-Dame-de-Grâce [1] il y avait un vieillard qui vivait dans la solitude et qui recevait beaucoup d'aumônes. Sa vie était très sobre, et naturellement il devait amasser un trésor. Je partis une nuit me rendre compte de la véracité de ce que l'on m'avait dit, explorer la maison et être en état de me présenter de manière à ne pas échouer dans mon entreprise.

Avant d'avoir pris ces dispositions, j'appris par des camarades que l'on avait enterré une baronne, Mme de Rochetaillée, et qu'on avait dû la parer de ses bijoux. J'ai pensé que je pourrais facilement violer son tombeau et me procurer toutes les choses de valeur. J'allai donc au cimetière de Saint-Jean-Bonnefonds (Loire) où était son caveau. Vers 11 heures du soir [2], j'escaladai le mur du cimetière. En y allant, j'ai profité de l'occasion pour écouler deux pièces de 2 F. Je pus en faire passer une chez un marchand de vins, et l'autre chez un boulanger, car je ne voulais pas être sans argent dans ma poche. Une fois le mur escaladé, j'ai cherché l'endroit de la sépulture, que j'ai trouvé facilement. La pierre tombale était située devant la chapelle mortuaire. A l'aide d'une pince-monseigneur prise, je crois, dans un chantier, je parvins difficilement à soulever la pierre, puis j'ai rentré dans le caveau. Dans le caveau, il y avait plusieurs cases fermées par des plaques en marbre, j'ai cherché celle où il y avait une indication me donnant l'endroit où reposait la baronne.

---

1. Hameau de la commune de Chambles où vivait, depuis une cinquantaine d'années, un certain Jacques Brunel, âgé alors de 92 ans, que son genre de vie et certaines pratiques religieuses avaient fait surnommer l'ermite. En toute saison, il parcourait en quêtant les campagnes environnantes. Dépensant très peu, accumulant dons et aumônes, Jacques Brunel avait amassé un pécule que certains soupçonnaient sans pouvoir en chiffrer l'importance.

2. Dans la nuit du 14 au 15 mai 1891.

J'ai enfoncé ma pince dans un interstice et en secouant de droite à gauche, je fis tomber la plaque en marbre qui fermait l'entrée de la case. Cette plaque en tombant produisit un bruit sonore, car il y avait beaucoup d'écho dans ce caveau. Aussitôt je suis remonté pour voir si ce bruit n'avait pas attiré l'attention de quelqu'un.

Voyant que je n'avais rien à craindre, je suis redescendu dans le caveau et j'ai retiré avec beaucoup de peine le cercueil de sa case qui était la deuxième et placée à 1,20 m de hauteur, mais n'ayant pu maintenir le cercueil je le laissai tomber. Un bruit sourd, plus fort que le premier se fit entendre. Je suis remonté comme la première fois me rendre compte de l'effet produit. Voyant que je pouvais continuer mon œuvre tranquillement, je suis redescendu et j'ai commencé à faire sauter les cercles qui entouraient le cercueil, et toujours à l'aide de ma pince. Je parvins à briser le couvercle, je rencontrai alors un deuxième cercueil en plomb que je n'eus pas trop de mal à défoncer. J'avais avec moi une lanterne sourde qui s'éteignit avant la fin de l'opération.

Je remontai pour aller chercher des fleurs desséchées et des couronnes fanées que j'allumai dans le caveau afin de m'éclairer.

Le cadavre commençait à être en état de décomposition, je ne parvenais pas à trouver les bras, alors j'ai essayé de débarrasser le cadavre et j'ai trouvé sur le ventre une quantité de petits paquets que j'enlevai et jetai par terre. Il y en avait de tous les côtés, et ce travail fait, j'examinai les mains, les bras et le cou, mais je ne vis pas de bijoux. Ne trouvant rien, et commençant à être asphyxié par la fumée que produisaient les fleurs et les couronnes en brûlant, je suis sorti du caveau et me suis en allé par la porte du cimetière qui ne s'ouvrait qu'intérieurement.

Je repris le chemin de Saint-Etienne, et j'avais mis une fausse barbe. En route j'ai rencontré un homme qui me demanda d'un peu loin le chemin de la gare. J'avais sur moi un revolver. Cet homme, ne comprenant pas bien ce que je lui disais, s'approcha de moi et me fit la remarque que j'avais une fausse barbe, réflexion qui me fit sourire. J'arrivai à Saint-Etienne vers 2 heures du matin.

Cambrioleur

N'ayant pas réussi, je songeai à trouver autre chose [1], et j'appris qu'à un petit village appelé « La Côte » il y avait une maison inhabitée appartenant à des riches. Je crus qu'il y avait de l'argent; je suis allé trois fois explorer les lieux de manière à opérer sûrement.

Un soir j'y suis allé et ai essayé de faire sauter la pince. Comme je n'y parvins pas, je suis parti et y retournai le lendemain emportant un vilebrequin et une mèche anglaise très large. J'ai escaladé le mur et j'ai sauté dans le jardin, je me suis dirigé vers la porte de derrière et me suis mis à l'œuvre. Lorsque le trou fut assez grand pour y passer mon bras, je l'enfonçai, enlevai la barre et ouvrit la crémone, il a même fallu que je m'aide de ma pince pour faire effort afin de faire sauter le pêne de sa gâche. J'ai visité la cave où il y avait du vin, des liqueurs, etc., et où, par conséquent, je me suis rafraîchi, car j'avais eu beaucoup de mal à ouvrir la porte de la cave, ensuite j'ai visité toutes les chambres jusqu'au grenier. J'ai trouvé 4 ou 5 F, dans une poche de robe.

J'ai pris des matelas, couvertures et quelques effets, des pendules, du vin, des liqueurs, de l'eau-de-vie, une longue-vue, des jumelles, etc.

Je suis retourné pendant trois semaines environ emportant chaque fois dans un appareil une vingtaine de litres de vin et des paquets de liqueurs fines. Ayant fait la contrebande, j'avais la facilité d'écouler les spiritueux. Ensuite je continuais, les ressources épuisées à

1. En réalité les vols dont il va être question eurent lieu en mars 1891. Ils sont donc antérieurs à l'exhumation de la baronne.

vivre tout en faisant la contrebande soit en fabriquant de la fausse monnaie, jusqu'à l'affaire de l'Ermitage [1]. Car ceci se passait en mars, et l'affaire de l'Ermite en juin.

Assassin

Poussé à bout, ne trouvant pas d'embauche nulle part, je ne voyais qu'un moyen de mettre fin à mes maux : aller à Notre-Dame-de-Grâce dépouiller l'ermite et son trésor.

Avant de prendre définitivement cette décision, j'ai cherché à trouver un emploi, si pénible qu'il fût, dans les mines de Saint-Etienne. Là, comme chez mes anciens patrons, impossible de trouver de l'occupation. Ceux mêmes qui étaient du métier ne pouvaient pas rentrer.

Alors désespéré, je partis seul un matin pour Notre-Dame-de-Grâce. Je pris le train vers 7 heures à Saint-Etienne pour Saint-Victor-sur-Loire, en changeant de train à Firminy.

N'ayant exploré l'habitation de l'ermite que nuitamment, j'eus quelque hésitation pour me diriger, alors je demandai, en descendant du train, au chef de gare le chemin le plus court pour aller à Notre-Dame. En route, à Chambles, je rencontrai une petite fille à qui je demandai le nom du hameau que l'on voyait là-haut sur la montagne, et s'il n'y avait pas un ermite qui y vivait. La réponse ayant été explicative puisqu'elle me donna le nom du hameau : Notre-Dame-de-Grâce, et qu'elle me montra l'endroit où demeurait l'ermite, je lui donnai un sou.

En gravissant la montagne, je me suis arrêté à mi-chemin pour casser la croûte. Je fus en ce moment interpellé par un prêtre qui me fit remarquer que j'avais tort de m'arrêter auprès d'un buisson, que la montagne était infestée de reptiles. Ce prêtre devait

1. L'affaire de l'ermite de Chambles.

être, à mon avis, le curé de Chambles. Il descendit la montagne et moi je continuai à la gravir.

Arrivé au hameau j'eus un instant d'hésitation ne reconnaissant pas très bien mon chemin. Je me mis alors en route cherchant à m'orienter et à donner le change aux paysans qui auraient pu remarquer ma présence. Je m'amusai même en route à visiter les quelques ruines que je rencontrais.

A midi, je me présentai à la porte d'entrée de l'habitation de l'ermite. Je frappai à plusieurs reprises afin de me rendre compte s'il y avait quelqu'un, et avoir un moyen d'introduction dans la maison, mais c'était en vain, je ne reçus aucune réponse. Je passai donc par le derrière, j'escaladai le mur du jardin, et m'introduisis dans la maison par la porte de la cave qui se trouvait entrouverte. Apercevant dans la cave un escalier, je m'y suis engagé. Cet escalier était fermé par une trappe. J'ai soulevé celle-ci, et me suis trouvé tout à coup dans une chambre où reposait l'ermite couché dans son lit.

Réveillé par mes pas, l'ermite s'était assis sur son lit et me demanda : « Qui est là ? » A cette interpellation, je répondis : « Je viens vous trouver pour faire dire des messes pour un de mes parents qui est mort. Voici un billet de cinquante francs ; prenez vingt francs et rendez-moi la monnaie. »

Ce billet de cinquante francs, je l'avais emprunté à un de mes camarades avant de quitter Saint-Etienne. Je pensais qu'en l'obligeant à changer un billet, je verrais l'endroit d'où il sortirait la monnaie à rendre, et qu'il me servirait comme cela, sans s'en douter, d'indicateur de la fameuse cachette de son trésor.

Il me répondit d'un air méfiant ces mots entrecoupés : « Non... non ! »

Voyant cela, je me suis mis à examiner attentivement la chambre. L'ermite voulut se lever, mais je lui dis : « Restez au lit, mon brave, restez au lit. »

Il voulut se lever malgré tout, je m'approche aussitôt du lit, et lui mettant la main sur la bouche, je lui dis : « Restez donc au lit, nom de Dieu. »

Malgré cette injonction impérieuse, il voulut toujours se lever. Alors je lui ai appuyé plus fortement sur la bouche en me servant de mes deux mains. Comme il se débattait, j'ai saisi le traversin, le lui ai appliqué sur la bouche et ai sauté sur le lit. Alors par le poids de mon corps, la pression de mon genou sur sa poitrine, et celle de mes deux mains appuyant fortement sur le traversin, je parvins à le maîtriser.

Mais ces moyens n'étaient pas assez expéditifs pour obtenir une suffocation capable de mettre hors de combat cet homme et l'empêcher de me nuire. Je pris alors mon propre mouchoir, et lui enfonçai dans la gorge aussi profondément que possible. Il commença bientôt à étirer ses membres avec des mouvements nerveux, fit même ses excréments pendant que je le tenais ainsi, et ne tarda pas à rester dans un état d'immobilité la plus complète. Quand je vis qu'il ne remuait plus, j'enlevai mon mouchoir, le remis en poche, et sautai au bas du lit.

J'ôtai de suite mes chaussures, pour ne pas faire de bruit, et après avoir déposé mon revolver auprès du lit, j'ai visité tranquillement tous les meubles, garde-robe, etc. Partout je trouvais de l'argent de caché, je fis même sauter avec une pelle que j'ai trouvée sous ma main trois ou quatre buffets fermés à clef.

Je monte au grenier, je trouve de l'argent partout, le long des murailles, sur les charpentes, dans des pots, je descends à la cave, même tableau, de l'argent, toujours de l'argent. Mais jamais, me dis-je en moi-même, jamais tu n'emporteras tout.

Je pris les mouchoirs de l'ermite, en fis des espèces de sacs en les nouant, et j'emportai avec moi le plus d'argent possible.

Dans le cours de mes perquisitions, j'entendis frapper à la porte d'entrée en descendant l'escalier du grenier : j'ai sauté de suite sur mon revolver que je mis dans ma poche et je prêtai l'oreille un instant. Comprenant qu'on s'en retournait, je me suis mis à poursuivre mon œuvre. Cependant je me demandais qui pouvait être venu. Je pensai bientôt que ça ne pouvait être que la femme du voisin, dont j'entendais à travers la cloison les pas et le bruit de la voix qui venait voir si l'ermite n'avait pas besoin de quelque chose, car sans doute cet homme que j'avais trouvé encore au lit à midi, devait être indisposé.

Vers cinq heures du soir je suis sorti par le même chemin que j'étais venu, emportant avec moi une charge d'argent et d'or d'au moins vingt kilos. Je me suis dirigé de suite vers la gare Saint-Victor.

Le train avait beaucoup de retard. Ce retard me permit de me livrer à mes réflexions. Je compris qu'il n'était pas prudent de continuer la route avec mon fardeau d'autant plus que le chef de gare avait l'air de me regarder. Je partis donc au village situé à un kilomètre ou deux, et sur la route ayant rencontré un conduit qui la traversait, j'y mis de suite mon butin.

Arrivé au village, j'ai soupé copieusement. La patronne de l'établissement chercha à lier conversation avec moi en me demandant où j'allais et d'où je venais. Je lui répondis : « Madame je n'aime pas d'être interrogé, il n'est pas convenable de faire de telles questions aux gens, sans savoir si cette manière d'agir leur plaira. » Après souper, et avoir réglé mon compte, je retournai à Notre-Dame-de-Grâce.

Là, je retournai cinq ou six fois chez l'ermite par les mêmes procédés que la première fois. A chaque voyage, j'emportais dans mes mouchoirs de l'argent que je cachais à vingt minutes de là, dans les blés, en ayant soin toutefois d'écarter les épis, afin de ne laisser aucune trace de mon passage.

Le matin, je descendis prendre le premier train à Saint-Victor, en emportant avec moi un paquet rempli de pièces d'argent ou d'or, paquet que j'ai déposé dans ma chambre en arrivant à Saint-Etienne. C'était le vendredi. Dans la journée, je vis ma maîtresse et lui demandai si elle voulait venir avec moi faire une excursion dans la nuit, à la montagne. Je lui avais dit de prime abord, de ne demander aucune explication au sujet de cette promenade nocturne. Elle consentit.

Je louai donc une voiture pour toute la nuit.

Au départ, je dis au cocher de prendre la route de Saint-Just-sur-Loire, en ne lui donnant pas d'autres indications.

Arrivé non loin de mes cachettes, je le fis arrêter et le priai de m'attendre, en laissant ma maîtresse dans la voiture.

J'avais emporté avec moi une sacoche et une valise en quittant Saint-Etienne. Je pris ces deux objets avec moi et j'allai vivement chercher les paquets d'argent que j'avais cachés. A mon retour, je déposai mes fardeaux sur la route, fis avancer la voiture afin de m'éviter un parcours plus grand et les déposai dans l'intérieur du véhicule. Le cocher remarquant que j'avais de la peine à soulever ces trois objets, me fit remarquer que si c'était de l'argent que je portais, il y aurait là une somme considérable. Nous reprîmes de suite le chemin de Saint-Etienne. Tout cela avait demandé beaucoup de temps, d'autant plus que j'avais été visiter les abords de la maison du crime pour voir s'il n'y avait rien d'anormal.

Le jour commençait donc à poindre.

En route le cocher me dit : « Gare à l'octroi! » — Je lui répondis : « Je ne crains rien, je n'ai rien avec moi de soumis aux droits. » Arrivé à l'octroi, un employé me demanda si j'avais quelque chose à déclarer. Je lui répondis « Non. » « Du reste, ai-je ajouté : Regardez. » Il me fit ouvrir la valise, je m'exécutai de suite; il ne vit que des paquets faits avec des mouchoirs, les tâta et crut sentir un corps dur. Comme il demandait des explications, je lui répondis que c'était du métal. Nous reprîmes alors notre route.

La voiture traversa une partie de Saint-Etienne, et me conduisit au hameau appelé Le Haut Villebeuf jusqu'à la porte de mon habitation, où nous arrivâmes vers quatre heures du matin. J'ai payé la voiture et ai donné dix francs de pourboire au cocher, sans toutefois lui faire aucune observation.

Je montai mon butin dans ma chambre et ma maîtresse me quitta bien vite afin de rentrer le plus promptement chez elle.

Dans la nuit du samedi, je suis retourné à Notre-Dame-de-Grâce, je pris le train pour aller et revenir jusqu'à Saint-Rambert, le reste de la route je le fis à pied. J'avais avec moi une sacoche, je rentrai à la maison de l'ermite par les mêmes moyens, et la rapportai bondée d'argent.

Dans l'après-midi du lendemain, qui était le dimanche, j'appris par des personnes que le crime était connu, et que c'était le perruquier de l'ermite qui en allant pour le raser, avait découvert l'affaire.

J'étais heureux d'être sorti, car je m'apprêtais à retourner le soir à Notre-Dame-de-Grâce et mal m'en aurait pris, car j'aurais été évidemment arrêté sur le fait.

Recherché

J'achetai de suite des journaux et j'appris alors que l'on avait su par des employés de l'octroi qu'une voiture était passée la nuit et qu'on avait déclaré de la ferraille, qu'on supposait que c'était celle qui contenait le produit du vol, et qu'actuellement on recherchait le conducteur de cette voiture.

Comprenant qu'on ne tarderait pas à le trouver, je louai de suite une chambre, et j'y portai toutes les valeurs que j'avais dans celle que j'occupais alors en portant toutefois une partie de l'argent chez ma maîtresse, en l'absence de son mari, et l'autre dans ma nouvelle résidence.

Je résolus d'aller voir le cocher pour le supprimer dans le cas où il ne serait pas entré dans la voie des aveux, car lui mort, la piste de la police se trouvait égarée. En allant pour le voir, je le rencontrai en route avec sa voiture, se dirigeant sur Firminy. Je l'appelai et lui demandai s'il voulait me conduire à cette localité. Je pensais qu'il ne pouvait me reconnaître, ayant changé de costume. Il accepta.

Une fois sur la voiture, j'entrai en conversation, et l'amenai sur le chapitre de l'actualité, je veux dire du crime. « Savez-vous ce que c'est que cette histoire d'ermite dont on parle? » Il feignit de ne rien savoir; alors je lui demandai s'il ne pourrait pas me conduire à Saint-Just-sur-Loire. Je lui faisais la même question que lorsque je le pris dans la nuit, afin de voir s'il me reconnaîtrait à la voix, ou encore s'il avouerait quelque chose. Il me répondit négativement, mais que son patron m'y conduirait. Alors je lui dis : « Ce n'est pas la peine que vous vous dérangiez pour cela, je ne tiens pas absolument à aller de suite là-bas, je préfère me rendre immédiatement à Saint-Etienne pour régler mes affaires.

A un moment donné, il prétexta avoir oublié quelque chose, me pria de descendre, et rebroussa chemin en me disant : « Je vais chercher une note que j'ai oubliée. »

Pas plutôt descendu, je compris que j'étais reconnu, je me mis à suivre la voiture que je perdis bientôt de vue. Dans ma précipitation et mes doutes sur l'endroit exact de sa demeure, je dépassai de beaucoup son habitation, et m'apercevant de mon erreur, j'eus bientôt son adresse exacte par les habitants du pays, d'autant plus que je connaissais son nom. Je l'attendis un instant et, ne le voyant pas sortir de chez lui où je faisais le guet, je compris que le meilleur parti à prendre, était de m'en retourner chez moi, tout en me tenant sur mes gardes. Je m'en retournai à pied, ayant mes mains sur les deux revolvers que je portais, et au moindre bruit, je me mettais sur la défensive.

Tout me portait ombrage et je ne voulus pas me rendre à la gare, craignant d'être pris, bien que j'avais sur moi un billet de retour pour Saint-Etienne. En réfléchissant de plus en plus sur la conversation du cocher et sur ses agissements, je compris qu'il avait déjà depuis longtemps dévoilé tout ce qu'il savait.

Mon plan était de ne plus retourner à la chambre où il m'avait conduit.

Quelques jours après, je rencontrai ma maîtresse qui me demanda : « Quand coucherons-nous ensemble? » — « Cette nuit, lui dis-je, si tu le veux » — « Mais où? me dit-elle, est-ce dans ton ancienne chambre ou dans la nouvelle? » — Instinctivement je répondis, l'ancienne chambre voulant en passer l'inspection, et détruire tout ce qui pouvait se rapporter au crime de Notre-Dame-de-Grâce. Cette réponse causa mon malheur. C'est en me rendant dans cette chambre que je fus arrêté, et même reconnu par un des agents civils, le nommé Nicolas qui s'écria lorsque je fus arrêté : « Tiens, c'est Koeningstein. »

Le propriétaire de cette chambre l'avait fermée avec sa clef, moi j'y avais fait poser une autre serrure, la seule dont je me servais, ne m'occupant ni des clefs, ni de celle du propriétaire. Je rentrais par le derrière de la maison sans être vu. Arrivé près de ma chambre, impossible d'en ouvrir la porte, le bruit que je fis révéla ma présence, et, comme je me disposais à m'en retourner, je vis la porte du propriétaire s'ouvrir, et un homme en sortir. Sur le moment, je pris cet homme pour le propriétaire qui venait se rendre compte du bruit qu'il avait entendu, et, pensant en moi-même qu'il pouvait supposer la présence d'un cambrioleur, je ne voulus pas fuir. Au contraire, je m'arrêtai pour lui causer et me faire connaître. Aussitôt cet homme sauta sur moi, et les autres qui étaient cachés chez le propriétaire vinrent aussi me saisir. Ils eurent la chance que pour la première fois depuis l'affaire de l'ermite, je n'eus pas d'arme sur moi, car j'en aurais peut-être blessé quelques-uns, et j'aurais pu m'enfuir.

Ils m'attirèrent dans le logement du propriétaire. Là je me suis débattu aussi violemment que possible, et je faisais même semblant d'appeler à moi des camarades afin de les terroriser et de profiter de leur émoi pour m'échapper. Ils m'ont ensuite fouillé et ont trouvé sur moi une petite boîte en corne, boîte à bonbons provenant de l'ermitage. Elle était difficile à ouvrir. Le commissaire qui la tenait, essayant de l'ouvrir, je lui dis alors : « Prenez garde, elle va sauter. » Sur ce, un agent m'interpella en ces termes : « Nom de Dieu, il a encore l'audace de se f... de nous » (*sic*). Là, ils me mirent les menottes et on est monté dans ma chambre où ils ont constaté que la pendule, cinq édredons et une quantité d'objets venaient des vols de la Côte. Ils essayèrent de me faire avouer et de leur donner des explications, mais je leur répondis que je ne parlerais qu'à l'instruction.

Evadé

Nous partîmes alors, et causâmes en route. Arrivés à trois cents mètres à peu près de la maison, près d'un chemin qui faisait une courbe, nous rencontrâmes un homme porteur, je crois, d'un paquet. Les agents l'interpellèrent. L'occasion de fuir me paraissant bonne, je fis semblant de connaître cet homme, en l'appelant par des « psitt ». Les paroles incohérentes que je lâchais, firent supposer aux agents que cet individu était mon complice et m'abandonnèrent pour se ruer sur lui. Aussitôt je pris la fuite en rebroussant chemin. Ils s'en aperçurent de suite, mais j'avais gagné du terrain, et malgré leur poursuite ils ne purent m'atteindre. Ils essayèrent toutefois de m'intimider en me tirant un coup de revolver, mais ils ne m'atteignirent pas, et je pus continuer ma route. Ceci se passait vers une heure du matin.

Ici se terminent les Mémoires dictés par Ravachol, ceux du moins que voulurent bien recueillir ses gardiens.

Après son invraisemblable évasion de Saint-Etienne, Ravachol se rendit à Paris et accomplit les deux attentats que nous avons relatés. Condamné à mort, il accueillit la sentence au cri de « Vive l'Anarchie! » et fut exé-

cuté le 11 juillet après avoir refusé l'assistance d'un
aumônier et chanté une chanson anticléricale. Le télé-
gramme officiel annonçant son exécution était ainsi
conçu :

« 7 4287 — Justice a été faite ce matin à 4 h 05
sans incident ni manifestation d'aucune sorte. Le réveil
a eu lieu à 3 h 40. Le condamné a refusé intervention
de l'aumônier et m'a déclaré n'avoir aucune révélation
à faire. Pâle et tremblant d'abord, il a montré bientôt
un cynisme affecté et une exaspération au pied de
l'échafaud dans la minute qui a précédé l'exécution. Il
a chanté d'une voix rauque quelques paroles de blas-
phème et de la plus révoltante obscénité. Il n'a pas prononcé le mot anarchie et a, sous la lunette, poussé le
cri dernier de 5716 2907 4584 [1]. Le plus grand calme
n'a cessé de régner dans la ville. Rapport suit. »

En réalité, le couperet avait interrompu Ravachol au
milieu d'un cri : « Vive la Ré... ». C'était mal le con-
naître que de penser qu'il avait pu, à l'instant suprême,
s'enthousiasmer pour la République. Il avait très certai-
nement voulu prononcer, une dernière fois, le mot
« Révolution ».

La personne de Ravachol fut, on s'en doute, très dis-
cutée, même dans les milieux anarchistes, du moins jus-
qu'à la comparution devant les assises. Toutefois, après
les deux procès qu'il eut à soutenir, son attitude, cou-
rageuse et désintéressée, lui valut un grand renom parmi
les compagnons.

Guillotiné à trente-trois ans, Ravachol devint, pour
certains compagnons, « une sorte de Christ violent »
dont le « meurtre légal » devait ouvrir une Ere. Quoi
qu'il en soit, des romanciers le prirent pour héros, des
chansonniers célébrèrent ses actes ou appelèrent à la
vengeance... On trouvera ci-dessous un de ces chants
que l'Almanach du Père Peinard pour 1894 publia en
son honneur :

---

1. La note de police accompagnant traduisit « Vive la République ».

LA RAVACHOLE

Air de « La Carmagnole » et du « Ça ira »

I

Dans la grand'ville de Paris, (*bis*)
Il y a des bourgeois bien nourris. (*bis*)
    Il y a les miséreux
    Qui ont le ventre creux :
      Ceux-là ont les dents longues,
    Vive le son, vive le son,
      Ceux-là ont les dents longues,
      Vive le son
      D'l'explosion!

REFRAIN

Dansons la Ravachole,
Vive le son, vive le son,
Dansons la Ravachole,
    Vive le son
    D'l'explosion!
Ah, ça ira, ça ira, ça ira,
Tous les bourgeois goût'ront d'la bombe,
    Ah, ça ira, ça ira, ça ira,
Tous les bourgeois on les saut'ra...
    On les saut'ra!

II

Il y a les magistrats vendus, (*bis*)
Il y a les financiers ventrus, (*bis*)
    Il y a les argousins.
    Mais pour tous ces coquins
      Il y a d'la dynamite,
    Vive le son, vive le son,
      Il y a d'la dynamite,
      Vive le son
      D'l'explosion!
(*Au refrain.*)

III

Il y a les sénateurs gâteux, (*bis*)
Il y a les députés véreux, (*bis*)
    Il y a les généraux,
    Assassins et bourreaux,
      Bouchers en uniforme,
    Vive le son, vive le son,
      Bouchers en uniforme,
        Vive le son
        D'l'explosion!
(*Au refrain.*)

IV

Il y a les hôtels des richards, (*bis*)
Tandis que les pauvres dèchards, (*bis*)
    A demi-morts de froid
    Et soufflant dans leurs doigts,
      Refilent la comète,
    Vive le son, vive le son,
      Refilent la comète,
        Vive le son
        D'l'explosion!
(*Au refrain.*)

V

Ah, nom de dieu, faut en finir! (*bis*)
Assez longtemps geindre et souffrir! (*bis*)
    Pas de guerre à moitié!
    Plus de lâche pitié!
      Mort à la bourgeoisie,
    Vive le son, vive le son,
      Mort à la bourgeoisie,
        Vive le son
        D'l'explosion!
(*Au refrain.*)

3

Emile Henry
le Benjamin
de l'anarchie

Les 27 et 28 avril 1894, de nombreux agents station-
nent sur les places avoisinant le Palais de justice, d'autres
se tiennent auprès de chaque porte, inspectant avec
soin toute personne qui entre [1].

*C'est que l'affaire dont le jury de la Seine est appelé
aujourd'hui à connaître présente une gravité exceptionnelle. Cette fois, l'accusé n'est pas un homme grossier dont l'éducation première a été négligée.*

Emile Henry est alors un jeune homme de vingt-
deux ans, à la physionomie fine et douce, au teint pâle
et mat. Les cheveux châtains sont coupés en brosse.
Une légère barbe blonde garnit le menton. Assis au
banc des accusés, le dos appuyé contre la balustrade,
il affecte de sourire d'un air indifférent. Il est vêtu de
noir [2].

*De quoi est-il accusé? Le greffier Wilmès le rappelle
par la lecture des deux actes d'accusation :*

Le café Terminus

L'accusé est né en Espagne, où son père s'était réfugié après les événements de 1871, auxquels il avait pris
une part active.

En 1882, après l'amnistie, ses parents revinrent en
France.

Il reçut une éducation complète, se présenta aux
examens de l'Ecole polytechnique, mais échoua à la
seconde partie des épreuves. Il entra alors dans la maison d'un ingénieur-constructeur qui l'envoya à Venise

1 et 2. Cf. *Gazette des Tribunaux,* 27 et 28 avril 1894.

coopérer à des travaux publics dont il avait l'entreprise. Après trois mois à peine, il quitta une situation qui pouvait assurer sa carrière.

Revenu à Paris, il trouva dans une maison de commerce un emploi de 125 F par mois. A cette époque, il devint, suivant son expression, un anarchiste déterminé. La supériorité de son instruction lui fit acquérir en peu de temps, parmi « les compagnons », une certaine notoriété. Le 30 mai 1892, à la suite des premiers attentats anarchistes, il fut arrêté, mais il ne tarda pas à être remis en liberté.

Peu de temps après, son patron, qui le voyait faire de la propagande parmi ses camarades, prit le parti de le congédier. Après son départ, il découvrit dans son bureau des manuscrits relatifs à la fabrication des explosifs et une sorte de manuel intitulé « Anarchie pratique », commençant par ces mots : « Nous prions les compagnons de s'exercer dans ces fabrications. »

Après avoir collaboré quelque temps à l'administration du journal l'*En Dehors,* l'accusé entra comme employé aux écritures chez le sieur Dupuis, sculpteur-décorateur.

Le surlendemain de l'explosion de la rue des Bons-Enfants, il disparut. Malgré cette coïncidence saisissante, il nie avoir participé à cet attentat. « Il est alors parti, dit-il, pour l'Angleterre, craignant d'être de nouveau arrêté. »

Sa trace est perdue depuis cette époque jusqu'au 20 décembre dernier. A cette date, il se présenta à la Villa Faucheur, rue des Envierges, et loua une chambre sous le nom de Louis Dubois.

Là, il se procura les substances nécessaires à la fabrication d'engins explosifs, notamment de l'acide picrique, et s'occupa de préparer une bombe.

Dans une petite marmite en métal, dont il supprima l'anse et le bouton qui surmontait le couvercle, il introduisit une enveloppe cylindrique en zinc.

Entre cette enveloppe et les parois évasées de la marmite, il plaça, a-t-il déclaré, cent-vingt balles.

Dans le cylindre de zinc, il en disposa un autre sensiblement plus petit, et remplit d'une substance explosive l'intervalle qui les séparait.

Enfin, dans le plus petit, il mit une cartouche de dynamite garnie d'une amorce au fulminate de mercure.

A cette amorce aboutissait une mèche de mineur dont la longueur était calculée de manière à brûler 15 secondes.

Le 12 février, il quitta sa chambre, après avoir prévenu le gardien de la villa qu'il ne rentrerait pas de quelques jours. Il y laissait, selon sa déclaration, trois kilos et demi d'acide picrique. Il emportait sa bombe, à l'exemple de Vaillant, dans la ceinture de son pantalon.

Il était muni d'un revolver chargé dont il avait mâché les balles, afin, dit-il, de faire plus de mal, et d'un poignard dont il avait cherché à empoisonner la lame.

Ainsi armé, il se dirigea vers l'avenue de l'Opéra, jeta un coup d'œil au restaurant Bignon, puis au café Américain, puis au café de la Paix, mais dans aucun de ces établissements il ne trouva un nombre suffisant de victimes, et il continua son chemin.

Au café Terminus, où il arriva vers huit heures et demie, la foule était particulièrement pressée autour d'une estrade où jouait un orchestre.

Il entra, s'assit devant un guéridon placé tout près de la porte et demanda un bock qu'il paya d'avance.

Il s'en fit bientôt servir un second avec un cigare qu'il paya également dès qu'ils lui furent apportés. Il attendait que le public fût encore plus nombreux.

A neuf heures, il approcha son cigare allumé de l'extrémité de la mèche, puis se leva et gagna la porte dont une très petite distance le séparait.

Alors il se retourna et lança la bombe dans la direction de l'orchestre.

L'engin rencontra le lustre électrique, brisa une des

tulipes de cristal, et tomba à terre en répandant une fumée épaisse et âcre.

Quelques secondes plus tard, elle éclata avec une détonation sourde, enfonçant le parquet et blessant dix-sept personnes.

L'assassin prit la fuite en criant : « Ah! le misérable, où est-il? »

Il fut aussitôt poursuivi par le garçon Tissier et par deux consommateurs qui l'avaient vu jeter l'engin.

Le gardien de la paix Poisson, qui était de service sur le refuge situé en face du café, s'élança aussi derrière lui.

A l'angle de la rue du Havre et de la rue d'Isly, un employé de la compagnie de l'Ouest, le .sieur Etienne, le rejoignit et lui mit la main sur l'épaule en lui disant : « Je te tiens, canaille! » — « Pas encore! » répondit l'accusé, qui lui tira un coup de revolver en pleine poitrine.

La balle heureusement s'aplatit sur un bouton et ne pénétra pas, mais Etienne tomba, évanoui.

Le sieur Maurice, coiffeur, le saisit à son tour, un peu plus loin. Un second coup de revolver le jeta à terre, lui faisant une blessure des plus sérieuses.

A ce moment arrivait le gardien de la paix Poisson. L'accusé le visa, mais le manqua et continua sa route. Poisson tira son sabre et reprit la poursuite. Il gagnait du terrain, quand un coup de feu l'atteignit à la poitrine. Resté debout, il levait le bras pour frapper, mais l'accusé déchargea sur lui les deux derniers coups de son revolver. L'une des balles frappa le côté droit; l'autre se perdit dans le portefeuille de l'agent.

Celui-ci se précipita sur l'accusé et tomba avec lui.

D'autres agents survinrent au moment où Poisson perdait connaissance. Ils s'emparèrent de Henry, qu'ils durent protéger contre la fureur des assistants.

Au cours de l'information, Henry, qui avait d'abord pris le faux nom de Breton, n'a témoigné aucun repentir de cette série d'actes criminels.

Il a, au contraire, exprimé devant une de ses victimes, le sieur Etienne, le regret d'avoir fait usage d'un revolver défectueux, ainsi que d'avoir diminué la force explosive de sa bombe en assujettissant mal le couvercle de la marmite.

L'expert commis par le juge d'instruction a déclaré que l'engin projeté par Henry était « combiné et construit de manière à donner la mort en tombant au milieu d'une foule, et à détruire partiellement l'édifice dans lequel il aurait été lancé ».

Comme tous les anarchistes, il affirme avoir agi sous l'empire d'une résolution purement personnelle.

Toutefois, si l'instruction n'établit aucun fait de complicité légalement caractérisée, il en résulte que d'autres anarchistes connaissaient ses projets.

En effet, dans la matinée du 14 février, le gardien de la villa Faucheur constata que la porte de la chambre d'Henry avait été ouverte à l'aide d'effraction [1].

Le commissaire de police, appelé sur les lieux, découvrit une mèche de mineur, des balles de plomb et une petite quantité de poudre verte. Dans le poêle se trouvaient des cendres de papiers brûlés.

Or, d'après les déclarations d'Henry lui-même, il avait laissé dans son logement trois kilos et demi d'acide picrique qui devaient lui servir à fabriquer douze ou quinze autres bombes, si, comme il y comptait, il échappait à la justice, après la première explosion.

Il est donc évident que les auteurs de l'effraction avaient pour but d'enlever le reste des substances explosives qu'il avait préparées.

La rue des Bons-Enfants

Les bureaux de la Compagnie des mines de Carmaux occupaient l'entresol d'une maison qui porte le n° 11

---

1. C'est Matha, ami d'Emile Henry qui, avec deux autres compagnons, avait organisé l'enlèvement de la plus grande partie du matériel abandonné par le terroriste et destiné à la confection de bombes. (*Toutes les notes du procès sont de la Rédaction.*)

de l'avenue de l'Opéra. Une seconde issue donne sur la rue d'Argenteuil. Le 8 novembre 1892, entre onze heures et onze heures et demie du matin, le sieur Bernich, désirant parler au chef de la comptabilité, le sieur Bellois, monta l'escalier sans rencontrer personne. Dans l'angle gauche du palier, contre la porte, il aperçut un objet assez volumineux qu'il dut enjamber pour entrer.

Quelques instants après, M. Bellois, qui le reconduisait, remarqua le même paquet, constata qu'il était fort lourd et appela le sieur Auguenard, caissier, ainsi que le garçon de bureau Garin. On déchira le journal qui l'entourait et qui était maintenu par une ficelle, et l'on vit une marmite en fonte dont le couvercle retourné était fixé par une bande de tôle ou feuillard rattachée aux deux anses. Elle reposait sur le couvercle, le fond en l'air. Le concierge Garnier et le garçon de bureau la descendirent avec précaution dans la rue d'Argenteuil et la déposèrent sur le trottoir. Un rassemblement assez nombreux se forma autour de l'engin et plusieurs personnes remarquèrent une poudre blanche dont le grain, très menu, s'était échappé par les interstices du couvercle.

Le garçon de bureau appela le gardien de la paix Cartier, qui était chargé de faire traverser l'avenue de l'Opéra aux enfants sortant de l'école de la rue d'Argenteuil. Cartier, retenu par son service, ne put lui-même emporter la marmite, mais sur ces entrefaites arrivèrent le sous-brigadier Fomorin et l'agent Réaux, auxquels il fit connaître ce qui se passait. Le concierge donna une serviette, l'engin y fut placé, et Garin, accompagné de Fomorin et de Réaux, l'emporta vers le commissariat du quartier du Palais-Royal.

La maison où le commissariat était installé est située rue des Bons-Enfants. Elle se compose d'un bâtiment central et de deux ailes encadrant une cour qui ouvre sur la rue par une porte cochère. Les bureaux étaient au premier étage de l'aile gauche.

Il était exactement 11 h 35 quand le sous-brigadier,

le gardien de la paix et Garin entrèrent dans la cour. En la traversant Garin dit à Réaux : « C'est lourd, tu ne ferais pas mal de me donner un coup de main! » L'agent vint à son aide et tous trois s'engagèrent dans l'escalier. Deux minutes à peine s'étaient écoulées qu'une détonation formidable retentissait.

Quand on pénétra dans le commissariat, on se trouva devant un spectacle d'une horreur inexprimable. Dans le vestibule un cadavre gisait au milieu des débris, la face contre terre; les vêtements avaient presque complètement disparu; les chairs avaient pris une couleur grisâtre. C'était le gardien de la paix Réaux, les deux jambes détachées au-dessous des genoux, les cuisses broyées, le visage et les mains comme carbonisés.

Dans la salle du public, faisant suite au vestibule, la destruction était complète. C'était là que l'engin avait éclaté. Le plancher était enfoncé. C'était un amoncellement de débris hachés, de morceaux de bois déchiquetés, de vêtements et de lambeaux de chair. D'un bec de gaz au plafond pendait un paquet d'entrailles.

Les murs étaient éclaboussés de sang. Près de la fenêtre, on marchait littéralement sur des lambeaux de chair, de foie et de poumon. L'explosion avait fait dans cette salle quatre victimes : le sous-brigadier Fomorin, le garçon de bureau Garin, le secrétaire du commissariat Pousset, dont le corps avait à peine conservé une forme humaine, et l'inspecteur Troutot qui, malgré ses horribles blessures, agonisait encore. Il mourut dans la journée.

Les premiers éléments d'investigation furent fournis par le journal qui enveloppait l'engin. C'était le numéro du *Temps* du 1ᵉʳ juin 1892. On pouvait supposer que l'assassin ne l'avait pas conservé sans motifs, mais peut-être parce qu'il contenait quelque information ayant pour lui un intérêt spécial. Or, ce numéro relatait l'arrestation des frères Henry, arrestation qui avait eu lieu le 30 mai et qui n'avait pas été maintenue. L'instruction établit bientôt que de ces deux anarchistes, l'un, Fortuné [1], était à Bourges, le 8 novembre. Les soupçons s'arrêtèrent donc sur Emile Henry.

Au mois de juillet, il avait été signalé comme se livrant à des études de chimie suspectes. Le 8 novembre, il était sorti de la maison de son patron, le sieur Dupuis, vers dix heures un quart du matin, et n'y était revenu qu'à midi. D'après la dame Dupuis, il avait montré une violente émotion quand son patron était rentré, apportant un journal qui rendait compte de la catastrophe. Le lendemain, il s'était dit souffrant, et, le 10 novembre, à quatre heures, il quittait son bureau sous prétexte d'aller se faire soigner chez sa mère. Au lieu de se rendre à Brévannes, il partait pour Londres, d'où il chargeait deux ou trois jours après un compagnon de mettre à la poste, à Orléans, une lettre destinée à M. Dupuis. Dans cette lettre, il déclarait que, bien qu'étranger au crime de la rue des Bons-Enfants, « il se souciait fort peu de faire des mois de détention préventive avant l'arrestation des véritables auteurs de l'explosion ».

Malgré toutes ces circonstances suspectes, il n'existait pas contre lui de charges positives. Et même les premières vérifications auxquelles on avait procédé sur l'emploi de son temps pendant la matinée du 8 novembre pouvaient lui sembler favorables. Parti vers dix heures de la rue de Rocroi, il y était de retour vers midi, après avoir fait les courses dont on l'avait chargé, rue Tronchet et boulevard de Courcelles; les distances sont considérables et, à moins d'une rapidité tout exceptionnelle, il y avait lieu de penser que, dans cet intervalle de deux heures, le temps lui aurait manqué pour porter la bombe avenue de l'Opéra.

Arrêté après le crime du café Terminus, il invoqua cet alibi et persista dans ses dénégations jusqu'au 23 février. Mais à cette date, mis en présence d'autres anarchistes soupçonnés d'avoir participé à l'attentat du 8 no-

---

4. Henry Jean, Charles, Fortuné, né à Limeil-Brévannes (Seine-et-Oise) le 3 août 1869.

vembre, il renonça à ce système et déclara qu'il était seul coupable. Il donna ensuite des explications détaillées sur la conception et l'accomplissement de son crime.

Il avait résolu de prouver aux mineurs de Carmaux [1], exploités par des ambitieux, que seuls les anarchistes étaient capables de·dévouement. Un soir, il se rendit au n° 11 de l'avenue de l'Opéra et s'assura, en lisant l'inscription gravée sur une plaque, que la Compagnie y avait ses bureaux. La porte était fermée et il ne put entrer dans l'immeuble pour en étudier la disposition. Peu après, il y revint en plein jour et monta jusqu'aux étages supérieurs. Ainsi renseigné, il s'occupa de la construction de l'engin.

Il possédait vingt cartouches de dynamite dont il refuse de faire connaître la provenance et résolut de fabriquer une bombe à renversement. Pour faire le détonateur, il se procura chez la dame Colin, papetière, 107, rue Lafayette, un étui en métal du prix de 1,50 F. Le 4 novembre, à sept heures du soir, il acheta dans la maison de produits chimiques Billaut, place de la Sorbonne, quatre kilogrammes de chlorate de potasse à 4 F le kilogramme. Il obtenait une remise de 10 % en se disant préparateur dans une école de Saint-Denis, et ne paya que 14,40 F. Il avait demandé en même temps 100 grammes de sodium, mais ce dernier produit ne pouvant être manipulé à la lumière, on le pria de revenir le lendemain. Le 5 novembre à midi, il vint chercher le flacon qu'il paya 2,65 F.

Il fabriqua le détonateur d'après un système connu. Le renversement de l'engin mettait de l'eau en contact avec le sodium, lequel, ayant pris feu, devait à son tour faire détoner trois amorces au fulminate de mercure. Cela fait, il acheta chez le sieur Comte, quincaillier rue Lepic, une marmite de 3,30 F. Au centre, il dressa le détonateur qu'il entoura de vingt cartouches de dynamite, puis il remplit le vide avec 4 kilogs de chlorate de potasse, mélangés d'une égale quantité de

_____

1. Les mineurs de Carmaux s'étaient mis en grève en août 1892.

sucre en poudre. Il assujettit le couvercle à l'aide d'un feuillard, en ayant soin de le retourner. Grâce à la concavité du couvercle, il pouvait passer la main sous la bande de tôle qui formait ainsi poignée.

Le 8 novembre, il quitta son bureau peu après dix heures et prit une voiture pour se rendre rue Tronchet, où il arriva vers dix heures un quart. Il fit en un instant la commission dont il était chargé, prit une seconde voiture et se fit conduire à la place Blanche. Il était alors dix heures et demie. Il gagna alors rapidement à pied la rue Véron, prit dans un placard la bombe toute préparée, revint à la place Blanche, monta dans une troisième voiture et se fit conduire avenue de l'Opéra. Il descendit à quelque distance du n° 11, mais, comme il était encore échauffé de sa course, il s'arrêta devant une boutique après avoir déposé la bombe sur le trottoir.

Au bout d'un instant, se croyant remarqué par un concierge et pressé d'en finir, il la reprit et entra sous le vestibule du n° 11. Il se croisa avec deux personnes qui ne firent pas attention à lui, gravit l'escalier et redescendit presque aussitôt après avoir placé l'engin à la porte des bureaux, le couvercle en dessous. Sorti de la maison, il prit une quatrième voiture, se rendit boulevard de Courcelles, où il arriva vers onze heures et demie et, sa commission faite, revint à pied rue de Rocroi.

Il avait prévu le cas où l'engin serait enlevé par la police : « D'après mes expériences, dit-il dans son interrogatoire du 24 février, je supposais que la marmite éclaterait cinq ou six minutes après avoir été déposée devant la porte des bureaux de la compagnie de Carmaux, mais je n'ignorais pas que si l'on prenait cette marmite avant l'explosion, on la porterait au commissariat de police du quartier, en sorte que, dans le cas où les riches de l'avenue de l'Opéra échapperaient au sort que je leur destinais, j'étais certain d'atteindre les policiers, mes ennemis également. »

Il est certain qu'Henry connaissait la disposition intérieure de la maison. Il l'a exactement décrite, et, conduit sur les lieux, il s'est dirigé sans hésitation vers le point où la bombe a été trouvée.

La description minutieuse qu'il a donnée de l'engin concorde absolument avec les constatations des experts, MM. Vieille et Girard.

Il n'est pas reconnu par le personnel de la quincaillerie Comte, mais toutes les indications qu'il a fournies sur le magasin, sur la marmite qu'il a achetée et sur le prix sont conformes à la réalité. Il en est de même pour l'achat de l'étui en métal. Quant à ses acquisitions faites place de la Sorbonne, il est prouvé qu'à la date et à l'heure indiquées par lui, la maison Billaut a reçu un paiement de 14,40 F. Enfin, il est démontré que l'itinéraire suivi par Henry, le 8 novembre, peut aisément s'accomplir dans les conditions qu'il a précisées.

La preuve de sa culpabilité se trouve ainsi nettement établie. Elle ressort à l'évidence des constatations de l'information, que corroborent de tous points les déclarations de l'accusé.

La lecture des actes d'accusation terminée, le Président procède à l'interrogatoire de l'accusé :

Demande. Le 12 février, vous êtes entré au café Terminus.

Réponse. Oui, à huit heures.

D. Votre bombe était dans la ceinture de votre pantalon.

R. Non, dans la poche de mon pardessus.

D. Pourquoi avez-vous été au café Terminus?

R. J'ai d'abord été chez Bignon, au café de la Paix et à l'Américain, mais il n'y avait pas assez de monde; alors je suis allé à Terminus, et j'ai attendu.

D. Il y avait un orchestre. Combien avez-vous attendu?

R. Une heure.

D. Pourquoi?

R. Pour qu'il y ait plus de monde.

D. Et ensuite?

R. Vous le savez bien.

D. Je vous le demande.

R. J'ai jeté mon cigare! j'ai allumé la mèche, puis, prenant la bombe à la main, je suis sorti, et, en quittant le café, j'ai, sur la porte, lancé l'engin.

D. Vous avez le mépris de la vie humaine.

R. Non, de la vie des bourgeois.

D. Vous avez tout fait pour sauver la vôtre.

R. Oui; pour recommencer. Je comptais quitter le café, fermer le tambour, prendre un billet à la gare Saint-Lazare, m'échapper et recommencer le lendemain.

D. Vous avez en fuyant rencontré un garçon de café; plus loin, un nommé Etienne vous a arrêté, disant : « Je te tiens, canaille! » — Vous avez répondu : « Pas encore. » Et qu'est-ce que vous avez fait?

R. J'ai tiré sur lui.

D. Il est tombé. Qu'avez-vous dit?

R. Qu'il avait de la chance que mon revolver n'eût pas été meilleur.

D. Puis vous avez été arrêté par un garçon coiffeur; et qu'avez-vous fait?

R. Je lui ai tiré un coup de revolver.

D. Il a été atteint et n'est pas guéri. L'agent Poisson vous suivait.

R. A ce moment, comme le monde s'assemblait, je me suis arrêté; j'ai attendu l'agent Poisson et lui ai tiré les trois derniers coups de mon revolver.

D. Alors on vous arrêta, et les agents ont eu de la peine à vous arracher à la fureur de la foule.

R. Qui ne savait pas ce que j'avais fait.

D. Vous aviez sur vous des balles mâchées, pourquoi?

R. Pour faire plus de mal.

D. Et un poignard sur lequel il y avait une préparation.

R. J'avais empoisonné la lame pour frapper un dénonciateur anarchiste.

D. Vous étiez décidé à frapper l'agent de cette arme?

R. Certainement.

D. Vous étiez assis à une table près de la porte, et vous avez lancé l'engin devant vous. Pourquoi n'avez-vous pas atteint plus de monde, lors de cette explosion, bien que vous ayez visé l'orchestre?

R. J'ai lancé la bombe trop haut; elle a atteint un lustre et a dévié.

D. Alors on entend une explosion sourde, et le café est complètement abîmé : des tables, des glaces, des boiseries ont été brisées. Il y avait de nombreux blessés : vingt; l'un d'eux, M. Borde, est mort depuis. Il avait eu la jambe criblée de blessures; un autre, M. van Herreweghen, a reçu quarante blessures. Il y avait des femmes : Mme Kingsbourg, encore très souffrante; beaucoup d'autres, que vous entendrez. Et ces femmes ont été terrifiées au point de cacher leur présence et leurs blessures. Vous avez déclaré que plus il crèverait de bourgeois, mieux cela vaudrait.

R. C'est bien ce que je pense.

D. Vous vous donniez d'abord pour un nommé Breton; puis, peu après, vous vous dévoilez, vous dites vous appeler Emile Henry et donnez le dessin de votre engin. Comment était-il constitué?

R. C'était une petite marmite de fer blanc contenant un détonateur et une mèche.

D. Vous avez dit que vous aviez eu un insuccès relatif. Qu'est-ce que cela veut dire?

R. Je voulais en tuer davantage; mais la marmite n'était pas assez bien fermée.

D. Vous aviez mis dedans des projectiles.

R. J'y avais mis cent-vingt balles.

D. Vaillant, qui disait vouloir blesser et non tuer, avait mis des clous et non des balles.

R. Moi, je voulais tuer et non pas blesser.

D. On ne connaissait pas votre domicile.

R. J'avais dit que je n'avais pas de domicile à Paris; j'avais déclaré arriver de Marseille ou de Pékin.

D. Peu après, une chambre de la villa Faucheur est dévalisée; le commissaire de police, averti, trouve des matières explosives et reconnaît qu'on était chez vous.

R. Je ne sais qui a dévalisé mon domicile.

D. On vous avertit qu'on a découvert votre domicile, et alors vous déclarez qu'on a dû trouver chez vous des quantités de matières explosibles.

R. J'avais de quoi faire de douze à quinze bombes.

D. (aux jurés) : Vous connaissez le crime et l'accusé qui vient de vous avouer son crime avec cynisme.

L'accusé : Ce n'est pas du cynisme, c'est de la conviction.

D. Avez-vous voulu tuer le garçon de café Etienne?

R. J'ai voulu tuer tous ceux qui s'opposaient à ma fuite.

D. Avez-vous voulu tuer l'agent Poisson?

R. Certainement; il avait le sabre levé et m'aurait tué.

D. Avez-vous voulu tuer les personnes de l'hôtel Terminus?

R. Certainement, le plus possible.

D. Avez-vous voulu détruire l'édifice?

R. Oh! cela je m'en moque!

M. le président (aux jurés) : Ceci suffirait déjà pour établir la culpabilité de l'accusé; mais, quel que soit le crime, la justice, et c'est là notre honneur, ne se départit jamais des règles habituelles. Nous devons examiner tous les détails et nous arrêter encore sur un autre fait reproché à l'accusé.

D. Votre père habitait Brévannes, puis il est allé en Espagne, a pris part à la Commune de Paris, puis votre mère s'est trouvée veuve avec trois enfants. Vous avez obtenu une bourse à l'Ecole J.-B. Say [1], vous êtes admissible, à dix-sept ans, à l'Ecole polytechnique. Vous n'avez pas continué.

R. Pour ne pas être militaire et n'être pas contraint de tirer sur des malheureux comme à Fourmies [2].

D. Vous avez trouvé un emploi chez un constructeur, M. Bordenave, votre parent. Vous gagniez combien?

1. Il y fut un brillant élève : 2e prix d'Excellence en 1855, 1er prix d'Excellence en 1886, 2e prix d'Excellence en 1887, 5e accessit d'Excellence en 1888 (année préparatoire à l'Ecole Polytechnique).
2. Allusion à la fusillade du 1er mai 1891. La troupe tira sur la foule : dix personnes furent tuées dont deux enfants de 11 et 13 ans.

R. A Venise, je gagnais 100 F par mois.

D. Pourquoi êtes-vous parti?

R. Pour des motifs étrangers à l'affaire.

D. Il voulait, avez-vous dit, vous obliger à une surveillance occulte qui vous a répugné. M. Bordenave, entendu, a protesté.

R. Il a reconnu qu'il y avait eu un malentendu.

D. Vous vous placez ensuite.

R. J'ai fait trois mois de misère avant!

D. Vous avez en tous cas bientôt une situation.

R. Situation bien médiocre : 100 à 120 F par mois.

D. A ce moment vous subissiez l'influence d'un de vos frères. Vous êtes peu après arrêté à la suite d'un meeting en l'honneur de Ravachol; et votre patron trouve dans votre pupitre des ouvrages anarchistes et notamment une traduction d'un journal italien indiquant les moyens de faire de la nitro-glycérine, et dans lesquels on lit : « Vive le vol, vive la dynamite! » On y voit les règles que vous avez mises en pratique dans l'attentat de la rue des Bons-Enfants. Alors votre patron vous a renvoyé.

R. J'étais renvoyé quand on a trouvé ces papiers.

D. Vous cherchiez du travail chez un horloger. Puis vous avez été employé à l'*En dehors,* dirigé par Matha, condamné en 1892, l'année où vous entrez à ce journal, pour excitation à l'insubordination adressée à des militaires. — Vous avez refusé d'être militaire.

R. J'avais fait trois ans de bataillon scolaire [1] et c'est tout ce que je pouvais faire comme militaire.

D. Vous vous êtes soustrait à l'appel du service militaire et votre mère vous désapprouvait.

R. Elle redoutait pour moi l'expatriation.

D. Vous êtes entré chez M. Dupuis, sur les recommandations d'Ortiz, un cambrioleur [2].

1. En 1884-1885, Emile Henry avait appartenu à la 3e compagnie du bataillon scolaire de J.-B. Say et obtenu, en fin d'année, le 8e accessit.

2. Ortiz Philippe, Léon, né à Paris le 18 novembre 1868. Anarchiste, il fonda, en 1887, avec Malato et quelques autres, la *Révolution cosmopolite.* En 1894, il fut accusé d'avoir participé, avec d'autres

R. Je ne sais ce qu'a fait Ortiz depuis que je le connais.

D. M. Dupuis avait augmenté vos appointements.

R. J'avais beaucoup d'affection pour lui.

D. Voulez-vous refaire devant le Jury les aveux que vous avez faits à l'instruction. Je tiens à ce que ce soit vous qui parliez.

R. Certainement. Les motifs de mon acte, je les dirai demain. La société de Carmaux est représentée à Paris par son administration; après la grève, j'ai acheté une marmite; j'avais de la dynamite, une amorce, de la mèche de mine; j'ai préféré le système à renversement.

L'interrogatoire se poursuit. L'accusé se refuse à dire ce qu'il fit durant l'année 1893, qui sépare les deux attentats. Au cours d'une passe d'armes plus vive, le Président s'écrie :

D. Prenez garde à votre silence!

R. Ça m'est égal. Je n'ai pas à prendre garde à mon silence; je sais bien que je serai condamné à mort.

D. Ecoutez; je crois qu'il y a un aveu qui coûte à votre fierté. Vaillant a avoué qu'il avait touché 100 F d'un cambrioleur; vous, vous ne voulez pas reconnaître que vous avez tendu cette main pour recevoir l'argent du vol, cette main que nous voyons aujourd'hui couverte de sang.

R. Mes mains sont couvertes de sang, comme votre robe rouge l'est elle-même! D'ailleurs, je n'ai pas à vous répondre.

D. Vous êtes un accusé et mon devoir est de vous interroger.

R. Je ne reconnais pas votre justice! Je suis heureux de ce que j'ai fait!...

D. Vous né reconnaissez pas la justice. Malheureu-

---

compagnons, à des cambriolages et fit partie des accusés qui comparurent au Procès des Trente devant la cour d'assises de la Seine le 6 août 1894. Il fut condamné à 15 ans de travaux forcés. Au bagne il se retrancha de la communauté anarchiste.

sement pour vous, vous êtes entre ses mains, et les jurés sauront apprécier.

R. Je le sais!

M. le président : Asseyez-vous.

L'audience, suspendue à deux heures et demie, est reprise à trois heures un quart.

On entend ensuite les témoins :

Agelon, vingt-sept ans, garçon de café au café Terminus : Vers huit heures moins dix, un client s'est assis près de la porte, m'a demandé un bock et m'a payé; à neuf heures, il m'a demandé un autre bock et un cigare. Un instant après, l'explosion a eu lieu.

D. Le consommateur, c'était l'accusé?

R. Oui, monsieur.

D. Vous avez été blessé?

R. Oui, à la jambe.

Paquet, garçon de café au café Terminus : Vers neuf heures je passais dans le café quand j'ai vu l'accusé faire un mouvement; un globe m'est tombé sur la tête.

D. Vous avez été blessé?

R. Oui.

D. Vous avez vu le mouvement du bras?

R. Oui, la bombe devait, suivant le mouvement du bras, tomber près de l'estrade.

D. Il y avait plus de monde de ce côté?

R. Oui, monsieur.

Frugier, vingt et un ans, garçon de café du café Terminus : J'étais sur la terrasse et j'entendis du bruit, celui du globe qui se brisait; j'ai été heurté par Henry qui criait : « Le misérable, où est-il? » Je suis entré dans le café.

L'accusé : C'est faux.

Le témoin : Je persiste dans ma déclaration.

Etienne (Gustave), vingt-huit ans, employé à la compagnie de l'Ouest : Vers neuf heures du soir, en arrivant rue d'Isly, je me suis précipité sur lui, lui disant :

« Je te tiens, canaille. » — « Pas encore », a-t-il répondu. Il m'a tiré un coup de revolver à bout portant. Je me suis évanoui et je ne sais rien de plus.

L'accusé : Je reconnais l'acte, mais les paroles je ne les ai pas prononcées.

Maurice (Léon), coiffeur : Vers neuf heures, j'ai entendu un coup de feu, puis j'ai vu un jeune homme qui courait. Une foule le suivait; je l'ai poursuivi, et il m'a tiré à bout portant un coup de revolver; je suis tombé étouffé par le sang.

D. A quelle distance a-t-il tiré?

R. A bout portant.

D. Quelles sont les conséquences?

R. Je ne vois plus clair et je n'entends plus; et tous les jours je crache du sang et je souffre horriblement.

Poisson, brigadier des gardiens de la paix :

D. Vous avez été récemment décoré et tout le monde salue avec respect cette distinction.

R. J'ai poursuivi l'accusé; il m'a tiré successivement trois balles; à la quatrième, alors que je le menaçais de mon sabre, il s'est arrêté, j'ai été atteint et j'ai perdu connaissance : j'avais une balle dans la poitrine.

Contet (Jules), gardien de la paix : Le 12 février, je descendais de service quand j'ai entendu un coup de revolver et Poisson qui poursuivait Henry; je l'ai arrêté alors qu'il cherchait à tirer son poignard.

Lenoir, gardien de la paix : Le 12 février, je quittais mon service quand j'entendis une détonation; je me précipite, je vois un individu qui fuit. Je cours après lui et, rue d'Isly, deux détonations se font entendre; au bout de la rue j'entends plusieurs coups de feu et je vois Henry tirer trois coups sur Poisson.

Van Herreweghen, quarante ans, dessinateur (le témoin s'avance péniblement en boitant) : A huit heures et demie, j'étais avec mon ami M. Borde; nous parlions dessin; j'allais partir, et je m'étais arrêté au café Terminus. Presque aussitôt après nous avons sauté en l'air.

D. M. Borde était votre ami?

R. Mon ami intime; c'était un dessinateur.

D. Quelles sont les conséquences de vos blessures?

R. Maintenant, je marche mieux; l'artère a été coupée. J'ai eu dix-sept blessures dans la jambe.

Femme Emmanuel : J'étais au café et j'attendais des amis quand j'ai remarqué Henry; j'ai cru qu'il lançait sa consommation en l'air. J'ai vu bientôt que c'était une bombe. J'ai été blessée ainsi que mon mari.

Femme Leblanc : J'ai vu jeter un objet en l'air; j'ai cru que c'était un verre qu'un consommateur lançait. J'ai été blessée à la main et à la jambe; j'ai été alitée dix-huit jours.

Beck (Albert-Jules), architecte, place Vintimille : J'étais au café Terminus, lors de l'explosion; j'ai été blessé à la main par un morceau de métal; j'ai eu, en outre, cinq blessures.

Michel, commis principal des Postes : J'ai été blessé, au café Terminus, et je suis resté près de deux mois sans pouvoir rien faire; j'ai passé vingt jours sans dormir.

Mme *Kingsbourg,* une autre victime encore trop souffrante, ne se présente pas.

Garnier (Eugène) : J'ai été blessé en quatre endroits : j'ai reçu 4 cm de boîte de sardines dans le talon et une balle dans le mollet.

D. (à l'accusé) : Vous paraissez indifférent à ce défilé?

R. Je suis tout à fait indifférent, de même que vous l'êtes à des misères que j'ai connues et que j'ai vues de près.

Encore quelques témoins à charge, puis on entend les dépositions favorables :

Brémant, chef d'institution à Fontenay-sous-Bois : Emile Henry a été mon élève; c'était un modèle. Il avait une maturité d'esprit extraordinaire, une grande douceur. Il m'a quitté à douze ans, et j'ai conservé des relations excellentes avec lui. Il m'a même adressé, une fois, une pièce de vers.

Le Fermous : J'ai été condisciple d'Emile Henry à l'école J.-B. Say. C'était un excellent camarade, un ami très indulgent; j'avais pour lui beaucoup d'affection.

Philippe, répétiteur à l'Ecole polytechnique : J'ai été professeur d'Henry à l'école J.-B. Say; c'était un enfant parfait, le plus honnête qu'on puisse rencontrer; avant de se présenter à l'Ecole polytechnique, il m'a demandé ce qu'il fallait faire; je lui ai répondu que je le considérais comme parfaitement capable d'y entrer.

D. Aurait-il pu, avec ses connaissances, se créer une existence honorable et lucrative chez un constructeur s'intéressant à lui?

R. Il aurait pu se faire une existence très bonne sous la direction de son parent. Il connaissait peu la vie, moins que les enfants de son âge.

Brajus, soixante-cinq ans : J'ai connu beaucoup le père, la mère, les enfants Henry. Ils se sont toujours bien conduits et ma maison leur a toujours été ouverte.

J'ai toujours suivi Emile. En 1893, il est venu deux ou trois fois me voir.

Me Hornbostel : Le témoin a-t-il donné de l'argent à Henry?

R. Sa mère m'a quelquefois demandé de lui avancer de l'argent qu'elle m'a remboursé.

Gauthey (Jules-François), ouvrier tôlier : J'ai connu Henry en 1891, il venait me voir.

D. L'avez-vous vu en 1893?

R. Je l'ai vu une fois; mais il est venu en mon absence plusieurs fois, vêtu en ouvrier.

D. Avait-il les mains blanches?

R. Ma femme l'a vu et m'a dit qu'il était serrurier. En 1891, j'estimais Henry. Il aimait beaucoup les enfants.

Goupil, docteur en médecine.

M. le président (s'adressant au témoin pour lui faire prêter serment) : Levez la main droite.

Le Dr Goupil place sa main droite derrière son dos.

D. Levez la main droite.

R. Je refuse de prêter serment par respect pour votre religion que je n'ai pas le bonheur de pratiquer ni de connaître.

La citation donnée au témoin n'ayant pas été notifiée au Parquet, M. l'avocat général s'oppose à ce que M. le Dr Goupil prête serment, afin de permettre qu'il puisse être entendu à titre de renseignements.

Le docteur Goupil : J'ai connu Henry père. Je l'ai même eu comme secrétaire. Je l'ai soigné à la fin de sa vie. Emile a eu une jeunesse excellente; c'est un jeune homme très nerveux; je l'ai déjà établi devant plusieurs d'entre vous, messieurs les jurés, je parle de ceux qui ont bien voulu me recevoir.

L'accusé : Je ne suis pas fou.

Le docteur Goupil : J'ai réuni des notes que j'ai remises au défenseur, et qui indiquent l'état mental de l'accusé.

L'accusé : Je vous remercie; mais je suis conscient de ce que j'ai fait; je ne suis pas fou. Les résultats que j'ai obtenus au collège, c'était après ma fièvre typhoïde. Mon père est mort à la suite d'un empoisonnement de vapeurs mercurielles. Encore une fois je vous remercie; mais je ne suis pas un fou; je suis responsable de mes actes.

Ogier d'Yvry (comte) : Je suis le parent par alliance d'Emile Henry. Je l'ai connu jeune, excellent élève, rêveur, déséquilibré. Il avait comme patron, comme bon génie, saint Louis; puis, il prit l'ombre de son père. Il y a chez ces hommes un sentiment de révolte extraordinaire; ils viennent des anciens Camisards, le père était dans la Commune. Ils seront plus anarchistes que l'anarchie ou plus royalistes que le roi sous la monarchie. Toujours dans l'opposition et dans la révolte. Je l'avais engagé à entrer à l'Ecole polytechnique.

M. le président : Messieurs les jurés, avant de faire entendre le dernier témoin, je tiens à demander à l'accusé et à son défenseur s'ils ne renoncent pas à son audition.

Me Hornbostel : Non pas.

M. le président : Je tiens alors à expliquer dans quelles conditions ce témoin a été cité. J'ai reçu d'Emile Henry la lettre suivante :

« Monsieur le président,

« Ma mère m'ayant manifesté le désir d'assister à mon procès, j'ai vainement tenté de l'en dissuader.

« Craignant avec juste raison que les émotions de deux journées d'audience ne lui soient par trop douloureuses, j'ai l'honneur de vous prier, monsieur le président, de lui refuser toute autorisation qu'elle pourrait vous demander pour y assister.

« Veuillez agréer, monsieur le président, mes sincères salutations.

« Emile Henry.

« 25 avril 94. Conciergerie. »

Cette lettre m'a été transmise par le défenseur. Elle avait, du reste, paru dans les journaux avant de lui être transmise. L'avocat m'a demandé la permission de faire entrer la mère de l'accusé à l'audience. Je m'y suis refusé énergiquement, déclarant que je ne voudrais jamais permettre à une mère de venir ici entendre M. l'avocat général requérir la peine capitale contre son fils. J'ai ajouté qu'il n'y avait qu'un moyen de la faire entrer, c'était de la faire citer comme témoin. Si ce témoin est appelé, la loi m'oblige à l'entendre.

L'accusé : J'ignorais que ma mère fût citée... Je ne veux pas voir ici sa douleur.

D. C'est précisément ce que j'avais voulu vous éviter. Renoncez-vous à l'audition du témoin?

L'accusé : J'y renonce absolument [1].

Me Hornbostel : J'y renonce également.

La liste des témoins étant épuisée, l'audience est suspendue.

A la reprise, l'avocat général prononce son réquisi-

---

1. Un peu plus tard, l'accusé interrompra brutalement l'avocat général : « Ne vous occupez pas de ma mère, je vous le défends! »

toire. Ce qui lui importe surtout, c'est de savoir « comment ce jeune bourgeois est devenu anarchiste ».

Nous sommes, ici, en présence, non de Ravachol, Léauthier et autres, mais en présence d'un bourgeois. Son père était propriétaire; c'est une singulière note pour un anarchiste; il était entrepreneur de carrière, puis ingénieur; et le malheur l'a atteint avec la maladie. Comment l'accusé a-t-il été élevé? Dans notre temps, on s'est apitoyé beaucoup sur certains anarchistes, sur une fillette [1], oubliant les orphelins qu'avaient pu faire les attentats. On s'est apitoyé aussi sur le sort d'Emile Henry; il a eu une bourse, il est devenu bachelier, et a été admissible à l'Ecole polytechnique, c'était un petit bourgeois. Il entra chez M. Bordenave, qui à seize ans et demi lui donne une place et veut lui faire son avenir. Il débute à 75 F par mois; cela ne pouvait suffire à son orgueil, c'était insuffisant, il aurait voulu débuter par où les autres finissent.

Il est orgueilleux et cruel. Après l'affaire du Terminus, il déclare se nommer Breton, arriver de Marseille ou de Pékin, comme vous voudrez. Vous voyez le froid ironiste qu'il est. Il ajoute qu'il regrette de n'avoir pas tué plus de monde ni pu faire usage de son poignard : « J'ai tué trop peu de monde! D'autres viendront après moi, qui réussiront mieux. » Voilà ce qu'il déclare. Vous avez vu son attitude, hier, en présence des victimes. Quand M. van Herreweghen déposait, il se targuait de son indifférence devant cette victime encore impotente et pleurant la mort de son ami. [...]

J'ai à vous parler des victimes : Je suis plein de pitié pour Mme Henry, et son deuil ne datera pas de votre verdict; son deuil a commencé le jour du crime; Mme Henry, votre mère, est votre première et la plus douloureuse victime.

Cinq victimes sont mortes rue des Bons-Enfants; la sixième, il y a peu de temps, a expiré après d'affreuses souffrances. Les blessés : M. van Herreweghen, encore

_____

1. Sidonie Vaillant, fille de l'anarchiste.

impotent; M. Maurice, le garçon coiffeur; ces dames affolées et se cachant dans leur terreur, et tant d'autres. Henry ricane devant ces victimes! Garin, le garçon de bureau de la Société de Carmaux, laisse une veuve enceinte et deux jeunes enfants; elle vit d'une pension. Réaux avait vingt-huit ans; il laisse une veuve et une petite fille. Fomorin laisse une veuve et un petit garçon. Touteau laisse une veuve et trois enfants. Pousset laisse deux fils et une veuve.

Voilà le bilan de l'anarchie : Pousset était le fils d'un officier; élevé à la Flèche, il était allé à Saint-Cyr, il était devenu officier; il aimait une femme sans dot, il l'a épousée et a dû briser sa carrière; il a fait un peu tous les métiers; il a fait son droit, il est devenu licencié en droit, secrétaire de commissaire de police, et devait bientôt être commissaire de police. La bombe imbécile de la rue des Bons-Enfants a brisé tout cela. Voilà ce qu'il a fait. C'est là la solution de la question sociale à la façon des anarchistes.

Les crimes de Henry sont des crimes atroces; l'opinion publique n'a pour eux que haine et vengeance. Il a failli être écharpé par la foule. La justice est plus froide, plus calme; ce que la foule eût fait sous l'empire de la colère, faites-le avec le sang-froid qu'il faut à la justice. Dites-vous que seule la peine capitale peut égaler ses crimes. [...]

L'audience, suspendue à cinq heures moins le quart, est reprise à cinq heures dix minutes.

Emile Henry demande alors la parole, qui lui est accordée. Il se lève et se tournant vers les jurés :

Ce n'est pas une défense que je veux vous présenter. Je ne cherche en aucune façon à me dérober aux représailles de la société que j'ai attaquée.

D'ailleurs, je ne relève que d'un seul Tribunal, moi-même; et le verdict de tout autre m'est indifférent.

Je veux simplement vous donner l'explication de mes actes, et vous dire comment j'ai été amené à les accomplir.

Je suis anarchiste depuis peu de temps. Ce n'est guère que vers le milieu de l'année 1891 que je me suis lancé dans le mouvement révolutionnaire. Auparavant, j'avais vécu dans les milieux entièrement imbus de la morale actuelle. J'avais été habitué à respecter et même à aimer les principes de patrie, de famille, d'autorité et de propriété.

Mais les éducateurs de la génération actuelle oublient trop fréquemment une chose, c'est que la vie, avec ses luttes et ses déboires, avec ses injustices et ses iniquités, se charge bien, l'indiscrète, de dessiller les yeux des ignorants et de les ouvrir à la réalité. C'est ce qui m'arriva, comme il arrive à tous. On m'avait dit que cette vie était facile et largement ouverte aux intelligents et aux énergiques, et l'expérience me montra que seuls les cyniques et les rampants peuvent se faire bonne place au banquet.

On m'avait dit que les institutions sociales étaient basées sur la justice et l'égalité, et je ne constatai autour de moi que mensonges et fourberies.

Chaque jour m'enlevait une illusion.

Partout où j'allais, j'étais témoin des mêmes douleurs chez les uns, des mêmes jouissances chez les autres.

Je ne tardai pas à comprendre que les grands mots qu'on m'avait appris à vénérer : honneur, dévouement, devoir, n'étaient qu'un masque voilant les plus honteuses turpitudes.

L'usinier qui édifiait une fortune colossale sur le travail de ses ouvriers, qui, eux, manquaient de tout, était un monsieur honnête.

Le député, le ministre dont les mains étaient toujours ouvertes aux pots-de-vin, étaient dévoués au bien public.

L'officier qui expérimentait le fusil nouveau **modèle**

sur des enfants de sept ans avait bien fait son devoir et, en plein Parlement, le président du conseil lui adressait ses félicitations! Tout ce que je vis me révolta, et mon esprit s'attacha à la critique de l'organisation sociale. Cette critique a été trop souvent faite pour que je la recommence.

Il me suffira de dire que je devins l'ennemi d'une société que je jugeais criminelle.

Attiré par le socialisme

Un moment attiré par le socialisme, je ne tardai pas à m'éloigner de ce parti. J'avais trop d'amour de la liberté, trop de respect de l'initiative individuelle, trop de répugnance à l'incorporation, pour prendre un numéro dans l'armée matriculée du quatrième Etat.

D'ailleurs, je vis qu'au fond le socialisme ne change rien à l'ordre actuel. Il maintient le principe autoritaire, et ce principe, malgré ce qu'en peuvent dire de prétendus libre-penseurs, n'est qu'un vieux reste de la foi en une puissance supérieure.

Des études scientifiques m'avaient graduellement initié au jeu des forces naturelles.

Or j'étais matérialiste et athée; j'avais compris que l'hypothèse Dieu était écartée par la science moderne, qui n'en avait plus besoin. La morale religieuse et autoritaire, basée sur le faux, devait donc disparaître. Quelle était alors la nouvelle morale en harmonie avec les lois de la nature qui devait régénérer le vieux monde et enfanter une humanité heureuse?

Tout ce début a été récité par l'accusé d'une voix assurée où perçait à peine au début une légère émotion.

A ce moment, la mémoire lui fait défaut; Me Hornbostel, son avocat, lui passe alors un cahier de papier qu'il suivra des yeux jusqu'à la fin. Il reprend:

C'est à ce moment que je fus mis en relation avec quelques compagnons anarchistes, qu'aujourd'hui je considère encore comme des meilleurs que j'aie connus.

Le caractère de ces hommes me séduisit tout d'abord. J'appréciais en eux une grande sincérité, une franchise absolue, un mépris profond de tous les préjugés, et je voulus connaître l'idée qui faisait des hommes si différents de tous ceux que j'avais vus jusque-là.

Cette idée trouva en mon esprit un terrain tout préparé, par des observations et des réflexions personnelles, à la recevoir.

Elle ne fit que préciser ce qu'il y avait encore chez moi de vague et de flottant.

Je devins à mon tour anarchiste.

Je n'ai pas à développer ici la théorie de l'anarchie. Je ne veux en retenir que le côté révolutionnaire, le côté destructeur et négatif pour lequel je comparais devant vous.

En ce moment de lutte aiguë entre la bourgeoisie et ses ennemis, je suis presque tenté de dire avec le Souvarine de *Germinal* : « Tous les raisonnements sur l'avenir sont criminels, parce qu'ils empêchent la destruction pure et simple et entravent la marche de la révolution. » [...]

J'ai apporté dans la lutte une haine profonde, chaque jour avivée par le spectacle révoltant de cette société, où tout est bas, tout est louche, tout est laid, où tout est une entrave à l'épanchement des passions humaines, aux tendances généreuses du cœur, au libre essor de la pensée.

Frapper fort et juste

J'ai voulu frapper aussi fort et aussi juste que je le pourrais. Passons donc au premier attentat que j'ai commis, à l'explosion de la rue des Bons-Enfants.

J'avais suivi avec attention les événements de Carmaux.

Les premières nouvelles de la grève m'avaient comblé de joie : les mineurs paraissaient disposés à renoncer enfin aux grèves pacifiques et inutiles, où le travailleur confiant attend patiemment que ses quelques francs triomphent des millions des compagnies.

Ils semblaient entrés dans une voie de violence qui s'affirma résolument le 15 août 1892.

Les bureaux et les bâtiments de la mine furent envahis par une foule lasse de souffrir sans se venger; justice allait être faite de l'ingénieur si haï de ses ouvriers, lorsque des timorés s'interposèrent.

Les timorés

Quels étaient ces hommes?

Les mêmes qui font avorter tous les mouvements révolutionnaires, parce qu'ils craignent qu'une fois lancé le peuple n'obéisse plus à leur voix, ceux qui poussent des milliers d'hommes à endurer des privations pendant des mois entiers, afin de battre la grosse caisse sur leurs souffrances et se créer une popularité qui leur permettra de décrocher un mandat — je veux dire les chefs socialistes, — ces hommes, en effet, prirent la tête du mouvement gréviste.

On vit tout à coup s'abattre sur le pays une nuée de messieurs beaux parleurs, qui se mirent à la disposition entière de la guerre, organisèrent des souscriptions, firent des conférences, adressèrent des appels de fonds de tous côtés. Les mineurs déposèrent toute initiative entre leurs mains. Ce qui arriva, on le sait.

La grève s'éternisa, les mineurs firent une plus intime connaissance avec la faim, leur compagne habituelle; ils mangèrent les petits fonds de réserve de leur syndicat et celui des autres corporations qui leur vinrent en aide, puis au bout de deux mois, l'oreille basse, ils retournèrent à leur fosse, plus misérables qu'auparavant. Il eût été si simple, dès le début, d'attaquer la Compagnie dans son seul endroit sensible, l'argent; de brûler le stock de charbon, de briser les machines d'extraction, de démolir les pompes d'épuisement.

Certes, la Compagnie eût capitulé bien vite. Mais les grands pontifes du socialisme n'admettent pas ces procédés-là, qui sont des procédés anarchistes. A ce jeu il y a de la prison à risquer, et, qui sait, peut-être une de ces balles qui firent merveille à Fourmies? On n'y gagne aucun siège municipal ou législatif. Bref, l'ordre un instant troublé règne de nouveau à Carmaux.

La Compagnie plus puissante que jamais continua son exploitation et MM. les Actionnaires se félicitèrent de l'heureuse issue de la grève. Allons, les dividendes seraient encore bons à toucher.

La voix de la dynamite

C'est alors que je me suis décidé à mêler, à ce concert d'heureux accents, une voix que les bourgeois avaient déjà entendue, mais qu'ils croyaient morte avec Ravachol : celle de la dynamite.

J'ai voulu montrer à la bourgeoisie que désormais il n'y aurait plus pour elle de joies complètes, que ses triomphes insolents seraient troublés, que son veau d'or tremblerait violemment sur son piédestal, jusqu'à la secousse définitive qui le jetterait bas dans la fange et dans le sang.

En même temps, j'ai voulu faire comprendre aux mineurs qu'il n'y a qu'une seule catégorie d'hommes, les anarchistes, qui ressentent sincèrement leurs souffrances et qui sont prêts à les venger.

Ces hommes-là ne siègent pas au Parlement, comme messieurs Guesde et consorts, mais ils marchent à la guillotine.

Je préparai donc une marmite. Un moment, l'accusation que l'on avait lancée à Ravachol me revint en mémoire. Et les victimes innocentes?

Mais je résolus bien vite la question. La maison où se trouvaient les bureaux de la Compagnie de Carmaux n'était habitée que par des bourgeois. Il n'y aurait donc pas de victimes innocentes.

La bourgeoisie, tout entière, vit de l'exploitation des malheureux, elle doit tout entière expier ses crimes.

Aussi c'est avec la certitude absolue de la légitimité de mon acte que je déposai ma marmite devant la porte des bureaux de la Société.

J'ai expliqué, au cours des débats, comment j'espérais, au cas où mon engin serait découvert avant son explosion, qu'il éclaterait au commissariat de police, atteignant toujours ainsi mes ennemis. Voilà donc les mobiles qui m'ont fait commettre le premier attentat que l'on me reproche.

**Votre chasse à
l'anarchiste**

Passons au second, celui du café Terminus. J'étais venu à Paris lors de l'affaire Vaillant. J'avais assisté à la répression formidable qui suivit l'attentat du Palais-Bourbon. Je fus témoin de mesures draconiennes prises par le gouvernement contre les anarchistes.

De tous côtés on espionnait, ou perquisitionnait, on arrêtait. Au hasard des rafles, une foule d'individus étaient arrachés à leur famille et jetés en prison. Que devenaient les femmes et les enfants de ces camarades pendant leur incarcération? Nul ne s'en occupait.

L'anarchiste n'était plus un homme, c'était une bête fauve que l'on traquait de toutes parts et dont toute la presse bourgeoise, esclave vile de la force, demandait sur tous les tons l'extermination.

En même temps, les journaux et les brochures libertaires étaient saisis, le droit de réunion était prohibé.

Mieux que cela : lorsqu'on voulait se débarrasser complètement d'un compagnon, un mouchard déposait dans sa chambre un paquet contenant du tanin, disait-il, et le lendemain une perquisition avait lieu, d'après un ordre daté de l'avant-veille. On trouvait une boîte pleine de poudres suspectes, le camarade passait en jugement et récoltait trois ans de prison.

Demandez donc si cela n'est pas vrai au misérable

indicateur qui s'introduisit chez le compagnon Mérigeaud?

Mais tous ces procédés étaient bons. Ils frappaient un ennemi dont on avait peur, et ceux qui avaient tremblé voulaient se montrer courageux.

Comme couronnement à cette croisade contre les hérétiques, n'entendit-on pas M. Raynal, ministre de l'Intérieur, déclarer à la tribune de la Chambre que les mesures prises par le gouvernement avaient eu un bon résultat, qu'elles avaient jeté la terreur dans le camp anarchiste. Ce n'était pas encore assez. On avait condamné à mort un homme qui n'avait tué personne, il fallait paraître courageux jusqu'au bout : on le guillotine un beau matin.

Mais, messieurs les bourgeois, vous aviez un peu trop compté sans votre hôte.

Vous aviez arrêté des centaines d'individus, vous aviez violé bien des domiciles; mais il y avait encore hors de vos prisons des hommes que vous ignoriez, qui, dans l'ombre, assistaient à votre chasse à l'anarchiste et qui n'attendaient que le moment favorable pour, à leur tour, chasser les chasseurs.

Les paroles de M. Raynal étaient un défi jeté aux anarchistes. Le gant a été relevé. La bombe du café Terminus est la réponse à toutes vos violations de la liberté, à vos arrestations, à vos perquisitions, à vos lois sur la presse, à vos expulsions en masse d'étrangers, à vos guillotinades. Mais pourquoi, direz-vous, aller s'attaquer à des consommateurs paisibles, qui écoutent de la musique, et qui, peut-être ne sont ni magistrats, ni députés, ni fonctionnaires?

Pourquoi j'ai frappé dans le tas

Pourquoi? C'est bien simple. — La bourgeoisie n'a fait qu'un bloc des anarchistes. — Un seul homme, Vaillant, avait lancé une bombe; les neuf dixièmes des compagnons ne le connaissaient même pas. Cela n'y fit rien. On persécuta en masse. Tout ce qui avait quelque relation anarchiste fut traqué.

Eh bien! puisque vous rendez ainsi un parti responsable des actes d'un seul homme, et que vous frappez en bloc, nous aussi, nous frappons en bloc.

Devons-nous nous attaquer seulement aux députés qui font les lois contre nous, aux magistrats qui appliquent ces lois, aux policiers qui nous arrêtent?

Je ne le pense pas.

Tous ces hommes ne sont que des instruments n'agissant pas en leur propre nom, leurs fonctions ont été instituées par la bourgeoisie pour sa défense; ils ne sont pas plus coupables que les autres.

Les bons bourgeois qui, sans être revêtus d'aucune fonction, touchent cependant les coupons de leurs obligations, qui vivent oisifs des bénéfices produits par le travail des ouvriers, ceux-là aussi doivent avoir leur part de représailles.

Et non seulement eux, mais encore tous ceux qui sont satisfaits de l'ordre actuel, qui applaudissent aux actes du gouvernement et se font ses complices, ces employés à 300 et à 500 F par mois qui haïssent le peuple plus encore que les gros bourgeois, cette masse bête et prétentieuse qui se range toujours du côté du plus fort, clientèle ordinaire du Terminus et autres grands cafés.

Voilà pourquoi j'ai frappé dans le tas sans choisir mes victimes.

Que la bourgeoisie comprenne

Il faut que la bourgeoisie comprenne bien que ceux qui ont souffert sont enfin las de leurs souffrances; ils montrent les dents et frappent d'autant plus brutalement qu'on a été plus brutal avec eux.

Ils n'ont aucun respect de la vie humaine, parce que les bourgeois eux-mêmes n'en ont aucun souci.

Ce n'est pas aux assassins qui ont fait la semaine

sanglante et Fourmies de traiter les autres d'assassins.

Il n'épargnent ni femmes ni enfants bourgeois, parce que les femmes et les enfants de ceux qu'ils aiment ne sont pas épargnés non plus. Ne sont-ce pas des victimes innocentes ces enfants qui, dans les faubourgs, se meurent lentement d'anémie, parce que le pain est rare à la maison; ces femmes qui dans vos ateliers pâlissent et s'épuisent pour gagner quarante sous par jour, heureuses encore quand la misère ne les force pas à se prostituer; ces vieillards dont vous avez fait des machines à produire toute leur vie, et que vous jetez à la voirie et à l'hôpital quand leurs forces sont exténuées?

Ayez au moins le courage de vos crimes, messieurs les bourgeois, et convenez que nos représailles sont grandement légitimes.

Certes, je ne m'illusionne pas. Je sais que mes actes ne seront pas encore bien compris des foules insuffisamment préparées. Même parmi les ouvriers, pour lesquels j'ai lutté, beaucoup, égarés par vos journaux, me croient leur ennemi. Mais cela m'importe peu. Je ne me soucie du jugement de personne. Je n'ignore pas non plus qu'il existe des individus se disant anarchistes qui s'empressent de réprouver toute solidarité avec les propagandistes par le fait [1].

Ils essayent d'établir une distinction subtile entre les théoriciens et les terroristes. Trop lâches pour risquer leur vie, ils renient ceux qui agissent. Mais l'influence qu'ils prétendent avoir sur le mouvement révolutionnaire est nulle. Aujourd'hui le champ est à l'action, sans faiblesse et sans reculade.

Alexandre Herzen, le révolutionnaire russe, l'a dit : « De deux choses l'une, ou justicier et marcher en avant ou gracier et trébucher à moitié route. »

Nous ne voulons ni gracier ni trébucher, et nous marcherons toujours en avant jusqu'à ce que la révolution, but de nos efforts, vienne enfin couronner notre œuvre en faisant le monde libre.

1. Cf. notamment sa polémique avec Malatesta dans *L'En Dehors*, août 1892.

Dans cette guerre sans pitié que nous avons déclarée à la bourgeoisie, nous ne demandons aucune pitié.

Nous donnons la mort, nous saurons la subir.

Aussi c'est avec indifférence que j'attends votre verdict.

Je sais que ma tête n'est pas le dernière que vous couperez; d'autres tomberont encore, car les meurt-de-faim commencent à connaître le chemin de vos grands cafés et de vos grands restaurants Terminus et Foyot.

Vous ajouterez d'autres noms à la liste sanglante de nos morts.

Vous avez pendu à Chicago, décapité en Allemagne, garrotté à Jerez, fusillé à Barcelone, guillotiné à Montbrison et à Paris, mais ce que vous ne pourrez jamais détruire, c'est l'anarchie.

Ses racines sont trop profondes; elle est née au sein d'une société pourrie qui se disloque, elle est une réaction violente contre l'ordre établi. Elle représente les aspirations égalitaires et libertaires qui viennent battre en brèche l'autorité actuelle, elle est partout, ce qui la rend insaisissable. Elle finira par vous tuer [1]. [...]

Moins d'un mois plus tard, le 21 mai, Emile Henry, condamné à mort, était exécuté.

Dans la Justice, *le surlendemain, Georges Clemenceau, sous le titre « La guillotine », faisait le récit du supplice :*

Quelqu'un me dit : « Il faut que vous voyiez ça, pour en pouvoir parler à ceux qui trouvent que c'est bien. » J'hésitais, cherchant des prétextes. Et puis, brusquement, je me décide. Partons.

1. Depuis son arrestation, Henry avait eu, une autre fois, l'occasion de développer ses théories. Ce fut à la demande du directeur de la Conciergerie, après une visite que celui-ci lui rendit le 18 février. Une photocopie du texte que rédigea le jeune anarchiste existe aux archives de la Préfecture de Police sous la cote B a/140. (Voir reproduction hors-texte.)

Nous traversons le Paris d'après minuit, avec ses groupes de filles blafardes sous le gaz, ses flâneurs attardés en quête d'aventure. Déjà nerveux, je cherche un air étrange dans les choses. Rien. Un ciel ardoisé, moutonnant, d'une transparence blême. Un vent sec et dur qui nous glace.

Nous voici place du Château-d'Eau, devant la grande République au bonnet phrygien. Elle présente sa branche d'olivier apportant, dit-elle, la paix parmi les hommes. Et le couperet? Pourquoi ne tient-elle pas le couperet de l'autre main? Au fond de moi, je lui crie : « Menteuse! » Maintenant, c'est Ledru-Rollin, théâtralement campé devant la mairie du Faubourg. D'un geste emphatique, il montre l'urne du suffrage populaire, disant : « Le salut est là. — Sans doute, ami, mais l'attente est longue pour une courte vie. Tu en as fait toi-même, pendant vingt ans, la cruelle expérience. »

Toutes les rues aboutissant à la place de la Roquette sont barrées. La place est occupée militairement. Il y a là mille hommes. C'est beaucoup pour en tuer un seul. Des barrières maintiennent le public au débouché de la rue de la Roquette. Il est impossible qu'il voie quoi que ce soit du spectacle de tout à l'heure. M. Joseph Reinach se moque de nous. La place n'est plus qu'une grande cour de prison.

Devant la porte de la Roquette nouvelles barrières pour les personnes munies de carte. Il y a bien là une soixantaine de journalistes dont une femme, une vieille dame grise qui fait l'objet de la curiosité générale, sans en éprouver la moindre gêne. Elle cause gaiement avec ses voisins, ou même avec les officiers de paix qui la plaisantent. Des sergents de ville passent, la cigarette ou la pipe à la bouche. Tout le monde fume. On cause à mi-voix. L'attitude est plutôt recueillie. [...]

Trois hommes, en redingote avec chapeau haut de forme, dirigent trois ouvriers en costume de travail : bourgeron, pantalon de toile bleue. Les trois *bour-*

geois sont le bourreau et ses deux aides. L'un d'eux est son gendre, me dit-on. L'un des valets du bourreau est son fils. On a soupé en famille, et puis l'on est parti bravement *pour le travail,* jetant un coup d'œil plein de caresses aux petits qui dorment, embrassant l'un sa mère, l'autre sa femme ou sa fille, qui lui font des recommandations affectueuses, en crainte du froid de la nuit.

J'ai mal vu M. Deibler, un petit vieux qui traîne la jambe. Etais-je prévenu? Il m'a paru gauche, oblique et sournois. Un de ses aides, un jeune blond, gras, frais et rose, faisait contraste avec lui. Tout ce monde travaillait sans bruit, avec la bonne humeur décente de gens qui savent vivre.

Peu à peu, les pièces étalées sur le sol prennent une signification. Deux traverses, encastrées en croix, reposent sur les dalles. Elles sont dûment calées, et M. Deibler, avec son niveau d'eau vient d'assurer qu'on fait à sa machine une base bien horizontale. On me fait remarquer qu'on n'enfonce pas un clou. Rien que des vis. Pas un coup de marteau. C'est beau le progrès! Les montants se dressent, couronnés d'une traverse que surmonte une poulie. On monte le couteau qu'on fait glisser dans sa rainure; on installe la bascule qu'on fait jouer. M. Deibler en personne place le baquet pour la tête, et l'enveloppe d'une sorte de petit paravent de bois qui arrêtera l'éclaboussure du sang. Le panier pour le corps gît tout ouvert à côté de la bascule, près du fourgon à destination d'Ivry.

Il fait jour maintenant, ou à peu près. On vient d'éteindre les becs de gaz. Je regarde la prison, et stupéfait, je lis au-dessus de la porte : « Liberté, Egalité, Fraternité. » Comment a-t-on oublié d'ajouter : « ou la mort »? [...]

Un mouvement! C'est un jeune homme en paletot clair qui sort de la prison, le cigare aux lèvres, et vient en riant, sous les regards de tous, à trois pas de la guillotine, conter une bonne histoire à un ami qu'elle amuse bien. On m'a dit sa fonction. Je ne le désigne pas. Deux gendarmes sont livides; des novices sans doute. Le petit soldat qui fait sa faction s'agite terriblement; il se dandine, a des gestes saccadés, rit nerveusement, roule des yeux vagues. J'ai cru qu'il allait se trouver mal.

La petite porte vient de se fermer avec un gémissement aigu. On entend le bruit des barres de fer, qui tombent. La grande porte s'ouvre, et derrière l'aumônier courant à la bascule, Emile Henry paraît, conduit, poussé, par l'équipe du bourreau. Quelque chose comme une vision du Christ de Munkacsy, avec son air fou, sa face affreusement pâle, semée de poils rouges, rares et tourmentés. Malgré tout, l'expression est encore implacable. Le visage blême m'aveugle. Je suis hors d'état de voir autre chose. L'homme ligoté s'avance d'un pas rapide, malgré les entraves. Il jette un regard circulaire, et, dans un rictus horrible, d'une voix rauque mais forte lance convulsivement ces mots : « Courage, camarades. Vive l'Anarchie! »

La sérénité d'Emile Henry, sa foi dans la justesse de sa cause durent en effet bouleverser bien des consciences. Maurice Barrès, dans le Journal *du 22 mai, en témoigne à son tour :*

Mon regard, désormais, ne devait plus quitter ce visage, où je pensais surprendre les mouvements suprêmes de son âme qui m'absorbait tout entier. Autour du souvenir très précis que j'ai gardé du désordre de cet enfant, il ne me reste du décor composé par la place, les troupes, le public et la guillotine, rien que l'impression d'un nuage incertain et bas, où il apportait la beauté tragique de sa révolte et de sa poitrine blanche largement découverte.

Quand le triste cortège, à pas pressés, entraîna sur la place grelottante Emile Henry, je reconnus un cérébral. Sous ce froid, devant cette horreur, son corps, si souple dans ses liens, accusait, malgré lui, son désarroi, mêlé de fureur et de hâte d'accomplir sa décision. Le visage du condamné, à vingt pas de la guillotine, se couvre d'un blanc qui n'est aucune pâleur connue, mais le blanc des suppliciés.

Et les aides qui les entraînent disent aussi les entendre toujours qui avalent leur salive avec un bruit de lèvres. Cependant, Emile Henry concentrait tous ses efforts pour projeter hors de lui et imposer à tous l'image ennoblie qu'il se faisait de lui-même quand il commettait ses attentats. Il s'était promis de mourir en héros d'une idée. Il est parvenu à imposer son orgueil de cérébral à ses membres de pauvre enfant. Ses yeux, se jetant de gauche à droite, exactement dansaient. On l'entraînait à pas trop longs pour ses jambes entravées de liens, et dans son trébuchement, quelque chose émouvait, que je distingue mieux à la réflexion, c'était le trébuchement d'un enfant à qui l'on apprend à marcher.

Nul doute qu'il n'eût préparé son cri. Il le jeta sans grande force, mais avec fureur et dans une agitation qui pourtant ne manquait point d'autorité : « Courage, camarades. Vive l'anarchie. » Courage, camarades! Etait-ce un dernier espoir, un appel? Voulut-il seulement confesser sa foi, s'affirmer au terme sanglant? Il répéta : « Vive l'anarchie! »

Ce trajet ne dura pas une minute, mais à toutes les époques et dans toutes les civilisations, celui qui s'entête en face de la mort a forcé les admirations, car les hommes sont avant tout des amateurs d'énergie.

Parmi les assistants, très peu regardèrent tomber le couteau. Beaucoup fuyaient déjà quand on entendit le bruit sourd. Soixante kilos, tout un système social tombaient, en lui ébréchant le menton, sur le cou de cet adolescent qui, dit-on, mourut vierge.

Surexcités par ce terrible alcool qu'est la mort, des hommes que je sais modérés se démenaient en forcenés. Vive l'anarchie! était sur bien des lèvres. Le sang et l'énergie vont susciter au plus profond de l'être d'étranges émulations.

Cette hideuse mécanique-bibelot, ces éponges, ce seau malpropre, ces valets déshonorés, n'épouvantent que les poltrons, ne laissent froides que les brutes, mais écœurent le penseur et jettent hors de soi l'exalté. Sur la place de la Roquette on dut faire des arrestations. Mais pas plus qu'on ne guillotine une idée, on n'arrêtera l'ébranlement nerveux qui, déterminé par de telles tragédies sociales, va retentir dans les parties obscures de l'homme, animal carnassier et idéaliste.

Ce fut une faute psychologique que d'exécuter Emile Henry.

Vous lui avez composé la destinée même à laquelle il prétendait. Il avait tué pour ses idées, ce qui est inexcusable; vous avez voulu, en outre, qu'il mourût pour ses idées. Par l'acte de la Roquette, vous donnez à sa mémoire une impériosité qu'elle ne tenait assurément pas des actes de l'avenue de l'Opéra et du Terminus.

Quand la voiture, qui m'éloignait de ces scènes honteuses, fut rejointe par le fourgon du cadavre, fuyant ventre à terre vers Ivry, je vis la foule saluer celui qu'elle eût voulut écharper sur le trottoir du Terminus. La matinée du 21 a servi la révolte et desservi la société. La lutte contre des idées se mène par des moyens psychiques, non avec les accessoires de M. Deiler. Dans une crise où il faudrait de hautes intelligences et des hommes de cœur, le politicien et le bourreau n'apportent que des expédients.

4
Le compagnon Tortelier et sa « marotte »

Après la période des attentats, les anarchistes sont appelés, par la plume de Pouget et par celle de Pelloutier, à entrer dans les syndicats et à y poursuivre deux objectifs : en premier lieu la résistance au capital, en second lieu la préparation de la « Sociale », d'une société « quasi libertaire ». La méthode consistera à pratiquer « l'action directe », action autonome de la classe ouvrière qui, dans sa manifestation ultime, sera la grève générale expropriatrice.

Cette idée de grève générale se révèle capitale : elle est destinée à ouvrir le « bal social » selon l'expression d'Emile Pouget. A défaut du mot, l'idée n'était du reste pas inconnue et on la rencontre dès le XVIIIᵉ siècle et pendant la Révolution française. Avec les congrès de la Première Internationale, elle fut à l'honneur puis disparut en même temps que l'Internationale elle-même. C'est en 1886 qu'elle resurgit aux Etats-Unis au temps des luttes menées pour la journée de huit heures. Des Etats-Unis l'idée passe en France deux ans plus tard et « le compagnon Tortelier, un des militants de la première heure du syndicat des menuisiers, orateur à la parole chaude et fruste, fut un des premiers, à Paris, à propager l'idée de grève générale, dans son intégrale conception révolutionnaire [1] ».

Le compagnon Tortelier

Du compagnon Tortelier, nous ne savons que peu de chose. On se contente généralement de citer son nom.

1. Enquête sur la grève générale, *Le Mouvement socialiste*, Nᵒˢ 137-138, 15 juin, 15 juillet 1904. Etude de Pouget.

Populaire orateur de réunions publiques, il n'a laissé aucun écrit, ni brochure, ni correspondance. Cet oublié est pourtant un militant de premier plan qui a sa place à côté des Pelloutier, Pouget, Delesalle, Monatte, venus de l'anarchisme et bâtisseurs de la C.G.T.

Joseph Jean-Marie Tortelier est né en 1854. Nous ignorons ce que furent son enfance et son adolescence. Il apprit le métier de menuisier. La première trace de son action militante remonte à 1883, au début de la crise économique qui sévit jusqu'en 1887 et entraîne un important chômage. D'où la manifestation des sans-travail du 9 mars, à l'Esplanade des Invalides. Dispersés, les manifestants se regroupent pour former cortège boulevard Saint-Germain. On dévalise quelques boulangeries. Des arrestations suivent et de lourdes condamnations — huit ans et six ans de réclusion — frappent Emile Pouget et Louise Michel qui se trouvaient en tête des sans-travail et comparurent en cour d'assises[1]. Les organisateurs de la manifestation passèrent en correctionnelle et Tortelier fut condamné le 3 avril à trois mois de prison, peine confirmée en appel. Il déclara alors qu'il ne démordrait pas de ses idées révolutionnaires. Quand on ne donne pas de moyens d'existence à l'ouvrier, ajouta-t-il, il a le droit de prendre où il trouve (*Le Voltaire, 15 août 1883*).

A cette époque, Tortelier ne se déclare pas anarchiste mais « socialiste révolutionnaire » ou encore « communiste ». Il participe à de nombreuses réunions et, l'informateur de police qui assista à celle qui se tint le 5 août à Saint-Germain-en-Laye lui trouve un timbre de voix agréable et un physique doux, ce qui paraît donner plus de saveur, auprès des vrais frères qui se trouvent à la réunion, à ses excitations à la révolte, au bouleversement et à la destruction, par tous les moyens possibles, de ce qui existe (*sic*).

---

1. Pouget était en outre et conjointement poursuivi pour la publication et la diffusion d'une brochure violemment antimilitariste : *A l'armée.*

En août 1884 Tortelier, avec deux autres ouvriers menuisiers, est membre de la délégation qui se rend en Suède à l'Exposition internationale. Chacun d'eux a reçu 1 000 F du Conseil municipal pour frais de déplacement.

C'est au cours de cette même année 1884 que Tortelier devient anarchiste. Lors d'un meeting tenu à Paris le 14 octobre, il explique pourquoi : C'est une question de milieu. Ceux qui parmi les révolutionnaires croient à l'efficacité de la panacée parlementaire sont dans l'erreur. *Plus tard, il raconta à Pierre Monatte comment il avait été gagné aux idées anarchistes, un jour qu'il était allé faire, pour le parti allemaniste [1], une réunion aux ardoisiers de Trélazé. Les compagnons de ce vieux foyer révolutionnaire l'avaient entrepris toute une nuit et l'avaient conquis [2].*

Selon un rapport sur l'« Organisation des forces socialistes révolutionnaire à Paris » rédigé fin 1887, Tortelier fréquente alors différents groupes anarchistes et notamment celui de la Panthère des Batignolles *créé en octobre 1882, auquel appartint Clément Duval : ce dernier comparut devant les Assises de la Seine le 11 janvier 1887 pour être condamné à mort, peine commuée en travaux forcés à perpétuité; il avait opéré une « reprise individuelle » dans un hôtel particulier, rue de Monceau. Tortelier se déclara l'ami de Duval et se plaignit qu'on l'ait empêché de témoigner en sa faveur.*

**Un déménagement
à la cloche de bois**

Tortelier fut également un des animateurs de la Ligue des Antipatriotes *fondée en août-septembre 1886 et de la* Ligue des Antipropriétaires. *Cette* Ligue des Antipro-

---

1. Jean Allemane, 1843-1935, fonda, en 1890, le P.O.S.R. (Parti ouvrier socialiste révolutionnaire) à la suite d'une scission avec la Fédération des Travailleurs socialistes animée par Paul Brousse.
2. Cf. *La Révolution prolétarienne*, février 1926.

*prios — ainsi l'appelait-on familièrement — eut pour
principale activité de déménager les compagnons « à
la cloche de bois » et, sans doute, Tortelier participa-
t-il à l'occasion, à une expédition dans le genre de celle
qui nous est contée dans le journal d'Emile Pouget du
13 juillet 1890 par « un peinard du faubourg Mar-
ceau » :*

Laisse-moi te raconter comment les anarchos du XIIIe
(à Paris) ont engagé la lutte contre les vaches de proprios, à l'occase de la vraie fête nationale du capital
et de la sainte galette : le Terme.

Tous les trois mois, c'est même rengaine. Les bons
bougres qui sont dans la dèche se voient dans l'impos-
sibilité d'abouler la rente au vautour. Alors gare, toute
la séquelle administrative : records, sous-Gouffés, etc.,
se foutent en campagne pour saisir les frusques et les
bois des sans-le-sou.

Pour lors, voilà le grand coup, y a plus à barguigner,
faut déménager à la cloche de bois. Mais c'est pas toujours de ces plus commodes, vu que les pipelets montent
la garde; c'est les bouledogues de la propriété.

Donc samedi soir, un copain qu'a plein le cul
des socialos à l'eau de rose, mais qui pourtant
n'est pas anarcho, rapplique chez un bistrot où il
savait nous dégotter et nous raconte qu'il y a pas à
tortiller qu'il lui faut à tout prix déménager le lendemain
matin.

« C'est ça qui te fout en peine? t'inquiète pas, c'est
demain dimanche, à 8 heures, on y sera. »

En effet on était à une douzaine au rendez-vous; on
allonge le compas, s'orientant vers le boulevard Masséna,
aux fortifs, où perche la turne du copain.

Une petite voiture nous tendait ses bras dans un
coin, y en a un qui l'empogne. Ensuite sans qu'il y
ait besoin de discuter trente-six heures, de nommer un
président, pas même de délégué, tout bonnassement
parce qu'on a de la jugeotte, de l'initiative et de l'entente, on a mené la chose à bien; bougrement mieux,

que si un trou du cul avait voulu **organiser** le déménagement.

Illico, deux gars, bien râblés, se foutent en guise de chandelles au travers de la porte, et toute la bande de se cavaler quatre à quatre dans l'escalier.

On arrive au carré de la piaule du copain, tout était prêt : chacun empogne, soit un paquet, un meuble ou un autre fourbi et on dévale en chœur : une procession déménageante, quoi!

Quel entrain, et que c'était chouette! Les autres locatos jubilaient et applaudissaient; surtout une grosse mère à face réjouie, elle s'en serait roulée par terre de joie : tu parles s'ils sont gobés les proprios et les pipelets!

Mais dam, dès la première descente, Pipelet et sa moitié braillaient comme des bourriques qu'on écorche vives : « Au voleur, à l'assassin, tas de crapules!... » quoi, le répertoire.

Ce qu'on s'en foutait, tu le juges d'ici. C'est pas des bourriques, c'est des sangsues, les pipelets!

Tandis que le pipelet trottait après les flics — il a fallu donner une poussée à sa sacrée femelle qui s'agrippait à l'un ou à l'autre et ne voulait rien savoir — oh, un rien...

Enfin, en un quart d'heure, tout était fini et la porte se refermait sur le déménagement.

Avant de se tirer on a pris soin d'avertir les locatos qui étaient aux fenêtres ou dans la rue, qu'on était à leur service, et qu'on était toujours prêts à les déménager dans des conditions pareilles, vu que les anarchos sont jamais en retard pour guerroyer contre les proprios.

On a conclu en gueulant bien fort : « Vive l'anarchie! A bas les voleurs! »

Puis, toujours en peinards, nous sommes allés à Gentilly où nous avons repiqué au truc, et nous sommes payés une nouvelle séance.

Les déménagements « à la cloche de bois » furent très populaires et une chanson fut même composée à leur gloire dont nous donnons le premier couplet et le refrain :

Aux ventrus déclarant la guerre
Nous avons pour enn'mis : patrons, curés, soldats;
Mais c'est contr' le propriétaire
Que nous livrons gaiement nos plus joyeux combats.
C'est nous qu'on voit, à l'approche du terme,
A l'appel des copains, accourir d'un pied ferme,
Puis entonner, avec les meubl's su' l'dos,
A la barb' du pip'let le chant des anti-proprios :
Ohé! les zigs!
A bas les flics!

Refrain :

Un', deux, trois,
Marquons l'pas,
Les chevaliers d'la cloch' de bois
Un', deux, trois,
Marquons l'pas,
C'est la terreur des bourgeois!
Serrons les rangs
Et portons crânement   } *bis*
Le gai drapeau
Des antiproprios!

La « marotte » de Tortelier : la grève générale

Après un sommeil d'une vingtaine d'années, voici donc, en 1888, l'idée de grève générale qui renaît. Les rapports de police, attentivement étudiés, nous permettent de préciser le rôle joué dans cette renaissance par Tortelier.

Le mot apparaît le 9 août, au cours d'une réunion tenue salle du Commerce, 94, rue du Faubourg-du-Temple, en pleine grève des terrassiers. Quatre cents auditeurs sont venus entendre les orateurs, Louise Michel, Malato, Tortelier, développer en termes presque identiques la même idée, à savoir que seule la grève géné-

Ravachol. *(Album musée Préf. Police.)*

En haut: Emile Henry, né en 1872, guillotiné à vingt-deux ans.
En bas: Jean Grave, journaliste des *Temps Nouveaux* et théoricien de l'anarchie
(1854-1939). Auguste Vaillant à dix-sept ans. *(Arch. Préf. Police et ph. Coll. Viollet.)*

CAROUY EDOUARD. 2.9.09. 1147
31.12.11 9.682

Bonnot *Jules Joseph* né à Lyon mini
4.3.12 9718

Garnier 367.533

Quelques-uns des « bandits tragiques ». *De haut en bas :* Carouy, Bonnot, Garnier.
(Arch. Préf. Police.)

Albert, dit Libertad (1875-1908), fondateur de *l'Anarchie*. *(Arch. Préf. Police.)*

Geronimo Caserio, l'assassin du Président Sadi Carnot, revêtu de la camisole de force. (3 juillet 1894, *Arch. Préf. Police.*)

PRÉFECTURE
DE
POLICE

SERVICE DU CABINET

3ᵉ BRIGADE
de
Recherches

RÉPUBLIQUE FRANÇAISE

LIBERTÉ — ÉGALITÉ — FRATERNITÉ

Paris, le 1ᵉʳ Avril 1892

Cabinet
Affaire Ravachol

Remise de fonds à
X. 2.

RAPPORT

J'ai l'honneur de transmettre à Monsieur le Préfet les reçus ci-joints établissant que conformément à ses ordres, j'ai remis à X. 2. mon correspondant dans l'affaire Ravachol, la somme de huit cents francs que j'ai prélevée sur celle de Mille francs remise en mes mains par Monsieur le Chef Adjoint du Cabinet. Les appointements ordinaires de X. 2. lui seront remis comme je le fais avec mes autres agents secrets le 2 du courant.

X. 2. m'a exprimé toute sa satisfaction et ses remerciements sincères que je lui ai promis de transmettre à mes chefs hiérarchiques que, jusqu'à présent, je n'ai pas cru devoir désigner.

J'ai en X. 2. et pour le même prix, deux correspondants, lui et sa mère.

L'Officier de Paix,

Remise de fonds, par l'officier de paix G. Fédée, à X 2, indicatrice qui fit connaître l'identité de Ravachol. *(Arch. Préf. Police.)*

Une des 3 927 lettres anonymes que conservent les Archives de la Préfecture de Police pour la seule année 1892. Celle-ci est adressée à une concierge et déclare notamment : « Nous vous avertissons par rapport aux locataires pour qu'il ait le temps de garer leur peau de cochon c'est avant le 15 qu'elles doivent y passer toutes les deux l'on vous promet que la bombe fera son ouvrage elle ne demande que d'être placé elle est tous prête. »

Gravure sur bois de Félix Vallotton (1892).

C'est ce que vous saurez.

La bourgeoisie prétend que vous n'arriverez jamais à notre but.

L'avenir, un avenir bien proche, le lui apprendra.

Vive l'Anarchie !

Emile Henry

Conciergerie
Cellule double N° 18

Fin d'une lettre d'Emile Henry, adressée de prison au directeur de la Conciergerie.
(*Arch. Préf. Police.*)

Dessin de Luce pour un journal anarchiste. *(Ph. Arch. Jean-Loup Charmet.)*

Télégramme partiellement chiffré annonçant l'exécution de Ravachol. *(Arch. Préf. Police.)*

Comité-Révolutionnaire

Le comité révolutionnaire français étant à Paris, la période d'études doit être close et il importe dès maintenant de s'affirmer par action.

Considérant, que la Statue du bandit qui, il y a dix ans, ensanglanta Paris, est un défi jeté à la Révolution et à l'humanité, décide :

La Statue de Thiers doit disparaître. Cette exécution d'un mort est un avertissement donné aux vivants détenteurs de l'autorité et exploiteurs du peuple, que leur tour est proche.

Dans quelques jours le Comité révolutionnaire français, fera connaître au Peuple, par un manifeste, ce qu'il veut et l'engagera à se joindre à lui pour accomplir la Révolution.

Dès aujourd'hui il invite les exploités, les prêts de faim à se préparer pour la lutte. Il leur dit l'organisation du comité est puissante, indestructible, à l'abri de tout attentat, et leur donne l'assurance qu'ils ne faillira pas à sa tâche.

Debout donc les courages !

Vive la Révolution Sociale

Le Comité exécutif

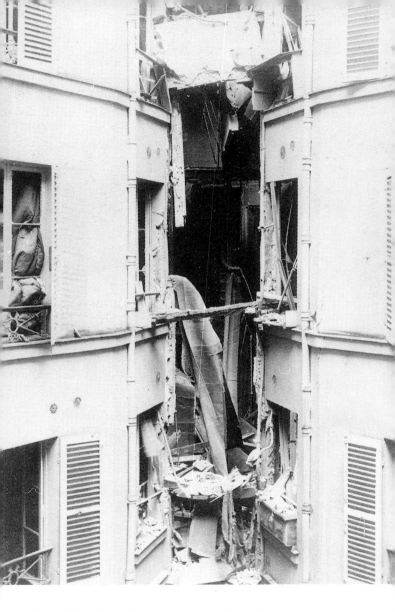

Attentat de Ravachol : explosion au domicile du substitut Bulot, 39, rue de Clichy, le 27 mars 1892. *(Album musée Préf. Police.)*

rale est capable de conduire à la révolution sociale. Louise Michel déclare : Il faut espérer que, bientôt, une grève générale de toutes les corporations provoquera enfin la grande révolution sociale. *Malato exalte* la révolution sociale qu'une grève générale doit faire éclater au moment opportun. *Enfin Tortelier, après avoir donné lecture d'une lettre des anarchistes de Vienne (Isère) qui* font des vœux pour le triomphe d'une grève générale et assurent les anarchistes de Paris de toutes leurs sympathies *affirme à son tour :* Ce n'est que par la grève universelle que l'ouvrier créera une société nouvelle dans laquelle on ne trouvera plus de tyrans. *Trois jours avant, un rapport de police annonçait déjà :* Hier, au sortir de la réunion de la salle Lévis, les anarchistes ont décidé, dans le but d'amener une grève générale, de fonder des groupes corporatifs.

Et les meetings de succéder aux meetings. En novembre, Tortelier se rend à Londres avec l'anarchiste Viard, délégué par la Chambre syndicale des Hommes de peine, pour assister à un congrès corporatif international. Il y développe — sans succès — sa conception générale. Voici le compte rendu analytique — sans doute peu fidèle — de son intervention rédigé par le délégué de l'Union fédérale des tonneliers :

Mais voici Tortelier qui vient nous apporter la bonne parole anarchiste au nom de la Chambre syndicale des Menuisiers.

Il commence par dire que ce sont les lois sociales qui entravent le mouvement, et que ne pouvant améliorer en même temps le sort de tous les travailleurs, il est inutile de s'en préoccuper, car les ouvriers instruits et ayant un métier peuvent seuls s'associer pour tenir tête à la loi. Comment vous y prendrez-vous pour associer la masse ignorante qui ne travaille pas et qui est toujours très nombreuse, le capitalisme n'occupant que juste le nombre de bras qu'il lui faut, et l'instruction ne pénétrant que difficilement dans leur cerveau, il devient presque impossible de les grouper; d'un autre côté, pour s'occuper avec efficacité de la situation de ces travailleurs, il faut la ressentir et jusqu'à présent ce sont toujours les riches qui ont prétendu s'en occuper pour mieux les asservir. L'association ne peut profiter qu'aux privilégiés de la classe ouvrière qui ne s'occupent pas des autres, car étant relativement heureux et subissant l'influence du milieu dans lequel ils se trouvent, ils croupissent dans une aisance relative sans faire un pas en avant.

Il n'y a qu'un moyen pour les pauvres d'arriver à améliorer leur situation, c'est d'arrêter le travail partout à la fois; il propose donc une grève générale internationale qui commencerait le jour de l'ouverture de l'Exposition.

Il faut être anarchiste, genre Tortelier, pour émettre une pareille idée [1].

Pendant que Tortelier était à Londres, le même mois et presque le même jour, le troisième congrès de la Fédération Nationale des Syndicats et Groupes corporatifs ouvriers de France *réuni à Bordeaux, votait la résolution suivante après qu'eût été proposée un an auparavant « l'étude d'une cessation générale du travail ».*

Considérant :

Que la grève partielle ne peut être qu'un moyen d'agitation et d'organisation.

Le Congrès déclare :

Que seule la grève générale, c'est-à-dire la cessation complète de tout travail, ou la Révolution, peut entraîner les travailleurs vers leur émancipation [2].

---

1. Musée Social, Paris, 5562. Le compte rendu général publié à Londres (Musée Social, 6825) est aussi peu satisfaisant.

Un compte rendu parut également dans *le Cri du Peuple* du 11 novembre 1888 :

« Les préjugés, dit-il [Tortelier], sont les vraies entraves à l'organisation générale des travailleurs. On peut être riche et bon; mais par sa situation sociale même, le riche est mauvais forcément, fatalement.

« La richesse mène à l'atrophie du cœur.

« Le machinisme nous écrase et arrête toute revendication. On parle d'association, c'est un leurre. Ce qu'il faut demain pour empêcher le sang de couler abondamment, c'est la grève générale. Les lois, même les plus favorables, sont mauvaises pour l'ouvrier. »

2. Résolution votée le 4 novembre.

Toutefois, de la part de la Fédération Nationale des Syndicats, fortement influencée par le guesdisme, il ne s'agissait là que d'un écart de langage.

Si le compagnon Tortelier n'est pas l'inventeur ou le réinventeur de la grève générale en France, il en est du moins l'apôtre le plus tenace, en dépit d'oppositions résolues parmi les compagnons souvent très réservés sur l'entrée des anarchistes dans les groupements corporatifs. Mais Tortelier ne se décourage pas; deux ans durant, il revient sans cesse à sa « marotte de la grève générale » selon le mot de « Jean », un informateur de police qui nous a laissé de Tortelier ce portrait :

[...] En tête se place Tortelier. Son genre familier, un peu trivial même, son air « copain » lui donnent accès dans tous les milieux ouvriers où il est généralement écouté.

Tortelier n'a qu'un but : organiser la grève générale et il se livre avec acharnement à la propagande qui peut l'amener. [...] Voilà ce que prêche Tortelier depuis deux ans, voilà le fond de sa doctrine, et c'est pour la répandre en province où elle est plus écoutée qu'à Paris, qu'il est perpétuellement en voyage [1]; il n'y a pas du reste une grève où il ne se rende pour enraciner cette idée, pas une réunion publique où il ne la soulève et où il ne la défende avec tout ce qu'il a d'énergie.

Un contemporain, Mermeix, nous a également laissé un témoignage, sans grande sympathie à vrai dire mais vigoureux, sur le Tortelier de l'époque, « premier propagateur de l'idée de grève générale » :

Ce compagnon menuisier était un homme de taille courte, d'encolure puissante, aux gestes brusques, à la voix rauque, toujours débraillé dans son costume. Peut-être pas méchant, il avait l'air rude et même un peu effrayant [2]. Quand on voyait cet illuminé farouche on

---

1. Tortelier travaillait chez un patron particulièrement « coulant » selon un rapport de police et qui lui permettait de s'absenter aussi souvent que l'exigeaient ses déplacements en province.

2. On comparera avec le portrait donné page 122. La voix agréable est devenue rauque, le physique doux est maintenant rude et un peu effrayant. Changement réel ou vue différente?

pensait tout de suite à ces sectionnaires de la Révolution qui promenaient des têtes coupées au bout de leurs piques, faisaient cortège au divin Marat et exécutaient à la porte des prisons, en septembre 1792, les arrêts sommaires de la justice du Peuple [1].

Contre la mystification du bulletin de vote

Contrairement à ce qu'affirme l'indicateur « Jean », Tortelier n'avait qu'un but : la grève générale, ou, plus exactement, son but était « la Sociale », et le moyen, la grève générale. Mais il ne négligeait pas, à l'occasion, d'autres aspects de la propagande, et notamment la mise en garde contre les méfaits de la politique, fût-elle socialiste. Comme tous ses camarades libertaires, il prônait l'abstentionnisme électoral, et souscrivait certainement à cette apostrophe qu'Octave Mirbeau lançait dans le Figaro à la veille des élections législatives de 1889 :

Eh bien! mon brave électeur, normand ou gascon, picard ou cénevol, basque ou breton, si tu avais une lueur de raison dans ta cervelle, si tu n'étais pas l'immortel abruti que tu es, le jour où les mendiants, les estropiés, les monstres électoraux viendront sur ton passage coutumier étaler leurs plaies et tendre leurs sébiles, au bout de leurs moignons dartreux, si tu n'étais pas l'indécrottable Souverain, sans sceptre, sans couronne, sans royaume, que tu as toujours été, ce jour-là, tu t'en irais tranquillement pêcher à la ligne, ou dormir sous les saules, ou trousser les filles derrière les meules, ou jouer aux boules dans une sente lointaine, et tu les laisserais, tes hideux sujets, se battre entre eux, se dévorer, se tuer. Ce jour-là, vois-tu, tu pourrais te vanter d'avoir accompli le seul acte politique et la première bonne action de ta vie [2].

1. Mermeix, *Le Syndicalisme contre le socialisme*, Paris, 5ᵉ éd., 1907.
2. *Le Figaro*, 14 juillet 1889. Les élections législatives eurent lieu le 22 septembre.

Tortelier ne manquait pas de prêcher, lui aussi, l'abstention, et si, pourtant, en 1890, à l'occasion d'une élection partielle dans le dix-huitième arrondissement, circonscription de Clignancourt, il se présenta au suffrage des électeurs de son quartier — il habitait alors 24, rue Myrrha — ce fut dans des conditions bien particulières, ainsi qu'en témoigne son affiche électorale, un des rares textes de sa main, le seul peut-être, que nous possédions. Le voici :

Election du 16 novembre 1890, Quartier Clignancourt.

      Citoyens,

Je me porte candidat, non pour satisfaire la mesquine ambition d'être député, mais pour avoir l'occasion de dire des vérités.

Exaspéré des souffrances qu'éprouve le peuple, je ferai tout pour les supprimer.

Si j'étais député que ferai-je?

Je proposerai qu'on démolisse l'Eglise du Sacré-Cœur qui est une honte. Je supprimerai le budget des Cultes, je ferai rendre tous les biens des curés, qui nous ont été extorqués.

Les Electeurs : Les riches ont intérêt à ce qu'il y ait des curés, pour nous prêcher la soumission et la lâcheté; ils leur viendront en aide et c'est encore nous, toujours nous, qui indirectement les entretiendront.

Moi : Je mettrai tous les impôts sur les riches.

Les Electeurs : Ils diminueront nos salaires et rien ne sera changé.

Moi : Je ferai une loi les forçant à payer un salaire élevé.

Les Electeurs : S'ils paient cher les ouvriers, ils vendront cher les produits, et la situation sera la même.

Moi : Je ferai assainir le quartier, percer de nouvelles rues, je m'occuperai du Métropolitain et de tout ce qui peut vous procurer du travail.

Les Electeurs : Oui, nous la connaissons la rengaine du travail : toujours travailler pour les autres! Faire de nouvelles rues c'est donner de la valeur à la propriété, ce qui, pour nous, se traduit par une augmentation des loyers.

Moi : Je crierai à la Chambre qu'ils volent et trahissent le peuple.

Les Electeurs : Mais nous savons ça! Il n'y a pas besoin d'aller à la Chambre, le crier à raison de vingt-cinq francs par jour.

Moi : Je serai le plus révolutionnaire, le plus ardent à attaquer les abus.

Les Electeurs : On dit ça avant d'être élu, mais on s'habitue vite au bien-être que procure la fonction et alors on n'a plus à attaquer les abus, puisqu'on en profite.

Moi : J'appellerai le peuple à la Révolte, je prêcherai la Grève générale, je marcherai à votre tête et nous ferons la Révolution.

Les Electeurs : Ah! vous voulez être un chef! Ils nous ont toujours trahis, nous n'en voulons plus. Nous ferons la Grève générale et la Révolution sans les députés, et malgré eux.

Moi : Je vois qu'il est difficile de monter le cou aux travailleurs, aujourd'hui. Mais si vous soupçonnez que je ne peux rien faire pour vous, que pourront faire les autres?...

Et Tortelier annonçait quatre réunions auxquelles il conviait « tous les candidats ».

Quelle influence eut sa campagne? Nous ne pouvons mettre à son compte les abstentionnnistes au nombre de 8 583! Sur 30 candidats, il arriva au 15e rang... avec 4 voix, à égalité avec deux autres anarchistes [1]. Huit candidats n'avaient bénéficié d'aucune voix.

Pénétration des idées anarchistes dans les syndicats

La propagande pour la grève générale et l'entrée des compagnons dans les syndicats allait être la grande

---

1. Cf. *Le Temps,* 18 novembre 1890.

préoccupation des anarchistes, comme celle d'autres groupes révolutionnaires, les allemanistes par exemple. Un rapport de police particulièrement éclairé [1], discernait bien ce phénomène nouveau :

L'évolution actuelle ainsi que les incidents auxquels elle donne lieu [protestation de certains compagnons] était à signaler car elle démontre chez les anarchistes comme chez tous les autres groupements révolutionnaires une orientation nouvelle et bien caractéristique des socialistes pris en masse.

Cette orientation se fait sentir aussi bien à Calais qu'à Châtellerault [2]. [...]

En France, où l'on procède par secousses, il serait difficile de prévoir, dès à présent, quel sera le résultat de cette évolution à peine ébauchée. Il est indiscutable cependant pour toute personne au courant du socialisme contemporain qu'il y a là le signal d'un changement radical et profond dans le groupement et les revendications des masses ouvrières. C'est quelque chose d'analogue à ce qui s'est produit en 1868-1869 et plus tard de 1876 à 1880. On est convaincu que l'évolution tournera plutôt au profit de l'apaisement qu'au bénéfice des théories violentes. [...] Les ouvriers se grouperont libre-

---

1. En date du 23 octobre 1890.
2. Calais : IV⁰ Congrès de la Fédération Nationale des Syndicats et groupes corporatifs de France, 13-18 octobre 1890. La grève générale des mineurs y fut, en principe, décidée. Elle devait être tentée dès que les circonstances le permettraient.
Châtellerault : Congrès de la Fédération des Travailleurs Socialistes, 9-14 octobre 1890, congrès à la suite duquel Allemane formera le Parti Ouvrier Socialiste Révolutionnaire (P.O.S.R.).
Au congrès P.O.S.R. tenu à Paris, l'année suivante, 21-29 juin, il fut précisé : « la grève générale nationale et internationale doit être décrétée et pourra peut-être précipiter le dénouement par la Révolution sociale, but de nos efforts ».
Et le congrès de Saint-Quentin, 2-9 octobre 1892, invitait la Bourse du Travail de Paris et la Fédération des Bourses du Travail à mettre à l'ordre du jour de leur prochain congrès la question de la grève générale. Le congrès P.O.S.R. lui-même déclarait être décidé à employer « des moyens plus expéditifs » au cas où la bourgeoisie s'opposerait à l'émancipation ouvrière. Il précisait : « Nous inspirant des résolutions du Congrès de Saint-Quentin sur l'utilité des Fédérations de métiers, nous provoquerons la grève générale, qui paralysera les bourgeois dans l'organisation de l'Exposition universelle de 1900. »

ment mais corporativement et ce sera par l'entremise de leurs syndicats qu'il soutiendront leurs revendications et demanderont des améliorations à leur position.

Durant deux années, 1892-1894, les attentats auront la vedette et pourront donner à penser que l'évolution est tout autre. Et pourtant le travail syndical, « besogne obscure mais féconde », se poursuivra, en premier lieu à la Fédération des Bourses du Travail dont le 1er Congrès se tiendra à Saint-Etienne en février 1892 avec Pelloutier comme animateur.

Au Congrès régional ouvrier de l'Ouest, en septembre de la même année, Pelloutier se fera le champion de la grève générale tandis qu'à la même date, à Marseille, au 5e Congrès de la Fédération nationale des Syndicats, Aristide Briand en sera l'éloquent défenseur. La question est désormais posée. L'idée de grève générale est devenue force en s'emparant de larges couches de l'opinion ouvrière. L'année suivante, en juillet, au Congrès national des Chambres syndicales et groupes corporatifs ouvriers, Tortelier intervient une fois encore en faveur de la grève générale « immédiate ». Nous ne suivrons pas les développements du syndicalisme français au cours des années suivantes, largement influencé par les anarchistes qui avaient trouvé dans la C.G.T. « le point d'appui dont ils avaient besoin » pour réaliser leurs desseins. Tortelier n'y jouera plus un grand rôle, et, sauf erreur, il ne fut plus délégué à aucun congrès national après 1893 [1]. Comme beaucoup de pionniers,

---

1. Les principales étapes de la vie de Tortelier sont désormais les suivantes :
— 1895. Il appuie la campagne de Victor Barrucand pour le pain gratuit, considérant qu'avec le logement gratuit et le vêtement gratuit, on s'acheminera vers une consommation selon les besoins.
— 1896. Tortelier assiste à Londres au Congrès international socialiste des travailleurs et chambres syndicales ouvrières qui, sur le plan international, fut celui de la rupture définitive entre anarchistes et socialistes.
— 1898. Affaire Dreyfus. Comme Grave et Pouget, et à la différence de Sébastien Faure, Tortelier estime « que les anarchistes n'ont qu'à se réjouir de ce que les dirigeants et les galonnés se mangent le nez.

il fut à la tâche mais non à l'honneur, et il ne lui aura pas été donné d'assister aux grands congrès qui jalonnèrent la montée des forces syndicales : Bourges (1904) et Amiens (1906).

Tant mieux! tant mieux! Pour ce qui est de Dreyfus et d'Esterhazy, je m'en fous! » (*Les Temps Nouveaux*, 22-28 janvier 1898.)

Tortelier, qui devait mourir le 1er décembre 1925, eut un fils Joseph, Marie, Jean-Baptiste qui naquit à Rennes (Ille-et-Vilaine) le 6 septembre 1879. Il fut menuisier comme son père, mais exerça à son compte. Dans sa jeunesse, il accompagna son père aux manifestations libertaires et lui-même fréquenta les réunions du groupe anarchiste du 18e arrondissement. Après la guerre, en 1925, il donna son adhésion au Parti communiste mais n'eut dans cette organisation qu'une activité réduite et qui dura peu.

135 Le compagnon Tortelier et sa « marotte »

5

Anarcho-syndicalisme ou Syndicalisme révolutionnaire

Avant le congrès tenu à Amiens par la C.G.T. en 1906, il y avait, nombreux et efficaces, des anarchistes dans les syndicats; pour eux l'idéologie libertaire était supérieure à tout autre et le syndicat n'était qu'un moyen pour réaliser l'idéal.

Après 1906-1907 il y eut avant tout dans les syndicats des syndicalistes révolutionnaires, des membres de ce Parti du travail qu'était devenue la C.G.T. Bien entendu la réalité est plus complexe mais l'essentiel est là : entre 1904 et 1907 s'est accompli le divorce entre les anarchistes qui, appartenant ou non à l'organisation corporative, demeuraient persuadés que le syndicalisme n'était qu'un moyen parmi d'autres pour atteindre la fin, l'anarchie et, d'autre part, les syndicalistes révolutionnaires qui, venus pour la plupart de l'anarchisme, condensèrent leur pensée en une charte célèbre, la « charte d'Amiens » que voici :

Le Congrès Confédéral d'Amiens confirme l'article 2, constitutif de la C.G.T.

La C.G.T. groupe, en dehors de toute école politique, tous les travailleurs conscients de la lutte à mener pour la disparition du salariat et du patronat;

Le Congrès considère que cette déclaration est une reconnaissance de la lutte de classes qui oppose, sur le terrain économique, les travailleurs en révolte contre toutes les formes d'exploitation et d'oppression tant matérielle que morale, mises en œuvre par la classe capitaliste contre la classe ouvrière;

Le Congrès précise sur les points suivants cette affirmation théorique :

Dans l'œuvre revendicatrice quotidienne, le syndicalisme poursuit la coordination des efforts ouvriers, l'accroissement du mieux-être des travailleurs par la réalisation d'améliorations immédiates, telles que la diminution des heures de travail, l'augmentation des salaires, etc.;

Mais cette besogne n'est qu'un côté de l'œuvre du syndicalisme; il prépare l'émancipation intégrale qui ne peut se réaliser que par l'expropriation capitaliste; il préconise comme moyen d'action la grève générale et il considère que le syndicat, aujourd'hui groupement de résistance, sera, dans l'avenir, le groupement de production et de répartition, base de réorganisation sociale.

Le Congrès déclare que cette double besogne, quotidienne et d'avenir, découle de la situation des salariés qui pèse sur la classe ouvrière et qui fait à tous les travailleurs, quelles que soient leurs opinions ou leurs tendances politiques et philosophiques, un devoir d'appartenir au groupement essentiel qu'est le syndicat;

Comme conséquence, en ce qui concerne les individus, le Congrès affirme l'entière liberté, pour le syndiqué, de participer, en dehors du groupement corporatif, à telles formes de luttes correspondant à sa conception philosophique ou politique, se bornant à lui demander, en réciprocité, de ne pas introduire dans le syndicat les opinions qu'il professe au dehors;

En ce qui concerne les organisations, le Congrès décide qu'afin que le syndicalisme atteigne son maximum d'effet, l'action économique doit s'exercer directement contre le patronat, les organisations confédérées n'ayant pas, en tant que groupements syndicaux, à se préoccuper des partis et des sectes qui, en dehors et à côté, peuvent poursuivre, en toute liberté, la transformation sociale [1].

Un an plus tard, au congrès anarchiste international tenu à Amsterdam, août 1907, le divorce est consommé. L'ordre du jour de la neuvième séance appelle

1. Cette charte fut votée à l'issue du Congrès d'Amiens, 8-16 octobre 1906, par 834 voix sur 843 votants.

en effet la discussion sur « Syndicalisme et Anar-
chisme ». Un duel oratoire met aux prises deux généra-
tions, deux conceptions de l'action ouvrière et politi-
que, deux personnalités exceptionnelles.

Pierre Monatte a d'abord la parole. La vaste salle de
Plancius est comble pour écouter le premier rapporteur.
Ancien collaborateur des Temps Nouveaux *de Jean*
Grave, membre du Comité confédéral de la C.G.T.,
type du militant ouvrier promis au rôle de premier
plan qu'il jouera dans la vie syndicale française pendant
et après la guerre, Pierre Monatte n'a alors que vingt-
cinq ans.

Mon désir n'est pas tant de vous donner un exposé
théorique du syndicalisme révolutionnaire que de vous
le montrer à l'œuvre et, ainsi, de faire parler les faits.
Le syndicalisme révolutionnaire, à la différence du socialisme et de l'anarchisme qui l'ont précédé dans la carrière, s'est affirmé moins par des théories que par des
actes, et c'est dans l'action plus que dans les livres
qu'on doit l'aller chercher.

Ce qu'il y a de commun

Il faudrait être aveugle pour ne pas voir ce qu'il y a
de commun entre l'anarchisme et le syndicalisme. Tous
les deux poursuivent l'extirpation complète du capitalisme et du salariat par le moyen de la révolution
sociale. Le syndicalisme, qui est la preuve d'un réveil
du mouvement ouvrier, a rappelé l'anarchisme au sentiment de ses origines ouvrières; d'autre part, les anarchistes n'ont pas peu contribué à entraîner le mouvement ouvrier dans la voie révolutionnaire et à
populariser l'idée de l'action directe. Ainsi donc, syndicalisme et anarchisme ont réagi l'un sur l'autre, pour
le plus grand bien de l'un et de l'autre.

C'est en France, dans les cadres de la Confédération Générale du Travail, que les idées syndicalistes révolutionnaires ont pris naissance et se sont développées. La Confédération occupe une place absolument à part dans le mouvement ouvrier international. C'est la seule organisation qui tout en se déclarant nettement révolutionnaire, soit sans attaches aucunes avec les partis politiques, même les plus avancés. Dans la plupart des autres pays que la France, la social-démocratie joue les premiers rôles. En France, la C.G.T. laisse loin derrière elle, par la force numérique autant que par l'influence exercée, le Parti socialiste : elle prétend représenter *seule* la classe ouvrière, et elle a repoussé hautement toutes les avances qui lui ont été faites depuis quelques années. L'autonomie a fait sa force et elle entend demeurer autonome.

Cette prétention de la C.G.T., son refus de traiter avec les partis, lui a valu de la part d'adversaires exaspérés, le qualificatif d'anarchiste. Aucun cependant n'est plus faux. La C.G.T., vaste groupement de syndicats et d'unions ouvrières, n'a pas de doctrine officielle. Mais toutes les doctrines y sont représentées et y jouissent d'une tolérance égale. Il y a dans le comité confédéral un certain nombre d'anarchistes; ils s'y rencontrent et y collaborent avec des socialistes dont la grande majorité — il convient de le noter au passage — n'est pas moins hostile que ne le sont les anarchistes à toute idée d'entente entre les syndicats et le parti socialiste.

Structure de la C.G.T.

La structure de la C.G.T. mérite d'être connue. A la différence de celle de tant d'autres organisations ouvrières, elle n'est ni centralisatrice ni autoritaire. Le comité confédéral n'est pas, comme l'imaginent les gouvernants et les reporters des journaux bourgeois, un comité directeur, unissant dans ses mains le législatif et l'exécutif : il est dépourvu de toute autorité. La C.G.T. se gouverne de bas en haut; le syndicat n'a pas d'autre maître que lui-même; il est libre d'agir ou de ne pas agir; aucune volonté extérieure à lui-même n'entravera ou ne déchaînera jamais son activité. A la base donc de la Confédération est le **syndicat.** Mais celui-ci n'ac̠re pas directement à la Confédération; il ne peut le faire que par l'intermédiaire de sa fédération corporative, d'une part, de sa Bourse du travail, d'autre part. C'est l'union des fédérations entre elles et l'union des bourses qui constituent la Confédération.

La vie confédérale est coordonnée par le **comité confédéral** formé à la fois par les délégués des bourses et par ceux des fédérations. A côté de lui fonctionnent des commissions prises dans son sein. Ce sont la commission du journal (*La Voix du Peuple*), la commission de contrôle, aux attributions financières, la commission des grèves et de la grève générale.

Le **congrès** est, pour le règlement des affaires collectives, le seul souverain. Tout syndicat, si faible soit-il, a le droit de s'y faire représenter par un délégué qu'il choisit lui-même.

Le budget de la Confédération est des plus modiques. Il ne dépasse pas 30 000 F par an. L'agitation continue qui a abouti au large mouvement de mai 1906 pour la conquête de la journée de 8 heures n'a pas absorbé plus de 60.000 F. Un chiffre aussi mesquin a fait jadis, quand il a été divulgué, l'étonnement des journalistes. Quoi! c'est avec quelques milliers de francs, que la Confédération avait pu entretenir, durant des mois et des mois, une agitation ouvrière intense! — C'est que le syndicalisme français, s'il est pauvre d'argent, est riche d'énergie, de dévouement, d'enthousiasme, et ce sont là des richesses dont on ne risque pas de devenir l'esclave.

Ce n'est pas sans effort ni sans longueur de temps que le mouvement ouvrier français est devenu ce que nous le voyons aujourd'hui. Il a passé depuis trente-cinq ans — depuis la Commune de Paris — par de multiples phases. L'idée de faire du prolétariat, organisé en « sociétés de résistance », l'agent de la révolution sociale, fut l'idée mère, l'idée fondamentale de la grande *Association internationale des travailleurs* fondée à Londres en 1864. La devise de l'Internationale était, vous vous en souvenez : *L'émancipation des travailleurs sera l'œuvre des travailleurs eux-mêmes* —, et c'est encore notre devise, à nous tous, partisans de l'action directe et adversaires du parlementarisme. Les idées d'autonomie et de fédération si en honneur parmi nous, ont inspiré jadis tous ceux qui dans l'Internationale se sont cabrés devant les abus de pouvoir du conseil général et, après le congrès de La Haye, ont adopté ouvertement le parti de Bakounine. Bien mieux, l'idée de la grève générale elle-même, si populaire, aujourd'hui, est une idée de l'Internationale qui, la première, a compris la puissance qui est en elle.

La défaite de la Commune déchaîna en France une réaction terrible. Le mouvement ouvrier en fut arrêté net, ses militants ayant été assassinés ou contraints de passer à l'étranger. Il se reconstitua pourtant, au bout de quelques années, faible et timide tout d'abord; il devait s'enhardir plus tard. [...]

[Le prolétariat] justement indifférent aux querelles des écoles, avait reformé ses unions, qu'il appelait, d'un nom nouveau, des *syndicats*. Abandonné à lui-même, à l'abri, à cause de sa faiblesse même, des jalousies des coteries rivales, le mouvement syndical acquit peu à peu de la force et de la confiance. Il grandit. La Fédération des Bourses se constitua en 1892, la Confédération générale du travail, qui dès l'origine, eut soin d'affirmer sa neutralité politique, en 1895. Entre-temps un congrès ouvrier de 1894 (à Nantes) avait voté le principe de la grève générale révolutionnaire. C'est vers cette époque que nombre d'anarchistes, s'apercevant enfin que la philosophie ne suffit pas pour faire la révolution, entrèrent dans un mouvement ouvrier qui faisait naître, chez ceux qui savaient observer, les plus belles espérances. Fernand Pelloutier fut l'homme qui incarna le mieux, à cette époque, cette évolution des anarchistes.

Tous les congrès qui suivirent accentuèrent plus encore le divorce entre la classe ouvrière organisée et la politique. A Toulouse, en 1897, nos camarades Delesalle et Pouget firent adopter les tactiques dites du boycottage et du sabotage. En 1900, la *Voix du Peuple* fut fondée, avec Pouget pour principal rédacteur. La C.G.T., sortant de la difficile période des débuts, attestait tous les jours davantage sa force grandissante. Elle devenait une puissance avec laquelle le gouvernement d'une part, les partis socialistes de l'autre devaient désormais compter.

Assaut du gouvernement

De la part du premier, soutenu par tous les socialistes réformistes, le mouvement nouveau eut alors à subir un terrible assaut. Millerand, devenu ministre, essaya de gouvernementaliser les syndicats, de faire de chaque Bourse une succursale de son ministère. Des agents à sa solde travaillaient pour lui dans les organisations. On essaya de corrompre les militants fidèles. Le danger était grand. Il fut conjuré, grâce à l'entente qui intervint alors entre toutes les fractions révolutionnaires, entre anarchistes, guesdistes et blanquistes. Cette entente s'est maintenue, le danger passé. La Confédération — fortifiée depuis 1902 par l'entrée dans son sein de la Fédération des Bourses, par quoi fut réalisée *l'unité ouvrière* — puise aujourd'hui sa force en elle; et c'est de cette entente qu'est né le syndicalisme révolutionnaire, la doctrine qui fait du syndicat l'organe, et de la grève générale le moyen de la transformation sociale.

Pas de syndicats d'opinion

Mais — et j'appelle sur ce point, dont l'importance est extrême, toute l'attention de nos camarades non français — ni la réalisation de l'unité ouvrière, ni la coalition des révolutionnaires n'auraient pu, à elles seules, amener la C.G.T. à son degré actuel de prospérité et d'influence, si nous n'étions restés fidèles, dans la pratique syndicale, à ce principe fondamental qui exclut en fait les syndicats d'opinion : *un seul syndicat par profession et par ville*. La conséquence de ce principe, c'est la neutralisation politique du syndicat, lequel ne peut et ne doit être ni anarchiste, ni guesdiste, ni allemaniste, ni blanquiste, mais simplement ouvrier. Au syndicat, les divergences d'opinion, souvent si subtiles, si artificielles, passent au second plan; moyennant quoi, l'entente est possible. Dans la vie pratique, les intérêts priment les idées : or toutes les querelles entre les écoles et les sectes ne feront pas que les ouvriers, du fait même qu'ils sont tous pareillement assujettis à la loi du salariat, n'aient des intérêts identiques. Et voilà le secret de l'entente qui s'est établie entre eux, qui fait la force du syndicalisme et qui lui a permis, l'année dernière, au Congrès d'Amiens, d'affirmer fièrement qu'il se suffisait à lui-même.

Action directe

Je serais gravement incomplet si je ne vous montrais les moyens sur lesquels le syndicalisme révolutionnaire compte pour arriver à l'émancipation de la classe ouvrière.

Ces moyens se résument en deux mots : *action directe*. Qu'est-ce que l'action directe?

Longtemps, sous l'influence des écoles socialistes et principalement de l'école guesdiste, les ouvriers s'en remirent à l'Etat du soin de faire aboutir leurs revendications. Qu'on se rappelle ces cortèges de travailleurs, en tête desquels marchaient des députés socialistes, allant porter aux pouvoirs publics les cahiers du quatrième Etat! — Cette manière d'agir ayant entraîné de lourdes déceptions, on en est venu peu à peu à penser que les ouvriers n'obtiendraient jamais que les réformes qu'ils seraient capables d'imposer *par eux-mêmes;* autrement dit, que la maxime de l'Internationale que je citais tout à l'heure, devait être entendue et appliquée de la manière la plus stricte.

Agir par soi-même, ne compter que sur soi-même, voilà ce que c'est que l'action directe. Celle-ci, cela va sans dire, revêt les formes les plus diverses.

Sa forme la plus éclatante : la grève

Sa forme principale, ou mieux sa forme la plus éclatante, c'est la grève. Arme à double tranchant, disait-on d'elle naguère : arme solide et bien trempée, disons-nous, et qui, maniée avec habileté par le travailleur, peut atteindre au cœur le patronat. C'est par la grève que la masse ouvrière entre dans la lutte de classe et se familiarise avec les notions qui s'en dégagent; c'est par la grève qu'elle fait son éducation révolutionnaire, qu'elle mesure sa force propre et celle de son ennemi, le capitalisme, qu'elle prend confiance en son pouvoir, qu'elle apprend l'audace.

Le sabotage

Le sabotage n'a pas une valeur beaucoup moindre. On le formule ainsi : *A mauvaise paye, mauvais travail.* Comme la grève, il a été employé de tout temps,

147   Anarcho-syndicalisme ou Syndicalisme révolutionnaire

mais c'est seulement depuis quelques années qu'il a acquis une signification vraiment révolutionnaire. Les résultats produits par le sabotage sont déjà considérables. Là où la grève s'était montrée impuissante, il a réussi à briser la résistance patronale. Un exemple récent est celui qui a été donné à la suite de la grève et de la défaite des maçons parisiens en 1906 : les maçons rentrèrent aux chantiers avec la résolution de faire au patronat une paix plus terrible pour lui que la guerre : et, d'un accord unanime et tacite, on commença par ralentir la production quotidienne; comme par hasard, des sacs de plâtre ou de ciment se trouvaient gâchés, etc., etc. Cette guerre se continue encore à l'heure actuelle et, je le répète, les résultats ont été excellents. Non seulement le patronat a très souvent cédé, mais de cette *campagne* de plusieurs mois, l'ouvrier maçon est sorti plus conscient, plus indépendant, plus révolté.

L'esprit révolutionnaire s'est ranimé

Mais si je considère le syndicalisme dans son ensemble, sans m'arrêter davantage à ses manifestations particulières, quelle apologie n'en devrai-je pas faire? — L'esprit révolutionnaire en France se mourait, s'alanguissait tout au moins, d'année en année. Le révolutionnarisme de Guesde, par exemple, n'était plus que verbal ou, pis encore, électoral et parlementaire; le révolutionnarisme de Jaurès allait, lui beaucoup plus loin : il était tout simplement, et d'ailleurs très franchement, ministériel et gouvernemental. Quant aux anarchistes, leur révolutionnarisme s'était réfugié superbement dans la tour d'ivoire de la spéculation philosophique. Parmi tant de défaillances, par l'effet même de ces défaillances, le syndicalisme est né; l'esprit révolutionnaire s'est ranimé, s'est renouvelé à son contact, et la bourgeoisie, pour la première fois depuis que la dynamite anarchiste avait tu sa voix grandiose, la bourgeoisie a tremblé!

Un syndicalisme indépendant

Eh bien, il importe que l'espérience syndicaliste du prolétariat français profite aux prolétaires de tous les pays. Et c'est la tâche des anarchistes de faire que cette expérience se recommence partout où il y a une classe ouvrière en travail d'émancipation. A ce syndicalisme d'opinion qui a produit, en Russie par exemple, des syndicats anarchistes, en Belgique et en Allemagne, des syndicats chrétiens et des syndicats social-démocratiques, il appartient aux anarchistes d'opposer un syndicalisme à la manière française, un syndicalisme neutre ou, plus exactement, indépendant. De même qu'il n'y a qu'une classe ouvrière, il faut qu'il n'y ait plus, dans chaque métier et dans chaque ville, qu'une organisation ouvrière, qu'un unique syndicat. A cette condition seule, la lutte de classe — cessant d'être entravée à tout instant par les chamailleries des écoles ou des sectes rivales — pourra se développer dans toute son ampleur et donner son maximum d'effet.

Le syndicalisme, a proclamé le Congrès d'Amiens en 1906, se suffit à lui-même. Cette parole, je le sais, n'a pas toujours été très bien comprise, même des anarchistes. Que signifie-t-elle cependant, sinon que la classe ouvrière, devenue majeure, entend enfin se suffire à elle-même et ne plus se reposer sur personne du soin de sa propre émancipation. Quel anarchiste pourrait trouver à redire à une volonté d'action si hautement affirmée?

Le syndicalisme ne s'attarde pas à promettre aux travailleurs le paradis terrestre. Il leur demande de le conquérir, en les assurant que leur action jamais ne demeurera tout à fait vaine. Il est une école de volonté, d'énergie, de pensée féconde. Il ouvre à l'anarchisme, trop longtemps replié sur lui-même, des perspectives et des espérances nouvelles. Que tous les anarchistes viennent donc au syndicalisme; leur œuvre en sera plus féconde, leurs coups contre le régime social plus décisifs. [...]

A Pierre Monatte allait répondre le lendemain le vieux combattant Malatesta, doyen du congrès à cinquante-trois ans, un des derniers survivants de la génération bakouniste de l'Internationale. Un grand silence se fit lorsqu'il se leva pour prendre la parole, gardien vigilant de la pure doctrine anarchiste :

[...] La conclusion à laquelle en est venu Monatte, c'est que le syndicalisme est un moyen nécessaire et suffisant de révolution sociale. En d'autres termes, Monatte a déclaré *que le syndicalisme se suffit à lui-même.* Et voilà, selon moi, une doctrine radicalement fausse. Combattre cette doctrine sera l'objet de ce discours.

Mouvement ouvrier et syndicalisme

Le syndicalisme, ou plus exactement le mouvement ouvrier (le mouvement ouvrier est un *fait* que personne ne peut ignorer, tandis que le syndicalisme est une doctrine, un système, et nous devons éviter de les confondre) le mouvement ouvrier, dis-je, a toujours trouvé en moi un défenseur résolu, mais non aveugle. C'est que je voyais en lui un terrain particulièrement propice à notre propagande révolutionnaire, en même temps qu'un point de contact entre les masses et nous. Je n'ai pas besoin d'insister là-dessus. On me doit cette justice que je n'ai jamais été de ces anarchistes intellectuels qui, lorsque la vieille Internationale eut été dissoute, se sont bénévolement enfermés dans la tour d'ivoire de la pure spéculation; que je n'ai cessé de combattre, partout où je la rencontrais, en Italie, en

France, en Angleterre et ailleurs, cette attitude d'isolement hautain, ni de pousser de nouveau les compagnons dans cette voie que les syndicalistes, oubliant un passé glorieux, appellent *nouvelle*, mais qu'avaient déjà entrevue et suivie, dans l'Internationale, les premiers anarchistes.

Que les anarchistes entrent dans le mouvement ouvrier...

Je veux, aujourd'hui comme hier, que les anarchistes entrent dans le mouvement ouvrier. Je suis, aujourd'hui comme hier, un syndicaliste, en ce sens que je suis partisan des syndicats. Je ne demande pas des syndicats anarchistes qui légitimeraient, tout aussitôt, des syndicats social-démocratiques, républicains, royalistes ou autres et seraient, tout au plus, bons à diviser plus que jamais la classe ouvrière contre elle-même. Je ne veux pas même de syndicats dits *rouges*, parce que je ne veux pas de syndicats dits *jaunes*. Je veux au contraire des syndicats largement ouverts à tous les travailleurs sans distinction d'opinions, des syndicats absolument *neutres*.

...Mais qu'ils restent des anarchistes

Donc je suis pour la participation la plus active possible au mouvement ouvrier. Mais je le suis avant tout dans l'intérêt de notre propagande dont le champ se trouverait ainsi considérablement élargi. Seulement cette participation ne peut équivaloir en rien à une renonciation à nos plus chères idées. Au syndicat, nous devons rester des anarchistes, dans toute la force et toute l'ampleur de ce terme. Le mouvement ouvrier n'est pour moi qu'un moyen — le meilleur évidemment de tous les moyens qui nous sont offerts. Ce moyen, je me refuse à le prendre pour un but, et même je n'en voudrais plus s'il devait nous faire perdre de vue l'ensemble de nos conceptions anarchistes, ou plus simplement nos autres moyens de propagande et d'agitation.

Les syndicalistes, au rebours, tendent à faire du moyen une fin, à prendre la partie pour le tout. Et c'est ainsi que, dans l'esprit de quelques-uns de nos camarades, le syndicalisme est en train de devenir une doctrine nouvelle et de menacer l'anarchisme dans son existence même.

Le syndicalisme ne sera jamais que légalitaire et conservateur

Or, même s'il se corse de l'épithète bien inutile de révolutionnaire, le syndicalisme n'est et ne sera jamais qu'un mouvement légalitaire et conservateur, sans autre but accessible — et encore! — que l'amélioration des conditions de travail. Je n'en chercherai d'autre preuve que celle qui nous est offerte par les grandes unions nord-américaines. Après s'être montrées d'un révolutionnarisme radical, aux temps où elles étaient encore faibles, ces unions sont devenues, à mesure qu'elle croissaient en force et en richesse, des organisations nettement conservatrices, uniquement occupées à faire de leurs membres des privilégiés dans l'usine, l'atelier ou la mine et beaucoup moins hostiles au capitalisme patronal qu'aux ouvriers non organisés, à ce prolétariat en haillons flétri par la social-démocratie! Or ce prolétariat toujours croissant de sans-travail, qui ne compte pas pour le syndicalisme, ou plutôt qui ne compte pour lui que comme obstacle, nous ne pouvons pas l'oublier, nous autres anarchistes, et nous devons le défendre parce qu'il est le pire des souffrants.

Je le répète : il faut que les anarchistes aillent dans les unions ouvrières. D'abord pour y faire de la propagande anarchiste; ensuite parce que c'est le seul moyen pour nous d'avoir à notre disposition, le jour voulu, des groupes capables de prendre en mains la direction de la production; nous devons y aller enfin pour réagir énergiquement contre cet état d'esprit détestable qui incline les syndicats à ne défendre que des intérêts particuliers.

L'erreur de Monatte

L'erreur fondamentale de Monatte et de tous les syndicalistes révolutionnaires provient, selon moi, d'une conception beaucoup trop simpliste de la lutte de classe. C'est la conception selon laquelle les intérêts économiques de tous les ouvriers — de la classe ouvrière — seraient solidaires, la conception selon laquelle il suffit que des travailleurs prennent en mains la défense de leurs intérêts propres pour défendre du même coup les intérêts de tout le prolétariat contre le patronat.

La réalité est, selon moi, bien différente. Les ouvriers, comme les bourgeois, comme tout le monde, subissent cette loi de concurrence universelle qui dérive du régime et de la propriété privée et qui ne s'éteindra qu'avec celui-ci. Il n'y a donc pas de classes, au sens propre du mot, puisqu'il n'y a pas d'intérêts de classes. Au sein de la « classe » ouvrière elle-même, existent, comme chez les bourgeois, la compétition et la lutte. Les intérêts économiques de telle catégorie ouvrière sont irréductiblement en opposition avec ceux d'une autre catégorie. Et l'on voit parfois qu'économiquement et moralement certains ouvriers sont beaucoup plus près de la bourgeoisie que du prolétariat. Cornélissen nous a fourni des exemples de ce fait pris en Hollande même. Il y en a d'autres. Je n'ai pas besoin de vous rappeler que, très souvent, dans les grèves, les ouvriers emploient la violence... contre la police ou les patrons? Non pas : contre les *kroumirs*[1] qui pourtant sont des exploités comme eux et même plus disgraciés encore, tandis que

1. En Italie et en Suisse, on appelle ainsi les *jaunes*, ceux qui travaillent en temps de grève. (*Note du discours.*)

les véritables ennemis de l'ouvrier, les seuls obstacles à l'égalité sociale, ce sont les policiers et les patrons.

Cependant, parmi les prolétaires, la solidarité morale est possible, à défaut de la solidarité économique. Les ouvriers qui se cantonnent dans la défense de leurs intérêts corporatifs ne la connaîtront pas, mais elle naîtra du jour où une volonté commune de transformation sociale aura fait d'eux des hommes nouveaux. La solidarité, dans la société actuelle, ne peut être que le résultat de la communion au sein d'un même idéal. Or c'est le rôle des anarchistes d'éveiller les syndicats à l'idéal, en les orientant peu à peu vers la révolution sociale — au risque de nuire à ces « avantages immédiats » dont nous les voyons aujourd'hui si friands.

Le permanent d'un syndicat est perdu pour l'anarchie

Que l'action syndicale comporte des dangers, c'est ce qu'il ne faut plus songer à nier. Le plus grand de ces dangers est certainement, dans l'acceptation par le militant de fonctions syndicales, surtout quand celles-ci sont rémunérées. Règle générale : l'anarchiste qui accepte d'être le fonctionnaire permanent et salarié d'un syndicat est perdu pour la propagande, perdu pour l'anarchisme! Il devient désormais l'obligé de ceux qui le rétribuent et, comme ceux-ci ne sont pas anarchistes, le fonctionnaire salarié, placé désormais entre sa conscience et son intérêt, ou bien suivra sa conscience et perdra son poste, ou bien suivra son intérêt et alors, adieu l'anarchisme!

Le fonctionnaire est dans le mouvement ouvrier un danger qui n'est comparable qu'au parlementarisme : l'un et l'autre mènent à la corruption et de la corruption à la mort, il n'y a pas loin!

Et maintenant, passons à la grève générale. Pour moi, j'en accepte le principe que je propage tant que je puis depuis des années. La grève générale m'a toujours paru un moyen excellent pour ouvrir la révolution sociale. Toutefois gardons-nous bien de tomber dans l'illusion néfaste qu'avec la grève générale, l'insurrection armée devient une superfétation.

On prétend qu'en arrêtant brutalement la production, les ouvriers en quelques jours jours affameront la bourgeoisie qui, crevant de faim, sera bien obligée de capituler. Je ne puis concevoir absurdité plus grande. Les premiers à crever de faim, en temps de grève générale, ce ne seraient pas les bourgeois qui disposent de tous les produits accumulés, mais les ouvriers qui n'ont que leur travail pour vivre.

La grève générale telle qu'on nous la décrit d'avance est une pure utopie. Ou bien l'ouvrier, crevant de faim après trois jours de grève, rentrera à l'atelier, la tête basse, et nous compterons une défaite de plus. Ou bien, il voudra s'emparer des produits de vive force. Qui trouvera-t-il devant lui pour l'en empêcher? Des soldats, des gendarmes, sinon les bourgeois eux-mêmes, et alors il faudra bien que la question se résolve à coups de fusils et de bombes. Ce sera l'insurrection, et la victoire restera au plus fort.

...ne rend pas inutile l'insurrection armée

Préparons-nous donc à cette insurrection inévitable, au lieu de nous borner à préconiser la grève générale. comme une panacée s'appliquant à tous les maux. Qu'on n'objecte pas que le gouvernement est armé jusqu'aux dents et sera toujours plus fort que les révoltés. A Barcelone, en 1902, la troupe n'était pas nombreuse. Mais on n'était pas préparé à la lutte armée et les ouvriers, ne comprenant pas que le pouvoir politique était le véritable adversaire, envoyaient des délégués au gouverneur pour lui demander de faire céder les patrons.

D'ailleurs la grève générale, même réduite à ce qu'elle est réellement, est encore une de ces armes à double tranchant qu'il ne faut employer qu'avec beaucoup de prudence. Le service des subsistances ne saurait admettre de suspension prolongée. Il faudra donc s'emparer par la force des moyens d'approvisionnement, et cela tout de suite, sans attendre que la grève se soit développée en insurrection.

Ce n'est donc pas tant à cesser le travail qu'il faut inviter les ouvriers : c'est bien plutôt à le continuer pour leur propre compte. Faute de quoi, la grève générale se transformerait vite en famine générale, même si l'on avait été assez énergiques pour s'emparer dès l'abord de tous les produits accumulés dans les magasins. Au fond l'idée de grève générale a sa source dans une croyance entre toutes erronée : c'est la croyance qu'avec les produits accumulés par la bourgeoisie, l'humanité pourrait consommer, sans produire, pendant je ne sais combien de mois ou d'années. Cette croyance a inspiré les auteurs de deux brochures de propagande publiées il y a une vingtaine d'années : *Les Produits de la Terre* et les *Produits de l'Industrie* [1], et ces brochures ont fait, à mon avis, plus de mal que de bien [2]. La société actuelle n'est pas aussi riche qu'on le croit. Kropotkine a montré quelque part qu'à supposer un brusque arrêt de production, l'Angleterre n'aurait que pour un mois de vivres; Londres n'en aurait que pour trois jours. Je sais bien qu'il y a le phénomène bien connu de surproduction. Mais toute surproduction a son correctif immédiat dans la crise qui ramène bientôt l'ordre dans l'industrie. La surproduction n'est jamais que temporaire et relative.

1. Genève, 1885, et Paris, 1887. Ces brochures, attribuées à Elisée Reclus, sont l'œuvre d'un de ses collaborateurs suisses, actuellement retiré du mouvement. (*Note du discours.*)
2. C'est par erreur que le texte porte : plus de bien que de mal. (*Note de la Rédaction.*)

Il faut maintenant conclure. Je déplorais jadis que les compagnons s'isolassent du mouvement ouvrier. Aujourd'hui je déplore que beaucoup d'entre nous, tombant dans l'excès contraire, se laissent absorber par ce même mouvement. Encore une fois, l'organisation ouvrière, la grève, la grève générale, l'action directe, le boycottage, le sabotage et l'insurrection armée elle-même, ce ne sont là que des *moyens*. L'anarchie est le *but*. La révolution anarchiste que nous voulons dépasse de beaucoup les intérêts d'une classe : elle se propose la libération complète de l'humanité actuellement asservie, au triple point de vue économique, politique et moral. Gardons-nous donc de tout moyen d'action unilatéral et simpliste. Le syndicalisme, moyen d'action excellent à raison des forces ouvrières qu'il met à notre disposition, ne peut pas être notre unique moyen. Encore moins doit-il nous faire perdre de vue le seul but qui vaille un effort : l'Anarchie [1] !

Ainsi, pour le mouvement anarchiste français, les années 1906-1907 marquent une étape importante : d'excellents militants, les meilleurs peut-être, ceux du moins qui, mêlés à la vie quotidienne des travailleurs, avaient donné à l'idéologie libertaire le sens du concret et une audience encore inégalée, s'éloignent des groupes et n'y reviendront plus.

1906-1907 sont, pour l'anarchisme français, les premières années d'un appauvrissement en capital humain, et idéologique, dont le mouvement ne se relèvera jamais.

---

1. Les discours de Monatte et de Malatesta sont reproduits d'après le compte rendu paru sous le titre : *Congrès anarchiste tenu à Amsterdam, Août 1907*, Paris, 1908. (*Note de la Rédaction.*)

6

La bande
à Bonnot

Le 21 décembre 1911, une émotion considérable s'emparait de tous, à Paris, à la nouvelle de l'attentat de la rue Ordener.

A neuf heures du matin, au milieu de la rue, un garçon de recette de la Société Générale, avait été victime d'une tentative d'assassinat; des malfaiteurs venus en automobile, étaient remontés en automobile en tirant des coups de feu sur quiconque essayait de les poursuivre. Ils avaient disparu sans laisser de trace.

Deux jours après, dans la nuit du 23 au 24 décembre, le magasin d'armes de M. Foury, 70, rue Lafayette, était mis au pillage, et le 9 janvier 1912 on apprenait, non sans effroi, le vol commis à la manufacture d'armes américaines, 54, boulevard Haussmann; une grande quantité de pistolets, brownings et de carabines avaient été dérobés.

Il n'y avait pas de doute, ces vols étaient commis dans le but de servir à d'autres attentats.

En effet, dans la nuit du 15 au 16 février, l'automobile de M. Malbec, industriel à Béziers était soustraite et le 22 février elle était retrouvée, abandonnée à Arnay-le-Duc. Une panne avait empêché les malfaiteurs de se rendre jusqu'à Nîmes où ils avaient formé le projet d'assassiner et dévaliser un garçon de recettes du Comptoir d'Escompte. Cet échec ne devait pas les arrêter; avertis que de grosses sommes se trouvaient réunies la veille de paye des ouvriers mineurs des environs d'Alais, ils n'hésitent pas à décider cette expédition.

Dans la nuit du 26 au 27 février, ils volent à Saint-

Mandé, l'automobile de M. Buisson et prennent la route de Nîmes, mais cette fois encore, ils ne peuvent atteindre leur but. Obligés de faire faire à Pont-sur-Yonne, une réparation de fortune à la voiture, ils rentrent à Paris. L'agent Garnier, place du Havre s'apprête à leur dresser contravention, ils le tuent et disparaissent.

Nous les retrouvons à Pontoise, dans la nuit du 28 au 29 février. L'automobile Buisson, si elle n'avait pu atteindre Alais, les avait menés jusque-là; ils essaient de dévaliser l'étude du notaire Tintant non sans avoir tiré sur lui et sur le sieur Coquart de nombreux coups de revolver.

Enfin le 25 mars, c'est à Montgeron l'assassinat du chauffeur Mathille et de son compagnon Cérisoles, le vol de l'automobile qu'ils conduisaient et cela, dans le but d'aller, deux heures plus tard, à 10 heures du matin, commettre les attentats de Chantilly.

Ces crimes dont la recherche et l'arrestation de leurs auteurs ont amené, le 24 avril la mort terrible de M. Jouin, le dévoué et courageux sous-chef de la Sûreté, ont été commis en trois mois. Tous ils dénotent le même plan, le même mode d'exécution, les mêmes hommes [1].

Ces hommes sont ceux que, depuis deux ans, la presse et l'opinion appellent les « bandits tragiques », « la bande à Bonnot ».

Ils sont une vingtaine de jeunes gens. Callemin, dit Raymond la Science a vingt et un ans au début de l'affaire. Né à Bruxelles d'un père cordonnier, c'est un petit homme robuste et myope, au teint glabre. Bon camarade, il affiche pour les femmes une indifférence absolue qu'on attribue à un échec sentimental auprès d'une étudiante russe en Belgique. Son amour immodéré pour la lecture lui a valu son surnom; amateur de musique et de théâtre, cet homme qui a une horreur physique de la violence, domine cette « fai-

1. *Gazette des Tribunaux,* 3 et 4 février 1913. Extrait de l'acte d'accusation.

blesse » pour devenir par bravade un tueur cynique et froid.

Carouy est belge également. De sept ans l'aîné de Callemin, ce tourneur en métaux, avec ses bras courts et ses mains énormes, « bâti en hercule forain, à la face épaisse, fortement musclée, éclairée par des petits yeux timides et rusés [1] » est d'une intelligence plutôt au-dessous de la moyenne.

Voici Garnier : « beau garçon, basané, silencieux, aux yeux noirs étonnamment durs et ardents [2] »; fils d'un cantonnier de Fontainebleau, militant syndicaliste venu à l'illégalisme, il a déserté le service militaire et devient prisonnier de ses fréquentations. C'est un « dur ». La famille de Valet a connu des revers de fortune; le garçon a lui aussi déserté, rejoint Garnier en Belgique. « Véritable évocation de Poil de Carotte », non dépourvu d'instruction, d'un courage à toute épreuve, « c'est une des figures les plus attachantes de ce milieu bizarre [3] ».

Quant à Soudy « blême, de profil aigu, l'accent faubourien, l'œil gris et doux [4] », il était, disait-il, un « pas de chance ». A la suite d'une enfance abandonnée et sans tendresse, il fut garçon épicier dès l'âge de onze ans. Plusieurs fois condamné pour action syndicale, il est sorti de prison phtisique et révolté. Il sera « l'homme à la carabine » de l'affaire Bonnot.

Tous ces « en dehors » se retrouvent à Romainville au siège de l'anarchie. Le journal fondé par Libertad est maintenant dirigé par Rirette Maîtrejean qui a succédé à Lorulot. Elle vit avec Kibaltchiche. A l'époque celui qui signait Le Rétif ses articles de l'anarchie et devait devenir Victor Serge en Russie bolcheviste pour connaître sous ce nom la célébrité d'écrivain révolutionnaire trotskyste est un jeune homme aux yeux noirs, à la bouche mince, différent des autres : mise soignée, voix douce et caressante, gestes un peu pré-

---

1 et 2. Victor Serge, *Mémoires d'un révolutionnaire*, pp. 22 et 40.
3. Victor Méric, *Les Bandits tragiques*.
4. Victor Serge, *ibid.*, p. 42.

cieux et propos de théoricien qui dénotent l'intellectuel[1] :

Un soir de décembre 1911, tout aurait commencé dans un petit logement de Montmartre. Devant quelques illégalistes, Bonnot s'exclame : « N'avez-vous pas assez de cette existence misérable que vous procurent de maigres cambriolages, des ventes de bicyclettes volées le long des trottoirs, l'écoulement de quelques fausses pièces ou même le salaire dérisoire de l'usine, si péniblement gagné sous l'œil du contremaître, garde-chiourme du patron[2] ? »

L'homme qui tient ces propos et va s'imposer comme le chef de bande est étranger à ce milieu. Originaire du Doubs, il est né en 1876 d'un père ouvrier fondeur. Il a cinq ans quand il perd sa mère et son instituteur le considère comme « un élève intelligent mais paresseux, indiscipliné, insolent, constamment chassé de classe, brutal envers ses camarades[3] ». Dès l'apprentissage où il est placé au sortir de l'école primaire, il subit plusieurs condamnations. Bien noté au service militaire, il se marie en 1901 et, habile ouvrier mécanicien, travaille en Suisse, à Lyon, à Saint-Etienne. Mais son activité de militant syndicaliste et anarchiste l'entraîne vite à des irrégularités de travail. De plus, un important événement marque alors sa vie. A Saint-Etienne le secrétaire de son syndicat, chez qui il loge, séduit sa femme qui le quitte en le privant ainsi de son fils. Il ne cesse jusqu'en 1911 de chercher à le revoir en demandant vainement à reprendre les relations conjugales. Il passe d'ailleurs pour un sentimental. Traqué par toutes les polices de France, la tête mise à prix, il se soucie de sa maîtresse emprisonnée, lui envoie de l'argent, et déguisé en prêtre il ira même rendre visite à son avocat[4]. En 1907, il cesse de travailler régulièrement. Fabricant de fausse monnaie, il se spécialise à partir de 1910 dans

1. Nous avons présenté, grâce à un dossier d'archives, l'itinéraire spirituel « de Kibaltchiche à Victor Serge ». Cf. le *Mouvement social* (n° 47, les Editions ouvrières).
2. *Le Journal*, 24 avril 1913, notes de Callemin.
3. *Détective*, 27 octobre 1938.
4. *Le Journal*, 2 mai 1913, « Souvenirs et révélations » de Bellonie.

le vol des autos, et, avec un associé, monte un atelier de réparations qui lui sert à écouler la marchandise volée. C'est alors qu'il entre en relations avec Dubois, garagiste de la banlieue parisienne ainsi qu'avec Garnier. Depuis 1908 il habite chez un gardien de cimetière dont la femme est devenue sa maîtresse.

A trente-cinq ans c'est un homme aux traits énergiques, à la parole brève, aux petits yeux gris perçants. Après avoir mené une vie à demi légale, il a choisi. Il est en marge de la société. Il ira jusqu'au terme de cette voie sans issue, avec courage sans doute, mais animé d'une froide résolution qui exclut toute humanité.

En octobre 1911 les choses ont commencé à mal tourner. Découvert par la police, Bonnot est sur le point d'être arrêté. En novembre il revient en voiture de Lyon avec un anarchiste italien, un certain Sorentino, dit Platane ou Platano qui porte sur lui plusieurs dizaines de milliers de francs qu'il vient d'hériter. Que se passa-t-il? On l'ignore. L'anarchiste italien aurait manipulé un revolver, Bonnot s'en serait saisi à son tour et, en le rendant à son propriétaire, un coup serait parti qui atteignit Platane à la tête. Bonnot arrêta la voiture, étendit son compagnon de voyage sur le bord de la route, et comme un garde forestier survenait, acheva son camarade et s'enfuit, non sans l'avoir dépouillé.

Cette aventure, à certains égards mystérieuse, jointe à un passé déjà trouble, lui conféra du prestige auprès de ses amis. On envisagea différents coups. Pourtant à en croire Callemin, c'est « tout à fait impromptu qu'eut lieu, le premier, l'attentat de la rue Ordener [1] ».

Le 21 décembre 1911, donc à 8 h 45, Callemin, Bonnot, Garnier et un quatrième individu attaquent deux employés : Caby et Peemans de la Société Générale. Garnier tire deux coups de revolver sur Caby; on s'enfuit avec le butin et d'errance en errance, la bande

1. *Le Journal*, 26 avril 1913, notes de Callemin.

arrive à Dieppe, abandonne la voiture et revient à Paris par le train.

Ils y mènent une existence misérable de bêtes traquées. Lorsque quelques jours plus tard, Callemin vient avec Garnier se réfugier un moment chez Rirette Maîtrejean et Kibaltchiche, ils sentent l'un et l'autre « la fatigue et le découragement, la fuite et la déroute [1] ».

Ce n'est pourtant qu'un début. Les coups de main succèdent aux coups de main, les vols d'autos aux pillages d'armuriers. Dans la nuit du 2 au 3 janvier 1912, à Thiais, un nonagénaire et sa servante sont massacrés par six bandits dont Carouy qui s'enfuient en emportant 60 000 francs. Le 27 février, vers 8 heures du soir, Callemin, Bonnot et ses amis sont interpellés par un agent place du Havre. Callemin l'abat d'un coup de revolver. Un mois plus tard, à Montgeron et Chantilly, c'est l'attaque d'une succursale de la Société Générale où deux employés trouvent la mort.

A la recherche
des bandits

La peur s'est emparée de l'opinion. Les « bandits tragiques » défrayent les conversations, occupent la « une » des quotidiens à grand tirage. Un député radical, F. Bouillon interpelle à la Chambre le ministre de l'intérieur. Des forces de police considérables sont déployées mais les recherches piétinent. Tous les commissariats reçoivent avec les photographies de Bonnot, Carouy et Garnier la circulaire suivante :

Afficher ces images sur un mur bien éclairé et permettant un recul de 1 m 50 à 2 mètres. Fixer le sommet de la tête de chaque image (profil et face) à la hauteur indiquée sur la face, le profil à gauche de la face et à la même hauteur. S'appliquer à considérer les traits un à un : notamment la forme du dos du nez (cave,

1. *Le Matin*, 26 août 1913. « Souvenirs d'anarchie » par Rirette Maîtrejean.

rectiligne ou vexe) l'inclinaison et la hauteur du front et les détails de l'oreille.

Remarquer plus particulièrement :

1° En ce qui concerne Bonnot, son nez concave à base relevée, l'avancement de ses mâchoires (prognathe), son front découvert, ses yeux petits et bleus. Signalons aussi une légère verrue au milieu de la joue droite entre l'oreille et le nez. Taille 1 m 59, âge actuel trente-cinq ans.

2° En ce qui concerne Carouy (pour le profil) la forme concave à base relevée de son nez dont les narines sont à la fois épaisses et larges. Signalons également la bouche très grande et les paupières supérieures recouvertes. Taille 1 m 64, œil châtain, âge actuel vingt-neuf ans.

3° En ce qui concerne Garnier bien se pénétrer tout d'abord que la photographie a été prise il y a quatre ans, alors que Garnier n'avait que dix-huit ans. L'ensemble de la figure a donc certainement changé mais les particularités ci-après doivent subsister, savoir : l'implantation irrégulière de l'oreille gauche plus écartée en bas qu'en haut, la longueur remarquable de ses sourcils, l'épaisseur de ses lèvres, le beau dessin de son nez.

Signalons enfin deux petites cicatrices sur la pommette droite entre l'oreille et l'œil et une autre cicatrice de 1 centimètre environ en haut et à gauche du front à 4 centimètres au-dessus du sourcil.

Taille 1 m 66, yeux très foncés (marron).

Devant les insuccès de la police, l'opinion s'irrite. Tragédie et comédie, tout se mêle; pour se moquer du monde Garnier adresse au Matin *une lettre dont nous respectons l'orthographe :*

Paris, le 19 mars 1912
4 h 25 de l'après-midi

Monsieur le Rédacteur en chef,

Veuillez insérer la suivante.

A Messieurs Gilbert, Guichard et Cie

« Depuis que par votre entremise la presse a mis

ma modeste personne en vedette à la grande joie de toutes les concierges de la capitale, vous annoncez ma capture comme imminente, mais, croyez-le bien, tout ce bruit ne m'empêche pas de goûter en paix les joies de l'existence.

Comme vous l'avez fort bien avouez à différentes reprises, ce n'est pas à votre sagacité que vous avez pu me retrouvez, mais bien grâce à un mouchard qui c'était introduit parmi nous. Soyez persuader que moi et mes amis, nous saurons lui donner la récompense qu'il mérite, ainsi d'ailleurs qu'à quelques témoins par trop loquaces.

Et votre prime de 10.000 francs offerte à ma compagne pour me vendre, quelle misère pour vous si prodigue des deniers de l'Etat; décuplez la somme, Messieurs, et je me livre pieds et poings liés à votre Mercie avec armes et bagages!

Vous l'avouerai-je? Votre incapacité pour le noble métier que vous exercez est si évidente qu'il me prit l'envie, il y a quelques jours, de me présenter dans vos bureaux pour vous donner quelques renseignements complémentaires et redressez quelques erreurs, voulues ou non [...]

Je sais que cela aura une fin dans la lutte qui s'est engagée entre le formidable arsenal dont dispose la société et moi. Je sais que JE SERAI VAINCU, JE SERAI LE PLUS FAIBLE mais j'espère bien faire payé cher votre victoire.

En attendant le plaisir de vous rencontrez

Garnier [1] »

**La mort de Dubois
et de Bonnot
à Choisy-le-Roi,
le dimanche
28 avril 1912**

Les grands rendez-vous n'allaient pas tarder. Le 30 mars, Soudy était arrêté à Berck-sur-Mer; le 2 avril,

1. Cf. *Le Matin*, 21 mars 1912.

*Carouy et Callemin étaient appréhendés; le 24 avril
enfin, c'était le tour de Monier accusé de participation au crime de Montgeron-Chantilly.*

*C'est en allant perquisitionner au Petit-Ivry, au domi-
cile de Gauzy qui avait abrité Monier que Jouin, sous-
chef de la Sûreté, fut tué par Bonnot qui avait demandé
la veille au soir asile à Gauzy. Bonnot réussit alors une
fuite extraordinaire : après avoir tué Jouin et blessé
grièvement un des quatre inspecteurs qui l'accompagnaient, il fit le mort et profita de ce qu'on s'occupait
du blessé pour disparaître. Cependant, quatre jours
plus tard, sa retraite était découverte au domicile de
Jean Dubois, révolutionnaire né en 1870 en Russie
dans la province d'Odessa et qui tenait un garage à
Choisy-le-Roi.*

Le 28, à l'aube, la maison était cernée.

*Aussitôt après l'opération, un des commissaires rédigea
un rapport manuscrit. Ce rapport a été corrigé d'une
autre encre en vue d'une rédaction définitive; en note
figure une variante importante. Le voici :*

Nous Xavier Guichard, etc. (sic)

Attendu que des renseignements recueillis il résulte
qu'un nommé Dubois, anarchiste avéré, locataire d'un
garage situé rue Jules-Vallès à Choisy-le-Roi, serait sus-
ceptible de donner asile au meurtrier de M. Jouin,

Nous transportons, accompagné de M. Legrand,
Sous-chef de notre service, de M. Guillaume, notre
secrétaire, de M. Tanguy, secrétaire de M. Legrand,
et de quatorze inspecteurs de notre service, à l'adresse
précitée.

Le garage que le nommé Dubois occupe rue Jules-
Vallès appartient à un sieur Fromentin, propriétaire,
demeurant à proximité, actuellement absent de son
domicile.

Cette construction bâtie en carreaux de plâtre, avec
toiture de tuiles rouges, est située au milieu d'un
champ. Elle est complètement isolée, sur ses quatre
faces, des maisons voisines. Elle comprend un rez-de-
chaussée, dans lequel on pénètre par une large porte à

deux battants établie sur le côté droit, et un premier étage auquel on accède par un escalier extérieur édifié contre la paroi gauche de la bâtisse.

A notre arrivée, la porte du garage est ouverte. A l'intérieur et presque sur le seuil, le nommé. Dubois est occupé à réparer une motocyclette.

Il se redresse à la vue des agents dont l'un, l'inspecteur Arlon, crie « Police », et rentre précipitamment dans l'intérieur même du garage, d'où il sort dans le même instant, armé d'un revolver : il fait feu, les agents ripostent avec leurs armes qu'ils abaissent immédiatement sur notre ordre [1]; nous sommons Dubois qui s'est de nouveau réfugié dans le fonds du garage de sortir et nous crions : « Haut les mains, ne tirez pas, sortez haut les mains, on ne vous fera pas de mal. »

Dubois reparaît, mais pour tirer de nouveau deux coups de revolver sur le groupe formé par nous et les inspecteurs dont l'un, Arlon, est atteint au poignet droit. Les agents tirent à leur tour sur lui et Dubois disparaît de nouveau derrière une automobile placée au milieu du garage.

Nous donnons l'ordre de cerner la maison. Mais au moment où nous arrivions sur l'autre façade, un individu brun, de petite taille, apparaît sur le palier formant balcon de l'escalier extérieur situé sur cette façade. Il est vêtu d'un pantalon de couleur sombre et d'une chemise claire.

Cet homme dans lequel M. Legrand, nos agents et nous, nous reconnaissons Bonnot, tire des coups de revolver sur le groupe qui tentait de monter l'escalier — et sur ceux qui, en courant, s'empressent autour de la maison.

Un de ses projectiles atteint à nos côtés l'inspecteur Augène que nous aidons à relever et faisons emporter par des passants.

Bonnot rentrant et sortant alternativement de sa

1. Autre version : Atteint par l'un de leurs projectiles, Dubois se retire rapidement dans le garage et s'abrite derrière une voiture automobile qui se trouve là, en nous criant : Assassins! Assassins!

chambre, tire sur nous, nos hommes rispostent, mais après avoir considéré les dispositions prises, il se retire et ne revient plus sur la plate-forme. Mais il continue, de la fenêtre, à tirer.

La maison étant bien complètement cernée, nous faisons demander des agents et des gendarmes à la Mairie de Choisy que nous informons.

Nous informons immédiatement par téléphone M. le Préfet de Police et M. le Procureur de la République.

Entre 8 heures et 8 h 1/2 arrivent sur les lieux quelques sergents de ville de Choisy-le-Roi, des gendarmes des localités avoisinantes. Nous complétons avec ces effectifs les dispositions que nous avions prises dès le début de cette affaire.

M. Rondu, maire de Choisy-le-Roi et M. Rebut, commissaire de police, nous prêtent leur concours.

De 9 heures à 10 heures, nous recevons des renforts nouveaux en gendarmerie, gardiens de la paix et gardes républicains.

M. le Préfet de Police prend la direction de l'opération.

M. le Procureur de la République, M. le Substitut Sautereau, M. Gilbert, Juge d'Instruction, sont également présents.

Protégé par une voiture de paille prêtée par MM. Perche et Mathieu de Choisy-le-Roi, M. le lieutenant Fontan, de la garde républicaine, place dans l'angle nord-ouest de la maison, deux charges de dynamite, qui, à la deuxième tentative, provoquent la chute de la façade ouest du garage.

Nous pénétrons alors dans le garage, accompagné de M. le lieutenant Fontan, de M. Legrand, Sous-chef de la sûreté, de M. le Commissaire spécial des Halles et d'agents de police.

Dans la pièce du rez-de-chaussée, étendu sur le dos, derrière une automobile que l'incendie provoqué par l'explosion a gagné, nous trouvons le cadavre d'un individu que les personnes de la localité présentes, reconnaissent formellement comme étant le nommé

Dubois. Il tient encore dans la main gauche son revolver encore chargé de deux cartouches à balles; il contient trois douilles vides, tirées.

Nous saisissons cette arme pour la placer ultérieurement sous scellé.

Nous constatons alors qu'il n'existe aucun moyen de communication intérieur entre cette pièce du rez-de-chaussée et celle du premier étage où nous avons vu s'enfermer l'individu qui nous a paru être le nommé Bonnot.

Accompagné de M. Paul Guichard, Commissaire spécial des Halles, du lieutenant Fontan et d'agents de police, nous remontons dans cette pièce par l'escalier extérieur désigné précédemment.

L'étage auquel nous accédons ainsi se compose d'une première pièce qui sert d'entrée, dépourvue de meubles et d'une deuxième chambre.

Sur le plancher de cette chambre se remarquent une grande quantité de douilles de revolver, vides, et plusieurs centaines de cartouches à balle qui sont répandues sur le sol comme une preuve de la hâte avec laquelle l'occupant de la pièce vidait ses boîtes de munitions pour charger ses armes.

Au fond de la chambre on remarque un lit dont les matelas sont repliés; M. Guichard Paul, Commissaire spécial des Halles, qui soulève un des matelas, crie : « Bonnot est là! il est vivant! » La tête et le haut du corps de Bonnot sont visibles. Il crie : « Salauds! » et tire un coup de revolver. Nous ripostons; il perd connaissance, est extrait du lit où nous constatons qu'il était assis les jambes dans la ruelle, tout le corps protégé par les matelas, vraisemblablement pour s'abriter des balles de fusil Lebel qui traversant les murs, pouvaient l'atteindre.

Nous le faisons emporter, mais les agents qui le portent ont beaucoup de peine à le protéger contre une foule exaspérée qui, malgré son état, le frappe avec acharnement .

Placé dans une automobile, il est rapidement conduit

à l'Hôtel-Dieu où il arrive vers midi trente-cinq. A
1 h 15, il expire. Le corps est à 2 h 1/2 conduit à la
Morgue où le cadavre de Dubois avait été déposé à
1 heure.

La mort de Garnier
et Valet
à Nogent-sur-Marne
le 15 mai 1912

*Quinze jours plus tard, une scène analogue se repro-
duisait, à Nogent-sur-Marne cette fois; après un véritable
siège, Garnier et Valet étaient tués à leur tour. Un rapport de police relatant la scène fut rédigé aussitôt après* [1].

Il était 6 heures du soir le 14 mai 1912 lorsque je
suis arrivé à Nogent, rue Hoche, à l'entrée d'une allée
ombragée conduisant à la maison désignée comme étant
le refuge de Garnier et Valet.

M. Guichard est déjà là avec un certain nombre
d'inspecteurs; plusieurs d'entre eux sont munis de boucliers. Silencieusement et rapidement, ils s'avancent par
l'allée, longeant des jardinets, vers la maison que
cachent encore à notre vue d'autres villas. Je suis à
quelque distance; la petite troupe s'arrête près d'une
maison à l'abri de laquelle on peut apercevoir celle
des bandits.

Tout à coup, j'entends la voix de M. Guichard;
quelques paroles brèves et aussitôt des coups de feu
éclatent. Sous la direction de leur chef, les inspecteurs
entourent la maison, cernent tous les passages qui
pourraient permettre aux malfaiteurs de s'enfuir.

Une femme, dès les premiers coups de revolver, a
quitté le refuge des bandits, se rendant au Chef de la
Sûreté; c'est la maîtresse de Garnier. Elle ne fait

---

1. Vraisemblablement il s'agit d'une ébauche en vue d'un rapport
plus en forme. Il n'en a que plus d'intérêt et nous nous sommes
seulement contenté de regrouper certains paragraphes souvent com-
posés d'une seule et courte phrase.

aucune difficulté pour avouer que ses compagnons ne sont autres que Garnier et Valet; elle ajoute qu'ils sont armés de gros revolvers, qu'ils ont en grande quantité des munitions et des vivres et qu'ils ne se laisseront pas prendre vivants.

La maison où sont enfermés Garnier et Valet, est disposée de telle façon qu'elle se prête beaucoup mieux à la défense qu'à l'attaque. Elle donne en effet d'un côté sur la rue du Viaduc de Nogent dont elle est séparée par un grillage et un buisson de verdure qui la masque en partie et de l'autre sur le jardinet auquel on accède par l'allée qui se termine rue Hoche.

Derrière les boucliers, les inspecteurs de la Sûreté tirent des coups de revolver; Garnier et Valet ripostent par un feu très nourri et très précis. De nombreuses balles s'abîment sur les boucliers.

M'étant rendu compte que les malfaiteurs n'avaient plus de chance de s'enfuir par les jardinets, j'ai gagné la rue du Viaduc pour m'assurer que de ce côté également toutes les mesures étaient prises pour empêcher la fuite des bandits. M. Jean, officier de paix, avait disposé des gardiens de la paix en bourgeois de chaque côté de l'immeuble assiégé, renforçant la surveillance déjà établie par quelques inspecteurs en embuscade.

Je suis revenu dans les jardins; les malfaiteurs continuaient à répondre aux coups de feu des agents de police. Vers 6 heures et demie, le brigadier Fleury est blessé puis Cayrouse.

Des gendarmes armés de carabines, des sergents de ville de banlieue viennent renforcer les inspecteurs. Vers 7 heures arrivent les zouaves, trois compagnies, dit-on, beaucoup sans armes. Ils sont presque tous employés au service d'ordre le long du viaduc et sont utilisés pour maintenir la foule qui s'est amassée. Quelques zouaves armés, une douzaine peut-être, passent du côté des jardins; quatre d'entre eux grimpés au premier étage d'une villa en face de celle des bandits, tirent dans leur direction sous les ordres de leur officier, le lieutenant Tournier, je crois.

Des gendarmes tirent également. Il est facile de se rendre compte que le tir des assiégeants, inspecteurs zouaves ou gendarmes ne cause aucun dommage aux assiégés à qui il est relativement facile d'échapper aux balles, à l'abri des murs de la maison, avec la faculté qu'ils ont de se mouvoir de la cave au grenier.

Le feu continue pour tenir en haleine les bandits qui d'ailleurs ripostent assez régulièrement.

On attend le lancement d'une bombe qui permettra d'ouvrir une brèche et de monter à l'assaut de la villa Bonhours. Un peu après 8 heures, M. Kling, Directeur du Laboratoire Municipal, réussit à lancer trois paquets de mélinite du haut du viaduc sur la maison — un seul explose.

L'effet est nul.

Il faut se préoccuper de la nuit qui approche, rendant l'assaut plus aléatoire, les chances de fuite plus grandes. Je fais demander à Paris des torches et vingt gardiens des compagnies de réserve. Les gardiens arrivent, apportant des torches.

Vers neuf heures et demie, le gardien cycliste des réserves, Gamarre, du haut d'un petit appentis dominant le jardin des Garnier et Valet, lance une bombe que vient de préparer M. Kling. A cette bombe est lié un bidon d'essence.

La bombe éclate, l'effet est nul.

Il n'y a plus de mélinite.

A cet instant, on songe à attendre le jour pour tenter l'assaut. Je fais demander des gardiens et cinquante gardes républicains pour le cas où il serait indispensable de cerner la maison et de la garder jusqu'au jour. Il faut prévoir en effet des relèves fréquentes, la surveillance devant être des plus sévère et des plus serrée.

Le nombre des curieux augmente.

Vingt-cinq pétards de mélinite sont apportés par un lieutenant de zouaves mais les heures s'écoulent. Enfin tout est préparé pour lancer les explosifs du côté du jardin.

Le commandant de zouaves fait connaître à ce moment qu'il sera plus facile de mettre l'engin du côté de la rue. Il en est ainsi décidé.

Les préparatifs sont très longs. Une première tentative ne donne pas de résultats.

Un peu après deux heures du matin, les 25 pétards de mélinite [1] sont placés par deux lieutenants du 23e dragons; l'explosion ne produit qu'un effet minime sur l'immeuble.

Le silence s'est fait dans la villa.

Que sont devenus les deux malfaiteurs?

Un habitant de Nogent s'offre à pénétrer avec son chien; il entre couvert par un bouclier, le revolver à la main; il excite son chien mais l'animal se borne à aboyer et à courir dans le jardin. L'habitant se retire.

Quelques instants après, M. Guichard pénètre dans le jardinet avec deux inspecteurs et un gardien de la paix : Guillebeaud des Réserves et le lieutenant de zouaves en bourgeois Tournier — les deux inspecteurs et le gardien seuls ont des boucliers — ils inspectent la maison, les malfaiteurs ne tirent pas; aucun bruit. M. Guichard fait retirer le lieutenant et les agents et revient lui-même sur le chemin du viaduc. Les malfaiteurs sont-ils encore vivants? Sont-ils étourdis par la dernière explosion?

M. le Préfet de Police consulté donne l'ordre à M. Guichard d'entrer en ayant soin de faire passer d'abord les hommes munis de boucliers; le Chef de la Sûreté prend quelques inspecteurs, des zouaves, des gendarmes, des gardiens, des sergents de ville avec des chiens de police. Tous entrent dans le jardin : une vingtaine. Je place des gendarmes et des gardiens à la brèche faite dans le grillage côté viaduc pour empêcher l'envahissement de la villa.

---

1. Dans la marge, un point d'interrogation, sans doute relatif au nombre de pétards puisqu'une première tentative avait eu lieu.

M. Guichard et ses hommes approchent; ils tirent dans la maison par les fenêtres ouvertes, les malfaiteurs rispostent. M. Guichard fait reculer ses compagnons et les engage à s'abriter; de très nombreux coups de feu sont tirés par les assaillants puis soudain tous ces hommes auxquels se sont réunis ceux qui gardaient la façade du côté jardin, se précipitent sur la maison; à cet instant, les gendarmes et gardiens de faction à la brèche de la chaussée du viaduc quittent leur poste, s'élancent aussi dans le jardinet suivis par toute la foule de soldats, de gendarmes, d'agents et de curieux qu'ils maintenaient et c'est une cohue indescriptible. Je n'ai pu pénétrer dans la villa. L'officier de paix Faralicq et moi nous efforçons de calmer tous ces hommes qui veulent voir! — C'est après des efforts inouïs que les inspecteurs et les agents réussissent à emporter les corps des deux malfaiteurs sous le viaduc d'abord et enfin dans une automobile pour être portés à la Morgue.

A la nouvelle de la capture des malfaiteurs une joie féroce éclate parmi les milliers de spectateurs accourus durant les heures de siège et se traduit par des acclamations aux zouaves, à la police et des cris de mort contre Garnier et Valet.

Les agents qui ont pris part au siège dès le début ont tous fait preuve d'un réel courage — il y avait du danger, les blessures reçues par trois inspecteurs, blessures provenant sans conteste des coups de feu tirés par Garnier et Valet en sont une preuve indiscutable — les gendarmes et les zouaves postés dans le jardin et dans deux maisonnettes voisines se sont parfaitement conduits — de même le gardien Gamarre — le lieutenant de zouaves Tournier, les deux lieutenants de dragons. Tous ces hommes ont couru des dangers sérieux.

Les soldats, agents, gardes, placés au-dessous du viaduc n'ont fait qu'un service d'ordre et sans danger.

J'ai lu dans divers journaux que les agents auraient violenté les zouaves, arraché les galons d'un officier. N'ayant pu pénétrer dans la maison je ne sais ce qui s'y est passé mais à en juger par ce que j'ai vu du dehors il est certain que tous les hommes qui sont entrés dans la villa Bonhours ont dû violemment se bouscu-ler... C'était la ruée, la poussée irrésistible de la foule.

Les corps partis, j'ai vu le commandant de zouaves, plusieurs de ses officiers, les deux officiers de dragons, je les ai remerciés de leur précieux concours et le commandant a fait rassembler ses soldats pour le départ. Pas une plainte n'a été proférée, pas une récla-mation ne m'a été faite.

J'ai donné l'ordre aux sergents de ville de banlieue de faire évacuer le jardinet car les curieux et curieuses continuaient à y stationner. J'ai laissé sur place un officier de paix M. Reisse avec une quarantaine de gardiens pour que, d'accord avec le Commissaire de la localité et les agents et gendarmes de banlieue, la foule soit maintenue en dehors de la maison et je me suis retiré : il était 3 heures du matin.

7

Garnier :
« Pourquoi j'ai tué »

Les *Mémoires* publiés dans ce chapitre sont ceux de Garnier et non de Callemin. Ils ont été trouvés à la villa Bonhours de Nogent-sur-Marne et ont été conservés sous scellés portant le numéro 396 avant d'être versés aux Archives de la Préfecture de Police. Par suite d'une erreur, on a mentionné, page I du manuscrit : « Mémoires de Callemin dit Raymond la Science » et c'est sous ce titre que je les ai reproduits. Je profite de la possibilité qui m'est aujourd'hui offerte pour rectifier et je remercie M. Malcolm Menziès qui m'a signalé l'erreur.

J. MAITRON.

La mort de Garnier et de Valet constituait une étape importante dans l'affaire Bonnot. Désormais tous les « en dehors » étaient tués ou sous les verrous. Le procès devant les assises de la Seine n'allait cependant s'ouvrir qu'en février 1913. En prison, Callemin et ses associés eurent le temps de méditer, parfois d'écrire. Après le jugement et les exécutions qui le suivirent, des « mémoires », des « souvenirs » furent publiés, en particulier les « Notes de Raymond la Science écrites à la Santé » que M⁰ Boucheron, avocat de Callemin remit au Journal pour publication. Or, un observateur attentif des illégalistes, Emile Michon, qui put s'entretenir avec eux quotidiennement pendant les huit mois de leur détention et les décrivit dans son ouvrage Un peu de l'âme des bandits, caractérisa ainsi le style de Callemin : « On a pu notamment constater à loisir combien celui du premier [Callemin] est nerveux et concis, bien en harmonie avec son esprit scientifique. » On ne peut dire que ce soit là le trait dominant des textes publiés par le Journal du 23 avril au 1ᵉʳ mai 1913...

Quoi qu'il en soit, voici un texte de 24 pages dactylographiées que nous avons trouvé aux archives de la Préfecture de Police. Il est intitulé Mes Mémoires. Sur la première page figure la mention : Mémoires de Callemin dit Raymond la Science.

Le manuscrit qui ne fut certainement pas relu (ponctuation et orthographe accidentellement défectueuses, mots omis ou déformés) se trouve brusquement interrompu au milieu d'une phrase. Nous ne possédons aucune indication sur les circonstances dans lesquelles il fut écrit ou dicté puis reproduit à la machine. Il *nous a paru essentiel pour la connaissance de la jeunesse de Garnier, de sa formation et de l'évolution de ces conceptions sociales.*

Pourquoi j'ai cambriolé
Pourquoi j'ai tué.

Tout être venant au monde a droit à la vie, cela est indiscutable puisque c'est une loi de la nature. Aussi, je me demande pourquoi sur cette terre, il y a des gens qui entendent avoir tous les droits. Ils prétextent qu'ils ont de l'argent mais si on leur demande où ils ont pris cet argent que répondront-ils? Moi je réponds ceci : « Je ne reconnais à personne le droit d'imposer ses volontés sous n'importe quel prétexte que ce soit; je ne vois pas pourquoi je n'aurais pas le droit de manger ces raisins ou ces pommes parce que c'est la propriété de M. X... Qu'a-t-il fait plus que moi pour que ce soit lui seul qui en profite. Je ne réponds rien et par conséquent j'ai le droit d'en profiter selon mes besoins et s'il veut m'en empêcher par la force je me révolterai et à sa force je lui opposerai la mienne car me trouvant attaqué je me défendrai par n'importe quel moyen. »

C'est pourquoi à ceux qui me diront qu'ils ont de l'argent et qu'alors je dois leur obéir, je leur dirai : « Quand vous pourrez démontrer qu'une partie du tout représente le tout, lorsque ce sera une autre terre que celle sur laquelle vous êtes né comme moi et un autre soleil que celui qui vous éclaire [qui] a fait pousser les arbres et mûrir les fruits, quand vous m'aurez démontré cela, je vous reconnaîtrai le droit de m'empêcher d'en vivre, car, d'où sort l'argent : de la terre, et l'argent est une partie de cette terre transformé en un métal que l'on a appelé argent et une partie du monde a pris le monopole de cet argent et a, par la force, en se servant de ce métal, forcé le reste du monde à lui obéir. Pour ce fait, ils ont inventé toutes sortes de systèmes de torture tel que les prisons, etc. »

Pourquoi cette minorité qui possède est-elle plus forte que la majorité qui est dépossédée? Parce que cette majorité du peuple est ignorante et sans énergie; elle supporte tous les caprices des possédants en baissant les épaules. Ces gens sont trop lâches pour se révolter et, bien mieux, si parmi eux il y en a qui sortent de leur troupeau, ils s'efforcent de les y empêcher soit exprès, soit par leur bêtise, mais ils sont aussi dangereux l'un que l'autre. Ils se réclament de l'honnêteté mais sous leur marque se cache une hypocrisie et une lâcheté qui n'est pas discutable.

Que l'on me montre un honnête homme!

C'est pour toutes ces choses que je me suis révolté, c'est parce que je ne voulais pas vivre la vie de la société actuelle et que je ne voulais pas attendre que je sois mort pour vivre que je me suis défendu contre les oppresseurs par toutes sortes de moyens à ma disposition.

Dès mon plus jeune âge, je connus déjà l'autorité du père et de la mère et avant d'avoir l'âge de comprendre je me révoltai contre cette autorité ainsi que celle de l'école.

J'avais alors treize ans. Je commençai à travailler; la raison me venant, je commençai à comprendre ce que c'était que la vie et l'injure sociale; je vis les individus mauvais, je me suis dit : « Il faut que je cherche un moyen de sortir de cette pourriture qu'étaient patrons, ouvriers, bourgeois, magistrats, policiers et autres; tous ces gens me répugnaient, les uns parce qu'ils supportaient de faire tous ces gestes. » Ne voulant pas être exploité et non plus exploiteur, je me mis à voler à l'étalage ce qui ne rapportait pas grand-chose;

une première fois je fus pris [1], j'avais alors dix-sept ans;
je fus condamné à trois mois de prison; je compris alors
ce que c'était que la justice; mon camarade qui était
prévenu du même délit puisque nous étions ensemble,
fut condamné à deux mois et avec sursis. Pourquoi,
je me le suis toujours demandé. Mais je puis dire que
je ne reconnais à personne le droit de me juger pas
plus un juge d'instruction qu'un président de tribunal,
car personne ne peut connaître les raisons déterminantes
qui me font agir; personne ne peut se mettre à ma place
en un mot personne ne peut être moi.

J'aurais bien voulu m'instruire

Quand je sortis de prison, je rentrai chez mes parents
qui me firent des reproches assez violents. Mais d'avoir
subi ce que l'on appelle la justice, la prison, m'avait
rendu encore plus révolté [2]. Je recommençai à travailler, mais pas dans le même métier. C'est alors qu'après
avoir été dans un bureau, je me mis à travailler dans
la boucherie, ensuite boulangerie et quand je sortis de
prison, je voulus travailler dans la boulangerie, métier
que je connaissais très bien, mais partout où j'allais,
on me demandait des certificats. Je n'en avais pas,
alors on ne voulait pas de moi cela me révoltait encore.
C'est là que je recommençai à ruser pour trouver du
travail, je me fabriquai de faux certificats et finalement je trouvai une place dans laquelle je travaillai
environ de seize à dix-huit heures par jour pour la
somme de 70 à 80 F par semaine de sept jours et
lorsque je demandai un jour de repos cela ne plaisait
pas à Monsieur le patron.

Au bout de trois mois environ de ce travail, j'étais
harassé, fourbu et pourtant il fallait continuer sous
peine de [3] crever de faim, car ce que je gagnais suffisait

1. Supprimé : pour la première fois.
2. Supprimé : mais.
3. Supprimé : ne pas.

à peine pour mes principaux besoins, mais d'un autre côté, je constatai que mon patron, lui, ramassait le bénéfice de mon travail et que faisait-il, lui, pour cela? rien sinon de me dire : « Vous arrivez dix minutes en retard aujourd'hui », ou alors : « Votre travail n'est pas très bien fait aujourd'hui, il faudra veiller à cela, sinon... »

Enfin, comme je n'aime pas faire toujours le même geste car je ne [me] considère pas comme une machine, j'aurais bien voulu m'instruire, connaître beaucoup de choses, développer mon intelligence, mon physique, en un mot devenir un être pouvant se diriger dans tous les sens, tout en ayant le moins besoin possible d'autrui. Mais pour arriver à cela, il me fallait du temps, des livres. Comment me procurer tout cela avec mon travail? Il m'était impossible de réunir toutes ces choses, car il fallait manger et pour cela il fallait travailler et pour qui? pour un patron. Je réfléchissais à tout cela et je me dis : je vais encore changer de métier, peut-être ça ira mieux, mais je n'avais pas compté avec le système social actuel; j'avais du goût pour la mécanique, mais quand je me présentai chez des mécaniciens, ils me disaient : Nous voulons bien vous occuper, mais nous ne pouvons vous payer car vous ne produirez pas assez, ne connaissant rien dans le métier; qu'ils me paieraient, mais quand je saurais travailler, c'est-à-dire au bout de quinze à dix-huit mois et encore, qu'ils paient 6 à 8 F par jour pour dix à douze heures de travail. L'état social commençait singulièrement à me dégoûter. En fin de compte, je me trouvai de l'embauche dans le terrassement, mais je constatai encore que c'était la même chose : travailler beaucoup pour ne pas même suffire à mes besoins. Je fis les déductions suivantes que partout et dans tout, c'était la même chose; je ne voyais que misère chez tous ceux qui travaillaient à côté et autour de moi et pour comble, tous ces miséreux, au lieu d'essayer de sortir de cette situation [1], s'y enfonçaient encore plus en

4. Supprimé : ils.

buvant de l'alcool jusqu'à rouler par terre et en perdre la raison. Je voyais tout cela et aussi l'exploiteur être content de cette situation et même pire, payer encore à boire à ces brutes qui en avaient déjà trop absorbé; pour une bonne raison, c'est que pendant qu'ils étaient abrutis, ces gens ne pouvaient raisonner et c'est ce qu'il lui fallait pour mieux les tenir sous son autorité.

Courte apparition dans les syndicats

Quand, par hasard, il se produisait un geste de révolte parmi ces imbéciles (je ne fais pas de distinction de corps de métiers), immédiatement le patron les menaçait de les renvoyer et alors le calme revenait.

Il m'est arrivé de faire grève aussi, mais j'en ai eu vite compris le sens et la portée. Toute cette troupe « d'hommes » incapables d'agir individuellement se nommaient un chef qu'ils chargeaient de discuter avec le patron le sujet de mésentente.

Quelquefois, ce chef imbécile et cupide se vendait au patron pour quelques pièces d'argent et alors quand toutes ces brutes n'avaient plus d'argent, il leur conseillait de retourner travailler. Voilà tous les aboutissants de la grève ou alors quand parfois la grève réussissait et que les ouvriers avaient gagné ce qu'ils avaient demandé : augmentation de salaire, alors les capitalistes eux, réaugmentaient les denrées alimentaires et autres, si bien qu'un temps innombrable était perdu, de l'énergie dépensée inutilement, puisque rien n'était changé réellement. Aussi, dans les syndicats, je ne fis qu'une courte apparition car je fus vite au courant que tous ces messieurs n'étaient autres que des profiteurs et arrivistes qui criaient révolte partout, qu'il fallait détruire le capitaliste et autre, mais pourquoi. Je compris qu'ils voulaient détruire l'état social actuel, tout simplement pour s'installer, eux, à la place, remplacer la République par le syndicat, c'est-à-dire éliminer un Etat pour le remplacer par un autre dans lequel il y a lois et toute la même engeance sociale actuelle, en somme ne changer que le nom pour arriver à cela. Comme les capitalistes, ils emploient les mêmes procédés : promesses. Votre sincérité, en somme, ils ne font qu'exploiter toujours la bêtise ouvriériste. Quand je sortis de ce milieu, je rentrai dans un autre à peu près identique : les révolutionnaires. Mais je ne fis que passer. Je devins alors anarchiste. J'avais environ dix-huit ans, je ne voulus plus retourner travailler et je recommençai encore la reprise individuelle, mais pas plus de chance que la première fois. Au bout de trois ou quatre mois, j'étais encore pris. Je fus condamné à deux mois. Je sortis cette fois et j'essayai encore de travailler. Je fis une grève générale dans laquelle il y eut bagarre avec la police, je fus arrêté et condamné à six jours de prison.

Des hommes sobres, raisonnables, d'une volonté de fer

Tout cela continua à m'aigrir le caractère et naturellement plus j'allais, plus je m'éduquais, plus je comprenais la vie. Comme je fréquentais les anarchistes, je comprenais leurs théories et j'en devenais un fervent partisan, non parce que ces théories me plaisaient, mais parce que je les trouvais les plus justes discutables.

Je rencontrai dans les milieux anarchistes des individus propres à la vie, individus essayant le plus possible, de se débarrasser des préjugés qui font que le monde est ignorant et sauvage, ces hommes avec qui je me faisais un plaisir de discuter, car ils [1] me démontraient non des utopies, mais des choses que l'on pouvait voir et toucher. En plus de cela, ces individus étaient sobres. Quand je discutais avec eux, je n'avais pas besoin, comme chez la généralité des brutes, de détourner la tête quand ils me causaient, leur bouche ne rendait pas

1. Supprimé : ne.

un relent d'alcool ou de tabac. Je les trouvais raisonnables et j'en rencontrai d'une volonté de fer et très énergiques.

Mon opinion fut vite fondée, je devins comme eux, je ne voulus plus du tout aller travailler pour d'autres, je voulus aussi travailler pour moi mais comment m'y prendre, je n'avais pas grand choix, mais acquis un peu d'expérience, et, plein d'énergie, résolu à me défendre jusqu'à la mort, contre cette meute pleine de bêtise et d'iniquité qu'est la présente Société.

Qu'est-ce que la Patrie
pour moi

Je quittai Paris vers dix-neuf ans et demi, car j'entrevoyais, avec horreur, le régiment. Là encore je vis, avec beaucoup plus de raison, ce que c'était la loi dite sociale et humanitaire. Je compris ce que ces mots République, Liberté, Egalité, Fraternité, drapeau, Patrie et autres voulaient dire. Je me discutais intérieurement, le parti que je devais prendre et je discutai aussi avec mes camarades, la valeur de ce vocabulaire social que l'Etat fait apposer partout et sur tous les édifices publics; je compris l'horrible hypocrisie représentée par ce langage. Tout cela n'est qu'une religion comme celle de Dieu que l'on jette en pâture à tous les religieux qui sont la généralité du monde. On leur dit : vous devez respecter la Patrie, mourir pour elle, mais qu'est-ce que la Patrie pour moi, la Patrie c'est toute la terre, sans frontière. La Patrie, c'est là où je vis, soit en Allemagne, soit en Russie, soit en France, pour moi, la Patrie n'a pas de bornes, elle est partout où je me trouve heureux. Je ne fais pas de distinction de peuple, je ne cherche qu'entente partout, mais autour de moi je ne vois que religieux et chrétiens ou hypocrites fourbes. Si les ouvriers réfléchissaient un peu, ils verraient et comprendraient qu'entre capitalistes il n'existe pas de frontière, que ces rapaces malfaiteurs s'organisent pour mieux les oppresser et alors ils ne travailleraient plus à la fabrication de canons, de sabres, de monnaies, d'habits militaires, ils abandonneraient les arsenaux, ils s'abstiendraient de s'alcooliser, ce qui est le plus redoutable ennui [ennemi?] de la raison, ainsi que le tabac qui annihile le cerveau, mais ils sont trop veules actuellement, peut-être cette masse inconsciente et fourbe changerait-elle peut-être, je l'espère, mais moi je ne veux pas me sacrifier pour elle. C'est maintenant que je suis sur la terre et c'est maintenant que je dois vivre et je m'y prendrai par tous les moyens que la science met à ma disposition. Peut-être que je ne vivrai pas vieux, je serai vaincu dans cette lutte qui est ouverte entre moi et toute cette Société qui dispose d'un arsenal incomparable au mien, mais je me défendrai de mon mieux, à la ruse, je répondrai par la ruse à la force je répondrai par la force jusqu'à ce que je sois vaincu, c'est-à-dire mort.

Déserteur

Donc, vers le mois de mai 1910, je partis en province pour tâcher de gagner la frontière pour ne pas être soldat, mais vers le mois de juillet je retourne de nouveau en prison pour coups et blessures. J'en sors à la fin d'août, un mois avant que ma classe ne parte. Sitôt sorti, je travaille quelques jours sur un chantier de terrassement pour avoir un peu d'argent; je prends le train pour les frontières de Belgique, je paie une partie du voyage et ne paie pas l'autre car il fallait manger en route. J'arrivai à Valenciennes, je descendis du train et cherchai à sortir de la gare, mais je fus visé par le chef de gare qui me courut après. On discuta un peu, il me menaça des gendarmes et finalement j'eus raison de sa conscience car il me dit de sortir. Je n'avais plus d'argent en arrivant, je travaillai encore sur un chantier une semaine puis j'envoyai promener le patron car sur les frontières les patrons ont l'habitude de mener les ouvriers comme des bêtes de somme, pis même, et cela me révoltait. Je fis deux cambriolages et quittai le pays pour gagner définitivement la Belgique. J'arrivai vers le 6 octobre 1910 à Charleroi, je me mis encore au travail pendant quelques jours, je fréquentai les anarchistes, cela seul, et vers les premiers jours du mois de novembre, je fus arrêté comme tel mais faute de preuves, je fus relâché huit jours après.

Cambrioleur

Quand je sortis de prison, je travaillai encore quelques jours et fis la connaissance de quelques camarades ayant mes opinions, camarades qui étaient bons et francs, énergiques, auxquels je m'associai pour le cambriolage, car il fallait vivre et je ne voulus plus du tout aller ni à l'usine, ni au chantier. J'avais alors vingt ans et demi.

Vers le commencement de novembre, je fis la connaissance d'une compagne, je partis avec elle pour Bruxelles où mes camarades m'avaient précédé. Là, nous y restons jusqu'à la fin de février 1911. Je fus obligé de quitter Bruxelles car j'étais recherché pour des cambriolages que j'avais commis à Charleroi et alentours; je quittai donc Bruxelles et je revins à Paris où j'allai m'installer au journal *l'anarchie,* pour lequel je me mis à l'œuvre. J'y travaillai presque tous les jours et comme l'ordinaire était un peu maigre, je fis, en compagnie de quelques camarades, une quantité de cambriolages, mais cela ne rapportait pas beaucoup, je fis l'émission de fausse monnaie, mais cela ne rapportait pas beaucoup et je risquais autant que d'aller faire un cambriolage qui me rapportait plus. Je laissai donc la fausse monnaie là.

Vers le mois de juillet 1911, plusieurs de mes meilleurs camarades tombèrent entre les mains de la police. J'en fus beaucoup peiné et je déterminai de me venger de cette société criminelle, aussi je quittai le journal et venai [vins] m'installer à Vincennes, encore avec ma compagne qui m'était dévouée et que j'aimais beaucoup.

Pendant le temps que je passai au journal, si j'avais perdu quelques-uns de mes camarades, par contre, je fis la connaissance d'autres, aussi énergiques que moi, aussi nous discutâmes ensemble le moyen de faire sentir plus fort que jamais le cri de notre révolte. C'est ainsi que nous décidâmes de louer plusieurs logements pour pouvoir travailler en toute sécurité. Nous n'avions pas beaucoup d'argent, aussi, nous nous mîmes tout de suite au travail. Nous faisions cambriolage sur cambriolage dont je puis citer les principaux qui furent ceux des mois d'août, septembre, octobre 1911.

En août nous en faisons plusieurs qui nous rapportent chaque 3 ou 400 F dont un près de Mantes, un bureau de poste qui nous rapporta 700 F, une villa à Mantes qui nous rapporta 4.000 F, mais à côté de cela, nous en faisions beaucoup d'autres qui ne valaient pas grand-chose. En septembre, octobre, pendant ces deux mois, le principal cambriolage fut celui du Bureau de poste de Chelles, dans le département de Seine-et-Marne qui nous rapporta 4.000 F et quelques autres de moindre importance, enfin, vers le commencement de novembre, nous en faisions encore un à Compiègne qui nous rapporta 3.500 F. C'était une perception, mais cet argent avait été dépensé car beaucoup de nos camarades ayant été ennuyés par la police et autre cause, on leur était venu en aide pécuniairement.

Pendant ces derniers mois, j'avais cherché un copain chauffeur, mais vainement. Mais j'avais appris à conduire, mais n'étant pas encore très habile, j'hésitais encore à me lancer pour aller voler une automobile afin de faire un coup qui nous mettrait à l'abri du besoin pendant un certain temps. Lorsque sur ces entrefaites, je fis la connaissance de Bonnot. Nous causâmes de projets, et, finalement, nous nous entendîmes ensemble.

C'est alors que vers le 10 décembre 1911, dans la nuit même, nous commettions le vol d'une automobile à Boulogne et nous allions la garer chez un mécanicien [dont] un ami nous avait donné l'adresse. Nous allâmes le trouver et nous lui demandâmes de garer notre voiture. Il accepta. Nous ne lui avions pas dit que la voiture avait été volée, car il n'aurait peut-être pas accepté. Je lui dis : « Nous reviendrons la chercher dans une huitaine de jours. » Je lui donnai un faux nom et une fausse adresse, puis nous partîmes.

Nous discutâmes ensuite ce que nous avions à faire. Nous avions deux travaux colossaux à faire car dans le courant du mois d'octobre j'avais acheté un chalumeau et nous devions avoir une automobile pour le transporter. Dans ce travail il y avait deux coffres à percer. Comme je savais manier le chalumeau et Bonnot bien conduire, nous en conclûmes avec les autres camarades que nous tenterions tout prochainement l'opération d'un autre côté. Nous avions étudié un autre coup, celui de dévaliser un encaisseur; au cas où l'un manquerait, l'autre pourrait réussir. C'est ainsi que dans la nuit du 20 au 21 décembre, nous partîmes chercher la voiture au garage, je payai le mécanicien et l'on se mit en route; il était une heure du matin. L'on prit en passant le chalumeau qui était chez un ami.

Nous étions en tout quatre copains, mais une circonstance [ne] nous permit pas de faire ce travail car pour faire cela il nous fallait un temps qui nous soit complice et ce que nous attendions ne se produit pas, il fallait qu'il tombe de l'eau.

Enfin, vers 3 h 1/2 du matin, l'on repartit reporter le chalumeau. C'est alors que nous décidâmes de faire le garçon de banque, tâche qui était pleine d'embûches comme on va le voir.

Nous nous promenons dans Paris pendant le reste de la nuit, jusqu'à 8 h 1/2, c'est moi qui restai au volant pour bien me faire la main et je commençais

bien déjà, je me sentais capable d'affronter les virages
assez dangereux à une bonne allure; c'était d'autant
plus utile, car il fallait bien deux chauffeurs au cas
où l'un d'eux aurait été blessé, que l'on puisse au
moins dépister ceux qui tenteraient de nous poursuivre.

A 8 h 1/2 je passai le volant à Bonnot et je prenais
place à côté de lui et les deux autres se trouvaient
dans la voiture, car c'était une magnifique limousine.

Nous n'étions pas très bien d'accord comment nous
devions faire le coup, car c'était à 9 heures du matin,
rue Ordener, en pleine rue et dans ce quartier assez
populeux.

Enfin, nous arrivâmes à 9 heures moins deux minutes
à 200 mètres environ de l'endroit où l'encaisseur passait,
car il venait de la rue de Provence, Bureau Central de
la Société Générale, et venait rue Ordener apporter
de l'argent à une succursale.

Quelques jours avant j'étais venu faire le guet avec
Bonnot, pour nous rendre compte de l'heure exacte et
du chemin qu'il prenait.

A neuf heures exactement, nous l'apercevons, descendant du tramway comme d'habitude, accompagné
par un autre personnage délégué spécialement pour
cela. L'heure est grave, il faut agir promptement, une
seconde d'hésitation peut nous perdre; la voiture avance,
je descends et un de mes compagnons descend également de voiture tandis que Bonnot reste avec le quatrième à la voiture pour que personne n'approche. Je
marche sur le trottoir, à la rencontre du garçon de
Banque, la main dans la poche de mon pardessus,
la main sur la crosse de mon revolver. Mon compagnon est, lui, sur l'autre côté du trottoir, à quelques
pas derrière moi.

Arrivé à trois pas du garçon, je sors mon revolver et,
froidement, je tire une première balle, puis une
deuxième; il tombe pendant que celui qui l'accompagne s'enfuit en courant, transi de peur; je ramasse un
sac, mon copain ramasse un autre que cet imbécile ne

veut pas lâcher, car il n'est pas tué, mais il finit par lâcher prise, car il perd connaissance.

Nous allons remonter en voiture, quelques passants veulent nous en empêcher, mais nous sortons alors nos revolvers, nous tirons quelques coups et tout le monde se sauve. Nous montons en voiture, moi, toujours à côté de Bonnot; il est 9 h 1/2 nous sommes à Saint-Denis, nous ne savons pas bien par où nous diriger. Enfin, nous prenons la route du Havre, mais pas directement, nous faisons beaucoup de détours afin d'éviter de nous faire prendre ou de livrer bataille car nous étions terriblement armés. Je n'avais pas moins de six revolvers sur moi dont un qui se montait sur une crosse et qui a une portée de 800 mètres et mes compagnons en avaient chacun trois et nous avions environ 400 balles dans nos poches et bien décidés à nous défendre jusqu'à la mort.

Il est environ 11 heures du matin, nous arrivons à Pontoise, nous nous arrêtons un moment et nous ouvrons les sacs. Dans les sacs que j'ai ramassés il y a 5.500 F. Nous partageons de suite. Dans le sac que mon copain a ramassé il y a 320.000 F de titres. Nous sommes désillusionnés. Nous comptions trouver 150.000 F en argent liquide. Enfin, ne nous désolons pas, l'on pourrait peut-être vendre les titres ou bien nous recommencerons autre chose.

Je prends le volant à mon tour et nous partons. Il pleut, ça ne fait rien, nous bravons la pluie. Nous arrivons à Beauvais, l'employé d'octroi nous fait signe d'arrêter, nous passons outre; je mets le pied sur l'accélérateur et nous lui brûlons la politesse; tant sa bêtise est grande, il tente de courir après nous, puis reste stupéfié; cet ignoble brute n'a sans doute jamais vu cela.

Nous avons [faim], j'arrête la voiture devant la boutique d'un boulanger, un camarade descend chercher du pain et du chocolat et nous repartons. Il est à peu près 4 h 1/2, nous avons fait beaucoup de chemin, nous sommes bien fatigués, mais il faut arriver. Je passe le volant à Bonnot, nous arrivons vers 5 h 1/4 dans un petit pays où je descends de voiture pour chercher un bidon d'huile pour la voiture et nous repartons à 5 h 1/2, je reprends le volant; en route nous nous trompons de route et au lieu d'arriver au Havre, nous arrivons à Dieppe, il est· grande nuit; il est 6 heures passé, nous n'avons plus beaucoup d'essence, nous prenons la résolution d'abandonner la voiture à Dieppe alors, je cherche une rue déserte pour la laisser; j'en trouve une, je la suis quand tout à coup la voiture n'avance plus, le moteur s'arrête, je vais pour descendre de la voiture, mais à peine ai-je mis un pied par terre que j'enfonce jusqu'au genou, je prends ma lampe de poche car tous les becs de gaz sont éteints, je regarde par terre, je vois de la boue jusqu'au moyeu des roues et j'aperçois les falaises et la mer, alors j'avertis les amis de ce qui arrive, nous prenons vite la décision de laisser la voiture, nous arrachons les numéros de la voiture et nous les jetons à la mer et nous partons dans la direction de la gare. En route, mon chapeau s'envole et je ne le revois plus, heureusement j'ai une casquette, je mets ma casquette et c'est fini, nous arrivons à la gare, un de nous va chercher quatre billets pour Paris, nous avons un train de suite qui arrive à une heure du matin à Paris; nous le prenons et rentrons tranquillement chacun chez nous.

Nous prenons avant de nous quitter, rendez-vous pour le lendemain. Pendant ce temps, la Sûreté parisienne, la Sûreté générale est sur les dents, les flics se demandent ce qui leur tombe sur la tête, ils croient déjà là révolution arrivée mais ce n'est qu'une escarmouche, un peu sérieuse, ils vont en voir bien d'autres [...] .

8

**L'anarchie
dans l'Anarchie**

Quand après vingt-cinq jours de débats mouvementés, s'achève le 27 février 1913 le procès des survivants de la bande, les sentences s'abattent. Pour Callemin, Dieudonné, Monier, Soudy, la peine de mort. Pour Metge et Carouy : les travaux forcés à perpétuité. Ce dernier quelques heures plus tard s'empoisonna dans sa cellule. Deboë : deux ans de travaux forcés. Gauzy s'en tirait avec dix-huit mois de prison seulement, sa participation volontaire au meurtre du sous-chef de la Sûreté n'ayant pu être prouvée. Quant à Kibaltchiche il allait subir cinq ans de réclusion. Seule sa compagne Rirette Maîtrejean était acquittée.

Le 21 avril vit l'épilogue de l'aventure sinistre. Voici, dans sa sécheresse administrative non exempte d'émotion, le récit, par un fonctionnaire de police, des derniers moments des condamnés à mort :

Exécution de Soudy, Callemin, Monier le 21 avril 1913.

[... Tous dormaient lorsqu'on entre à 4 h 10 dans leurs cellules.]

Dès le moment où ils ont été éveillés jusqu'à leur sortie de la prison de la Santé, les condamnés ont prononcé les paroles suivantes :

SOUDY

— Je désire avoir du café sans alcool et deux croissants.

— Les autres sont-ils épargnés?

— Je n'ai aucune vie humaine sur la conscience; c'est une triste fin; mais j'aurai du courage jusqu'au bout. Ma pauvre mère!

— Je tremble, mais c'est comme Bailly : c'est le froid.

— C'est la meilleure fin, ça vaut mieux que le bagne.

Apercevant un agent de la Sûreté, il lui serre la main en disant à M° Doublet :

— Ça me fait plaisir de voir de braves gens comme ceux-là autour de moi; ils ont été très gentils et pleins de tact avec moi.

M° Doublet lui disant : « Surtout pas de forfanterie », il répond : « C'est entendu et je vous approuve. »

CALLEMIN

A M. Kiess [substitut du Procureur général] [1] qui vient de l'éveiller et lui demande s'il a des révélations à faire, il déclare qu'il n'a rien à dire, mais il demande à écrire deux mots. M° Boucheron reste près de lui pendant ce temps et prend la lettre qu'il a tracée. Après quoi Callemin, sortant de sa cellule, dit :

— C'est un jour sans lendemain.

— C'est beau l'agonie d'un homme!

Il est très pâle, mais se domine. Pendant la toilette, il demande un verre d'eau.

MONIER

Eveillé par M. Pressart [2], il se lève et dit qu'il sera courageux. Avant de quitter la cellule, il demande à serrer la main des inspecteurs de la Sûreté qui l'ont surveillé et les remercie avec une certaine effusion. Il ajoute, le long du parcours pour se rendre au greffe de la prison :

— Je m'en doutais bien hier que ce serait pour ce matin.

— J'avais fait un beau rêve d'amour.

S'adressant à son avocat, il lui dit :

---

1. E. Michon, dans un ouvrage, *Un peu de l'âme des bandits,* orthographie : Kioës.
2. Substitut.

— Vous embrasserez Marie Besse [1] pour moi.

On lui offre un verre de rhum, il répond :

— Je ne veux pas m'alcooliser.

Passant auprès des gardiens, il salue tous ceux qu'il reconnaît.

Dès la toilette terminée, ils montent dans le fourgon qui arrive devant la guillotine dressée boulevard Arago à 4 h 35.

Soudy en descend le premier et dit :

— Il fait froid; au revoir.

Monier lui répond :

— A tout à l'heure.

A 4 h 36, il est exécuté. Callemin est exécuté à 4 h 37. En descendant du fourgon, il sourit comme à son habitude et répète :

— C'est beau l'agonie d'un homme!

Monier, qui descend du fourgon le dernier, dit :

— Adieu à vous tous, Messieurs, et... à la Société aussi.

A 4 h 38, la triple exécution est terminée. [...]

Dieudonné était-il rue Ordener?

On a beaucoup écrit sur les « bandits tragiques ». Des questions demeurent cependant obscures et par exemple celle-ci : qui participa avec Bonnot, Callemin et Garnier à l'affaire de la rue Ordener, qui était le quatrième homme? Dieudonné était-il cet inconnu?

Caby en effet, l'employé de la Société Générale, après avoir désigné Garnier comme son agresseur reconnut formellement Dieudonné comme son assassin et devant la cour d'assises maintint son affirmation : Je jure que c'est lui. Je n'agis pas à la légère, *déclare-t-il à l'au-*

---

1. Son dossier, aux archives de la Préfecture de Police, ne renferme que quelques feuillets sans intérêt. Couturière, dite aussi demoiselle de magasin, née le 31 octobre 1894. Arrêtée le 25 avril 1912, elle fut relâchée.

dience du 26 février. Et encore : Je le jure sur la tête de ma petite fille. C'est vous mon agresseur.

En réplique et presque dans les mêmes termes Dieudonné clamait son innocence : Je jure que ce n'est pas moi... je ne suis pas votre agresseur. Que ce mensonge retombe sur la tête de ceux que j'aime le plus, si je mens. Et M° de Moro-Giafferi, son défenseur, de déclarer à son tour le 8 février : Je jure, moi aussi, que son témoignage [de Caby] est une déplorable erreur.

Ce n'est qu'après la délibération des jurés, alors que ceux-ci avaient accordé foi aux déclarations de Caby, que Callemin prit solennellement la parole :

— J'ai une déclaration à faire en ce qui concerne Dieudonné. Je vous affirme qu'il n'est pas l'agresseur de Caby. En le reconnaissant Caby s'est trompé. Garnier et moi sommes en effet ses agresseurs. Et ce que je vous dis là, je vais, par lettre le confirmer au Procureur de la République.

Puis après un moment de silence :

— Non Dieudonné ne se trouvait pas rue Ordener et je le prouverai. C'est moi qui ai pris à Caby sa sacoche, et voyez ce que peut valoir son témoignage, il n'a jamais parlé de moi, il n'a jamais donné mon signalement [1]!

Trop tard. Le jury s'était prononcé. Il ne restait plus aux juges qu'à appliquer les peines et Dieudonné fut condamné à mort. Sans doute sa peine fut-elle commuée en celle des travaux forcés à perpétuité, et il partit pour le bagne. Après plusieurs tentatives d'évasion, il finit par réussir et les campagnes d'Albert Londres et de Louis Roubaud en 1925 lui facilitèrent l'obtention de sa grâce.

Anarchistes ou bandits?

Les anarchistes eux-mêmes furent sévères pour les condamnés. Tous avaient énergiquement mais puérile-

---

1. *Gazette des Tribunaux*, 28 février 1913.

*ment nié les faits qui leur étaient reprochés, prétendant
même ne pas se connaître; — tous sauf Carouy, celui-là
même qui se suicida. Chacun, même parmi les bourgeois,
reconnut aux bandits du courage, mais chacun aussi,
même parmi les illégalistes, condamna leurs actes.*

— André Girard dans les Temps Nouveaux *(6 janvier 1912), journal libertaire traditionnellement anti-
illégaliste :*

De tels actes n'ont rien d'anarchiste, ce sont des
actes purement et simplement bourgeois...

La fraude, le vol, le meurtre bourgeois s'opèrent à la
faveur des lois bourgeoises; la fraude, le vol, le meurtre
prétendus anarchistes, s'opèrent en dehors et à l'en-
contre d'elles. Il n'est pas d'autre différence. Et si les
bourgeois, dans l'application de leurs principes d'indi-
vidualisme égoïste, sont des bandits, les soi-disant anarchistes qui suivent les mêmes principes deviennent, par
ce fait, des bourgeois et sont aussi des bandits. Bandits
illégaux, peut-être, mais bandits quand même et également bourgeois...

*— Rirette Maîtrejean présentant ses « Mémoires »
dans le* Matin *du 18 août 1913 :*

Puissent ces Mémoires [...] arrêter sur la pente dangereuse les égarés que de mauvais exemples ou d'impré-
voyants desseins destineraient à devenir le jouet, tôt
brisé, des illusions « illégalistes »... Derrière l'illégalisme,
il n'y a pas même des idées. Ce qu'on y trouve : de la
fausse science et des appétits. Surtout des appétits. Du
ridicule aussi et du grotesque...

*— Seul Gustave Hervé, qui signe « Un Sans-patrie »,
nuançait sa condamnation dans la* Guerre Sociale *du
1-7 mai 1912, après le drame de Choisy-le-Roi :*

Il reste entendu que Bonnot et sa bande sont des
bandits et qu'aucune doctrine ne saurait justifier, ni
excuser des abominations comme l'égorgement des
deux vieillards de Thiais, l'assassinat du chauffeur à
Montgeron et des employés de banque de Chantilly [...]

[Mais] nous, les militants, qui croyons que la servitude du peuple est faite en grande partie de sa veulerie, de sa peur des coups, de son manque d'initiative et d'audace, nous ne pouvions nous empêcher de murmurer : « Devant 500 révolutionnaires comme Bonnot [...] qu'est-ce que pèserait toute la police de Paris [...] et Guichard, l'homme qui tire avec tant de sang-froid sur les cadavres et les agonisants désarmés et toute la meute des chiens de police malgré toutes les croix de braves qu'on est en train d'attacher à leurs colliers [...]

Seulement, voilà, on ne trouve plus de braves à trois poils et de gens d' « attaque » que parmi les bandits.

Les honnêtes ouvriers, eux, sont trop lâches, trop empotés, ou trop gourdes!

Le Rétif juge ses amis

Et dans les prisons mêmes, dans les cœurs, quelle effervescence! Peut-être les réflexions les plus éclairantes viennent-elles des lettres écrites par Kibaltchiche — Le Rétif.

En voici une première écrite de la Santé à un anarchiste individualiste, à l'heure même où chacun préparant sa défense, faisait retour sur soi :

Mercredi 22 janvier 1913

Mon cher Armand,

J'ai sous les yeux ta lettre du [un blanc] et les renseignements que je te demandais. J'aime la franchise avec laquelle tu me parles de notre défense. Je ne me suis jamais formalisé d'ailleurs des critiques que l'on a pu me faire, concernant mes paroles et mes gestes, tant qu'elles ont été — comme c'est le cas — amicales ou cordiales.

Mais qu'il est donc difficile d'éviter les malentendus! Et combien les camarades et toi vous vous méprenez sur notre sentiment! Certes nous avons le désir de bientôt « revivre », le désir passionné de voir la fin de ce cauchemar imbécile et immérité s'il en fût. Mais il me semble que **tout dans toutes** nos attitudes antérieures devrait vous dire clairement que nous ne ferons **rien,** et ne permettrons pas que l'on fasse rien qui soit contraire à notre sentiment pour arriver à bonne fin. Qu'ai-je besoin de le dire? J'avoue que cela m'est infiniment désagréable.

Déjà dans des lettres antérieures détaillées, je t'ai exposé notre défense — car jusqu'à présent j'ai été en parfait accord avec Rirette. Dans ses grandes lignes, elle ne sera pas modifiée. [...]

Bien sûr ce ne sera ni le lieu ni le moment de parler contre l'illégalisme, aux Assises. Tiens! — Nous n'y tenons pas. Je n'y tiens pas du tout. Mais, **si l'on me rend solidaire** — l'accusation — d'actes qui **me répugnent** (j'écris le mot juste) il faudra bien que je m'explique! En ce cas, je le ferai, sois-en sûr, en termes clairs pour que l'on ne puisse se servir de mes paroles contre nos co-accusés. Je n'aurai pas pris la peine de peser chaque mot pendant l'instruction de crainte de mettre en cause quelque malheureux camarade, pour fournir à l'avocat général des armes contre eux. Si d'ailleurs on voulait se servir ainsi d'un lapsus toujours possible, dois-je te dire, je saurai rectifier? — Ce n'est pas le souci de mes intérêts qui me fait ne vouloir à aucun prix d'une solidarité imposée. S'il ne s'agissait que de mes intérêts, la défense pourrait tourner la difficulté. Mais non. C'est que je suis — nous sommes — écœurés, navrés de voir que **des camarades** — des camarades que j'ai affectionnés au temps de leur premier et bel enthousiasme — ont pu commettre des choses aussi lamentables que la boucherie de Thiais. Je suis navré de voir que les autres, tous les autres, ont follement gaspillé et perdu leurs vies dans une lutte sans issue et si triste, sous ses dehors de courage éperdu, qu'ils ne peuvent même pas se défendre avec fierté.

Je chercherai à éviter d'aborder ou de faire aborder par M⁰ Le B[reton] [1] aux Assises, la question de l'Illégalisme — dont ces tristesses me semblent donner une

1. Avocat de Kibaltchiche.

conclusion trop évidente... —; si je n'y arrive pas, **je ne dirai quand même pas cela**. Je me bornerai à prouver que jamais je n'ai préconisé (ni même été partisan) de cette théorie [1]; j'ajouterai que j'ai pourtant tenu à défendre les réfractaires toutes les fois qu'il a fallu le faire.

Si je suis libre bientôt, il va de soi que je m'expliquerai là-dessus, sans ambages. Je crois nécessaire, après ces expériences **de conclure**. Je me repens de ne pas l'avoir fait jadis. Peut-être si j'avais été plus ferme, Valet serait-il vivant et ce pauvre Soudy libre. J'ai seulement manqué de combativité.

Pourtant tu m'écris :

« On pourra toujours t'objecter, après tes articles dans *l'anarchie,* en invoquant certains détails de votre vie passée que... »

Non, on ne le pourra pas. Si je me permettais d'apprécier devant le jury les actes de camarades qui ne sont plus des adversaires d'idées mais bien des « écrasés » suivant le terme de Méric, on pourrait assurément m'objecter bien des choses.

Mais si je dis que je n'ai jamais été partisan d'une désastreuse méthode d'action, si je le dis plus tard ainsi que j'y compte ou si je suis forcé de le dire au jury, on ne pourra rien m'objecter, **car c'est vrai**. Mes articles de **l'anarchie**? Ai-je jamais fait autre chose que défendre les illégaux ou me servir des circonstances pour faire valoir notre façon de raisonner — et la légitimité de toutes les révoltes (ce qui ne veut pas dire que je les préconise toutes)? N'écrivais-je pas dans le plus combatif d'entre eux (*Les Bandits*) que « les bandits sont les effets de causes situées au-dessus d'eux [2]? » [...]

Tu vois que l'on ne pourra rien « invoquer de mes

---

1. Est-ce bien certain? voir note suivante.
2. Il écrivait aussi (cf. *L'anarchie*, 4 janvier 1912) : « Qu'en plein jour l'on fusille un misérable garçon de banque, cela prouve que des hommes ont enfin compris les vertus de l'audace [...]

« Je ne crains pas de l'avouer. Je suis avec les bandits [...]

« Quel qu'il soit, j'aime mieux celui qui lutte. Peut-être disparaîtra-t-il plus jeune, connaîtra-t-il la chasse à l'homme et le bagne;

articles » ni de **notre vie passée.** Ceci d'aileurs, constitue un chapitre sur lequel je ne permettrai pas de
porter la discussion. Sans être partisan du salariat, j'ai
pu être salarié. Sans être partisan du vol, je puis être
contraint à m'en servir. Cela ne regarde que moi. Que
l'on discute mes idées, je le désire. Que l'on discute mes
gestes qui ne concernent que moi, je ne le permets pas.
En d'autres termes, je laisse dire et médire, je ne
consens pas à discuter.

Ce que je te rappelle plus haut est seulement pour
te montrer qu'il ne faut pas voir de « changement d'attitude » — comme tu l'écris — dans notre conduite.

Quand il y aurait d'ailleurs changement d'attitude, ce
serait compréhensible. Les expériences qui se terminent
sont bien faites pour abolir des illusions et rectifier des
« théories ». Hélas! — Mais **en ce cas il est évident que
je n'aurai pas le droit de dire n'avoir jamais préconisé**
et même toujours combattu, parmi nous, tels errements
et telles idées. Et je serais assez scrupuleux envers moi-
même pour ne pas me le permettre.

Si, **éventuellement,** je pourrai tenir ce langage c'est
qu'il est parfaitement exact. Nombre de camarades le
savent et il me semble que tu es de ceux-là. [...]

T'adresserai lettre pour publication **après** procès, au
cas où je serai condamné — je m'accorde 60 chances
sur 100 d'acquittement. Pas une de plus.

Bien à toi,
LE RÉTIF.

*Au même, quatre ans plus tard, celui qui n'était plus
Le Rétif et n'était pas encore Victor Serge adressait,
d'Espagne, une longue lettre dont nous ne retiendrons
que ce qui se rapporte — et conclut — cette aventure.*

peut-être finira-t-il sous le baiser abominable de la *veuve.* Il se peut!
J'aime celui qui accepte le risque de la grande lutte. Il est viril.

« Puis, vainqueur ou vaincu, son sort n'est-il pas préférable à la
végétation maussade et à l'agonie infiniment lente du prolétaire qui
mourra abruti et retraité, sans avoir profité de l'existence?

« Le bandit, lui, joue. Il a donc quelque chance de gagner. C'est
assez. »

Mon cher Armand,

[...]

2° Mises au point pour fixer ta mémoire plutôt hésitante et inexacte en l'occurrence.

Je n'ai désavoué personne au procès. J'ai eu même les remerciements de R[aymond] C[allemin] et de **tous** les autres. — Mais ces autres, les premiers rôles (hélas!) se sont piteusement désavoués eux-mêmes. R[aymond] C[allemin] se défendait d'être encore **an[archiste],** etc., etc. J'ai dit, ce que je répéterais volontiers, que j'étais écœuré de voir nos idées, si belles et si riches, aboutir à un tel gaspillage crapuleux de jeunes forces dans la boue et le sang. Et que j'étais navré de pâtir pour une telle cause. — N'ai imploré l'indulgence de personne. A aucun moment. Voir les comptes rendus publiés. Je me suis défendu, sans concessions, trop agressivement même. J'ai fini par demander d'être jugé, non pour ce que d'autres pouvaient avoir fait, mais pour mes propres actes et mes propres idées. — Raymond m'a reproché, il est vrai, de trop réprouver les horreurs et les saletés dont il était question. Reproche irréfléchi et profondément maladroit puisque, se prétendant innocent et désavouant ses soi-disant errements idéologiques d'antan, il n'avait pas à s'émouvoir de telle réprobation. — D'ailleurs, n'importe! Les idées pour moi passent avant les gens qui les abîment; et, même devant un jury, je crois avoir le droit de servir les miennes (tant que je ne fais de tort à personne).

Je m'étonne de devoir te rappeler ces choses que **tu sais fort bien.** [...]

6° Il est vrai que j'ai supplié Rirette [Maîtrejean] de quitter sans retour « certains milieux » — Les milieux où, de notre pensée, de notre lutte, de nos forces, on fait je ne sais quelles abominables choses. Ceux où j'ai vu des **camarades** se voler, se diffamer, se battre — à la manière des anthropoïdes, selon ton expression — se tromper, s'injurier, s'excommunier, se vendre les uns les autres, où j'ai vu l'amour libre devenir une chiennerie et tant de jeunes vaillances dégringoler par l'illégalisme dans la vie-pègre puis dans les prisons.

Vues de loin, ces choses ont peut-être un certain caractère épique (!!!). De près, elles donnent la nausée —. Les milieux où elles se passent font un tel mal à **nos milieux** que je conseille à tous ceux auxquels je puis parler, de les fuir — puisqu'on ne peut les détruire.

Victor [LE RÉTIF]

L'anarchie est
morte.
Vive l'anarchie?

Un demi-siècle s'est écoulé depuis 1914. L'action anarchiste a été marquée par quelques actes spectaculaires : attentat d'Emile Cottin contre Clemenceau le 19 février 1919 [1]; attaque en juillet 1921 de voyageurs dans le rapide Paris-Marseille à laquelle participa le fils de Mécislas Goldberg [2] — c'est en raison de ce lien de parenté que cet acte de simple banditisme se rattache à l'anarchisme. Meurtre par Germaine Berton du chef des camelots du roi, Marius Plateau, en janvier 1923. Suicide ou assassinat, le 24 novembre de la même année, après une déclaration anarchiste, de Philippe Daudet, le fils de l'écrivain d'Action française.

Quelques campagnes retinrent également l'attention : solidarité avec la Révolution espagnole de 1936 à 1938, lutte animée par Louis Lecoin pour la libération des anarchistes italiens Sacco et Vanzetti finalement électrocutés aux U.S.A. en août 1927, campagnes contre le déclenchement de la Seconde Guerre mondiale et pour un statut de l'objection de conscience...

Mais rien de tout cela n'évoque, qu'on approuve ou qu'on blâme, la pensée et l'action anarchistes d'antan qui se sont évanouies avec les rêves du siècle où elles se sont épanouies.

Si l'on envisage en effet la doctrine, on peut dire que les théoriciens des cinquante dernières années sont ceux qui déjà pensaient l'anarchie avant la Première Guerre

1. Condamné à mort, sa peine fut commuée et il fut libéré le 21 août 1924. Cottin mourut en septembre 1936 en défendant l'Espagne républicaine sur le front d'Aragon.
2. Anarchiste individualiste répandu dans les milieux du quartier latin peu avant 1914; son fils, bien que simple comparse, fut guillotiné le 2 août 1922.

mondiale. Ils ont disparu l'un après l'autre sans héritiers spirituels : Jean Grave en 1939, Sébastien Faure en 1942, Armand en 1962, pour ne rappeler que quelques noms parmi les plus représentatifs de l'ancienne génération.

Sur le plan de l'organisation et de l'action, la situation n'est pas plus florissante. En novembre 1920, au Congrès de Paris, s'est constituée l'Union Anarchiste qui vécut, non sans crises, jusqu'à la Seconde Guerre mondiale. Une Fédération anarchiste de langue française (F.A.F.) la concurrença qui eut pour organe, à partir de mars-avril 1937, Terre Libre dont le premier numéro date du mois d'août 1934. Une autre publication concurrente, La Voix Libertaire paraissait depuis 1928; elle vécut jusqu'en 1939. Le Libertaire traversa cette période de bout en bout, un temps quotidien, en 1923-1924. Durant la Deuxième Guerre mondiale, en 1943, une réunification s'amorça qui se concrétisa par la constitution de la Fédération Libertaire en 1945. Une scission, en 1953, fit du Libertaire l'organe d'une éphémère Fédération Communiste Libertaire. Aujourd'hui, la Fédération Anarchiste demeure seule avec son organe mensuel, Le Monde Libertaire; son activité est principalement orientée vers la propagande en faveur du pacifisme et de la libre pensée.

L'anarchie est-elle donc morte? Sans aucun doute. Comme est mort ce socialisme qui vivait d'incantations : « Sociale », « Grève générale », dont chacun pensait qu'elles seraient mères de liberté et de fraternité dans une abondance immédiatement donnée.

Mais l'esprit libertaire demeure, une certaine conception du socialisme demeure. Et qui peuvent revendiquer leurs droits.

Alors, pourquoi, reprenant le cri de ceux qui défiaient la Société au pied de la guillotine, pourquoi certains ne reprendraient-ils pas le mot célèbre : l'Anarchie est morte. Vive l'anarchie!

Bibliographie
sommaire

La bibliographie que j'ai donnée à la suite de ma thèse (1ʳᵉ édition) s'étend sur 180 pages. Il n'est pas question ici de la reprendre, même allégée, mais plutôt de donner les titres des ouvrages en français qui, ici et là, s'imposent et de compléter par les publications les plus intéressantes qui ont vu le jour depuis une quinzaine d'années. On se reportera utilement à l'état des travaux que je donnerai dans le *Mouvement social* n° 50.

La théorie (écrits dus à des anarchistes) :

Anarchisme communiste :

S. Faure,
> *La Douleur universelle. Philosophie libertaire,*
> Paris, 1895, 396 p.
> *Mon Communisme. Le Bonheur universel,*
> Paris, 1921, 408 p.

J. Grave,
> *L'Anarchie, son but, ses moyens,* Paris, 332 p.
> *La Société mourante et l'anarchie,* Paris, 1893,
> 298 p.
> *La Société future,* Paris, 1895, 414 p.

E. Reclus,
> *L'Evolution, la révolution et l'idéal anarchiste,*
> Paris, 1898, 2ᵉ édition, 296 p.

Anarchisme individualiste :

E. Armand,
> *L'initiation individualiste anarchiste,* Paris-
> Orléans, 1923, 344 p.

Anarchisme syndicaliste :

F. Pelloutier,
> *Lettre aux anarchistes. Le Congrès général du*
> *Parti socialiste français,* Paris, 1900, 72 p.
> *Histoire des Bourses du travail,* Paris, 1902,
> xx-232 p.

Les hommes.

>> L. Lecoin,
>>> *De prison en prison*, Paris, 1946, 220 p.
>> A. Sergent,
>>> *Un anarchiste de la belle époque : Alexandre Jacob*, Paris, 1950, 208 p.
>> J. Humbert,
>>> *Sébastien Faure, l'homme, l'apôtre, une époque*, Paris, 1949, 261 p.
>> F. Jourdain,
>>> *Sans remords ni rancunes*, Paris, 1953. Cf. les chapitres « Du côté de chez Bakounine », « De quelques séditieux », « Du côté de Belleville, de Levallois et de Saint-Pétersbourg ».
>>> *E. Armand, sa vie, sa pensée, son œuvre*, Paris, 1964, 498 p.

Histoire du mouvement.

>> A. Sergent et Cl. Harmel,
>>> *Histoire de l'anarchie*, Paris, 1949, 450 p. (un seul volume paru sur les deux annoncés; il traite de l'histoire des idées avant 1880).
>> J. Maitron,
>>> *Histoire du mouvement anarchiste en France, 1880-1914*, Paris, 1re édition, 1951 (épuisée), 2e édition, 1955, 562 p.
>> H. Arvon,
>>> *L'Anarchisme*, Paris, 1951, 128 p. (collection Que sais-je?).

La plupart des photographies présentées dans ce volume ont été choisies il y a quelque dix ans par mon ami Chambelland et par moi-même en vue d'une publication en album... mais aucun éditeur n'a voulu courir le risque. Pour la plupart inédites, elles proviennent des collections des archives de la Préfecture de Police mises à notre disposition par Mme Tulard, administrateur. Je lui en exprime ma gratitude en la remerciant également des facilités qu'elle m'accorda pour consulter les papiers Bonnot non encore inventoriés.

DU MÊME AUTEUR

HISTOIRE DU MOUVEMENT ANARCHISTE EN FRANCE (1880-1914), SUDEL, Paris, 1951; réédité par Gallimard dans la collection Tel en 1992.

LE SYNDICALISME RÉVOLUTIONNAIRE. PAUL DELESALLE. Préface d'Ed. Dolléans, Les Éditions ouvrières, 1952; réédité par Fayard en 1985.

DE LA BASTILLE AU MONT VALÉRIEN. DIX PROMENADES À TRAVERS PARIS RÉVOLUTIONNAIRE, Les Éditions ouvrières, 1956.

Publication de textes :

H. Messager, LETTRES DE DÉPORTATION, 1871-1876, Paris, Le Sycomore, 1979.

En collaboration avec Colette Chambelland : LES ARCHIVES DE PIERRE MONATTE, préface de E. Labrousse, Maspero, 1968.

En collaboration avec Lucien Leray : Compléments à HISTOIRE ANECDOTIQUE DU TRAVAIL d'Albert Thomas, 1961 (édité par l'Association « Le Souvenir d'Albert Thomas ».)

Jean Maitron a dirigé aux Éditions ouvrières la publication du monumental *Dictionnaire biographique du Mouvement ouvrier international :* en 1971, *L'autriche* avec MM. Y. Bourdet, G. Haupt, F. Kreissler, H. Steiner; en 1978 et 1979, *La Grande-Bretagne* avec M. F. et Mme R. Bédarida; en 1978 et 1979, *Le Japon* avec M. S. Shiota; en 1985 *La Chine* avec MM. L. Bianco et Y. Chevrier. Depuis la disparition de Jean Maitron ont été élaborés *L'Allemagne* (J. Droz), *Le Maghreb* (R. Gallissot), *L'Indochine* (D. Hémery) et *L'Amérique latine* (R. Paris).

Jean Maitron, enfin, a dirigé et réalisé, avec la collaboration de plusieurs dizaines, voire de centaines de collaborateurs, le célèbre

Dictionnaire biographique du Mouvement ouvrier français dont une trentaine de volumes de référence ont déjà été publiés et couvrent les périodes suivantes : 1789-1864 (trois volumes); 1864-1871 (six volumes); 1871-1914 (six volumes); 1914-1939 (une vingtaine de volumes ont déjà été publiés; l'historien Claude Pennetier collabore notamment à cette dernière série). Tous ces volumes sont édités par les Éditions ouvrières.

DANS LA COLLECTION FOLIO/HISTOIRE

Dernières parutions :

Impression Brodard et Taupin,
à La Flèche (Sarthe),
le 6 janvier 1992.
Dépôt légal : janvier 1992.
Numéro d'imprimeur : 1080F-5.
ISBN 2-07-032675-6 / Imprimé en France.

CHAPITRE XVI

Le lendemain se passa sans hostilités. De part et d'autre on se tenait sur la défensive. Orso ne sortit pas de sa maison, et la porte des Barricini resta constamment fermée. On voyait les cinq gendarmes laissés en garnison à Pietranera se promener sur la place ou aux environs du village, assistés du garde champêtre, seul représentant de la milice urbaine. L'adjoint ne quittait pas son écharpe ; mais, sauf les *archere* aux fenêtres des deux maisons ennemies, rien n'indiquait la guerre. Un Corse seul aurait remarqué que sur la place, autour du chêne vert, on ne voyait que des femmes.

A l'heure du souper, Colomba montra d'un air joyeux à son frère la lettre suivante qu'elle venait de recevoir de Miss Nevil :

« *Ma chère mademoiselle Colomba, j'apprends avec bien du plaisir, par une lettre de votre frère, que vos inimitiés sont finies. Recevez-en mes compliments. Mon père ne peut plus souffrir Ajaccio depuis que votre frère n'est plus là pour parler guerre et chasser avec lui. Nous partons aujourd'hui, et nous irons coucher chez votre parente, pour laquelle nous avons une lettre. Après-demain, vers onze heures, je viendrai vous demander à goûter de ce bruccio des montagnes, si supérieur, dites-vous, à celui de la ville.*

« *Adieu, chère mademoiselle Colomba.*

« *Votre amie,*

« Lydia Nevil. »

« Elle n'a donc pas reçu ma seconde lettre ? s'écria
Orso.

— Vous voyez, par la date de la sienne, que Mme
Lydia devait être en route quand votre lettre est arrivée
à Ajaccio. Vous lui disiez donc de ne pas venir ?

— Je lui disais que nous étions en état de siège. Ce
n'est pas, ce me semble, une situation à recevoir du
monde.

— Bah ! ces Anglais sont des gens singuliers. Elle me
disait, la dernière nuit que j'ai passée dans sa chambre,
qu'elle serait fâchée de quitter la Corse sans avoir vu
une belle vendette. Si vous le vouliez, Orso, on pourrait
lui donner le spectacle d'un assaut contre la maison de
nos ennemis ?

— Sais-tu, dit Orso, que la nature a eu tort de faire de
toi une femme, Colomba ? Tu aurais été un excellent
militaire.

— Peut-être. En tout cas je vais faire mon bruccio.

— C'est inutile. Il faut envoyer quelqu'un pour les
prévenir et les arrêter avant qu'ils se mettent en route.

— Oui ? vous voulez envoyer un messager par le
temps qu'il fait, pour qu'un torrent l'emporte avec
votre lettre... Que je plains les pauvres bandits par cet
orage ! Heureusement, ils ont de bons *piloni**. Savez-
vous ce qu'il faut faire, Orso ? Si l'orage cesse, partez
demain de très bonne heure, et arrivez chez notre
parente avant que vos amis se soient mis en route. Cela
vous sera facile, Miss Lydia se lève toujours tard. Vous
leur conterez ce qui s'est passé chez nous ; et s'ils
persistent à venir, nous aurons grand plaisir à les
recevoir. »

Orso se hâta de donner son assentiment à ce projet, et
Colomba, après quelques moments de silence :

« Vous croyez peut-être, Orso, reprit-elle, que je plai-
santais lorsque je vous parlais d'un assaut contre la

---

*Manteau de drap très épais garni d'un capuchon.

maison Barricini ? Savez-vous que nous sommes en
force, deux contre un au moins ? Depuis que le préfet a
suspendu le maire, tous les hommes d'ici sont pour
nous. Nous pourrions les hacher. Il serait facile d'enta-
mer l'affaire. Si vous le vouliez, j'irais à la fontaine, je
me moquerais de leurs femmes ; ils sortiraient... Peut-
être... car ils sont si lâches ! peut-être tireraient-ils sur
moi par leurs *archere* ; ils me manqueraient. Tout est
dit alors : ce sont eux qui attaquent. Tant pis pour les
vaincus : dans une bagarre où trouver ceux qui ont fait
un bon coup ? Croyez-en votre sœur, Orso ; les robes
noires qui vont venir saliront du papier, diront bien des
mots inutiles. Il n'en résultera rien. Le vieux renard
trouverait moyen de leur faire voir des étoiles en plein
midi. Ah ! si le préfet ne s'était pas mis devant Vincentello, il y en avait un de moins. »

Tout cela était dit avec le même sang-froid qu'elle
mettait l'instant d'auparavant à parler des préparatifs
du bruccio.

Orso, stupéfait, regardait sa sœur avec une admiration mêlée de crainte.

« Ma douce Colomba, dit-il en se levant de table, tu
es, je le crains, le diable en personne ; mais sois tranquille. Si je ne parviens pas à faire pendre les Barricini,
je trouverai moyen d'en venir à bout d'une autre
manière. Balle chaude ou fer froid* ! Tu vois que je n'ai
pas oublié le corse.

— Le plus tôt serait le mieux, dit Colomba en soupirant. Quel cheval monterez-vous demain, Ors' Anton' ?

— Le noir. Pourquoi me demandes-tu cela ?

— Pour lui faire donner de l'orge. »

Orso s'étant retiré dans sa chambre, Colomba envoya
coucher Saveria et les bergers, et demeura seule dans la
cuisine où se préparait le bruccio. De temps en temps
elle prêtait l'oreille et paraissait attendre impatiemment que son frère se fût couché. Lorsqu'elle le crut

_____

Palla calda u farru freddu, locution très usitée.

enfin endormi, elle prit un couteau, s'assura qu'il était tranchant, mit ses petits pieds dans de gros souliers, et, sans faire le moindre bruit, elle entra dans le jardin.

Le jardin, fermé de murs, touchait à un terrain assez vaste, enclos de haies, où l'on mettait les chevaux, car les chevaux corses ne connaissent guère l'écurie. En général on les lâche dans un champ et l'on s'en rapporte à leur intelligence pour trouver à se nourrir et à s'abriter contre le froid et la pluie.

Colomba ouvrit la porte du jardin avec la même précaution, entra dans l'enclos, et en sifflant doucement elle attira près d'elle les chevaux, à qui elle portait souvent du pain et du sel. Dès que le cheval noir fut à sa portée, elle le saisit fortement par la crinière et lui fendit l'oreille avec son couteau. Le cheval fit un bond terrible et s'enfuit en faisant entendre ce cri aigu qu'une vive douleur arrache quelquefois aux animaux de son espèce. Satisfaite alors, Colomba rentrait dans le jardin, lorsque Orso ouvrit sa fenêtre et cria : « Qui va là ? » En même temps elle entendit qu'il armait son fusil. Heureusement pour elle, la porte du jardin était dans une obscurité complète, et un grand figuier la couvrait en partie. Bientôt, aux lueurs intermittentes qu'elle vit briller dans la chambre de son frère, elle conclut qu'il cherchait à rallumer sa lampe. Elle s'empressa alors de fermer la porte du jardin, et se glissant le long des murs, de façon que son costume noir se confondît avec le feuillage sombre des espaliers, elle parvint à rentrer dans la cuisine quelques moments avant qu'Orso ne parût.

« Qu'y a-t-il ? lui demanda-t-elle.

— Il m'a semblé, dit Orso, qu'on ouvrait la porte du jardin.

— Impossible. Le chien aurait aboyé. Au reste, allons voir. »

Orso fit le tour du jardin, et après avoir constaté que la porte extérieure était bien fermée, un peu honteux de cette fausse alerte, il se disposa à regagner sa chambre.

« J'aime à voir, mon frère, dit Colomba, que vous devenez prudent, comme on doit l'être dans votre position.

— Tu me formes, répondit Orso. Bonsoir. »

Le matin avec l'aube Orso s'était levé, prêt à partir. Son costume annonçait à la fois la prétention à l'élégance d'un homme qui va se présenter devant une femme à qui il veut plaire, et la prudence d'un Corse en vendette. Par-dessus une redingote bleue bien serrée à la taille, il portait en bandoulière une petite boîte de fer-blanc contenant des cartouches, suspendue à un cordon de soie verte ; son stylet était placé dans une poche de côté, et il tenait à la main le beau fusil de Manton chargé à balles. Pendant qu'il prenait à la hâte une tasse de café versée par Colomba, un berger était sorti pour seller et brider le cheval. Orso et sa sœur le suivirent de près et entrèrent dans l'enclos. Le berger s'était emparé du cheval, mais il avait laissé tomber selle et bride, et paraissait saisi d'horreur, pendant que le cheval, qui se souvenait de la blessure de la nuit précédente et qui craignait pour son autre oreille, se cabrait, ruait, hennissait, faisait le diable à quatre.

« Allons, dépêche-toi, lui cria Orso.

— Ha ! Ors' Anton' ! ha ! Ors' Anton' ! s'écriait le berger, sang de la Madone ! etc. »

C'étaient des imprécations sans nombre et sans fin, dont la plupart ne pourraient se traduire.

« Qu'est-il donc arrivé ? » demanda Colomba.

Tout le monde s'approcha du cheval, et, le voyant sanglant et l'oreille fendue, ce fut une exclamation générale de surprise et d'indignation. Il faut savoir que mutiler le cheval de son ennemi est, pour les Corses, à la fois une vengeance, un défi et une menace de mort. « Rien qu'un coup de fusil n'est capable d'expier ce forfait. » Bien qu'Orso, qui avait longtemps vécu sur le continent, sentît moins qu'un autre l'énormité de l'outrage, cependant, si dans ce moment quelque barricniste se fût présenté à lui, il est probable qu'il lui eût

fait immédiatement expier une insulte qu'il attribuait à
ses ennemis.

« Les lâches coquins ! s'écria-t-il, se venger sur une
pauvre bête, lorsqu'ils n'osent me rencontrer en face !

— Qu'attendons-nous ? s'écria Colomba impétueuse-
ment. Ils viennent nous provoquer, mutiler nos chevaux et nous ne leur répondrions pas ! Êtes-vous
hommes ?

— Vengeance ! répondirent les bergers. Promenons
le cheval dans le village et donnons l'assaut à leur
maison.

— Il y a une grange couverte de paille qui touche à
leur tour, dit le vieux Polo Griffo, en un tour de main je
la ferai flamber. »

Un autre proposait d'aller chercher les échelles du
clocher de l'église ; un troisième, d'enfoncer les portes
de la maison Barricini au moyen d'une poutre déposée
sur la place et destinée à quelque bâtiment en construction. Au milieu de toutes ces voix furieuses, on entendait ceux de Colomba annonçant à ses satellites
qu'avant de se mettre à l'œuvre chacun allait recevoir
d'elle un grand verre d'anisette.

Malheureusement, ou plutôt heureusement, l'effet
qu'elle s'était promis de sa cruauté envers le pauvre
cheval était perdu en grande partie pour Orso. Il ne
doutait pas que cette mutilation sauvage ne fût l'œuvre
d'un de ses ennemis, et c'était Orlanduccio qu'il soup-
çonnait particulièrement ; mais il ne croyait pas que ce
jeune homme, provoqué et frappé par lui, eût effacé sa
honte en fendant l'oreille à un cheval. Au contraire,
cette basse et ridicule vengeance augmentait son
mépris pour ses adversaires, et il pensait maintenant
avec le préfet que de pareilles gens ne méritaient pas de
se mesurer avec lui. Aussitôt qu'il put se faire entendre,
il déclara à ses partisans confondus qu'ils eussent à
renoncer à leurs intentions belliqueuses, et que la justice, qui allait venir, vengerait fort bien l'oreille de son
cheval.

« Je suis le maître ici, ajouta-t-il d'un ton sévère, et j'entends qu'on m'obéisse. Le premier qui s'avisera de parler encore de tuer ou de brûler, je pourrai bien le brûler à mon tour. Allons ! qu'on me selle le cheval gris.

— Comment, Orso, dit Colomba en le tirant à l'écart, vous souffrez qu'on nous insulte ! Du vivant de notre père, jamais les Barricini n'eussent osé mutiler une bête à nous.

— Je te promets qu'ils auront lieu de s'en repentir ; mais c'est aux gendarmes et aux geôliers à punir des misérables qui n'ont de courage que contre des animaux. Je te l'ai dit, la justice me vengera d'eux... ou sinon... tu n'auras besoin de me rappeler de qui je suis fils...

— Patience ! dit Colomba en soupirant.

— Souviens-toi bien, ma sœur, poursuivit Orso, que si à mon retour, je trouve qu'on a fait quelque démonstration contre les Barricini, jamais je ne te le pardonnerai. » Puis, d'un ton plus doux : « Il est fort possible, fort probable même, ajouta-t-il, que je reviendrai ici avec le colonel et sa fille ; fais en sorte que leurs chambres soient en ordre, que le déjeuner soit bon, enfin que nos hôtes soient le moins mal possible. C'est très bien, Colomba, d'avoir du courage, mais il faut encore qu'une femme sache tenir une maison. Allons, embrasse-moi, sois sage ; voilà le cheval gris sellé.

— Orso, dit Colomba, vous ne partirez point seul.

— Je n'ai besoin de personne, dit Orso, et je te réponds que je ne me laisserai pas couper l'oreille.

— Oh ! jamais je ne vous laisserai partir seul en temps de guerre. Ho ! Polo Griffo ! Gian' Francè ! Memmo ! prenez vos fusils ; vous allez accompagner mon frère. »

Après une discussion assez vive, Orso dut se résigner à se faire suivre d'une escorte. Il prit parmi ses bergers les plus animés ceux qui avaient conseillé le plus haut de commencer la guerre ; puis, après avoir renouvelé ses injonctions à sa sœur et aux bergers restants, il se mit en route, prenant cette fois un détour pour éviter la maison Barricini.

Déjà ils étaient loin de Pietranera, et marchaient de grande hâte, lorsque au passage d'un petit ruisseau qui se perdait dans un marécage le vieux Polo Griffo aperçut plusieurs cochons confortablement couchés dans la boue, jouissant à la fois du soleil et de la fraîcheur de l'eau. Aussitôt, ajustant le plus gros, il lui tira un coup de fusil dans la tête et le tua sur la place. Les camarades du mort se levèrent et s'enfuirent avec une légèreté surprenante ; et bien que l'autre berger fît feu à son tour, ils gagnèrent sains et saufs un fourré où ils disparurent.

« Imbéciles ! s'écria Orso ; vous prenez des cochons pour des sangliers.

— Non pas, Ors' Anton', répondit Polo Griffo ; mais ce troupeau appartient à l'avocat, et c'est pour lui apprendre à mutiler nos chevaux.

— Comment, coquins ! s'écria Orso transporté de fureur, vous imitez les infamies de nos ennemis ! Quittez-moi, misérables ! Je n'ai pas besoin de vous. Vous n'êtes bons qu'à vous battre contre des cochons. Je jure Dieu que si vous osez me suivre je vous casse la tête ! »

Les deux bergers s'entre-regardèrent interdits. Orso donna des éperons à son cheval et disparut au galop.

« Eh bien, dit Polo Griffo, en voilà d'une bonne ! Aimez donc les gens pour qu'ils vous traitent comme cela ! Le colonel, son père, t'en a voulu parce que tu as une fois couché en joue l'avocat... Grande bête, de ne pas tirer !... Et le fils... tu vois ce que j'ai fait pour lui... Il parle de me casser la tête, comme on fait d'une gourde qui ne tient plus le vin. Voilà ce qu'on apprend sur le continent, Memmo !

— Oui, et si l'on sait que tu as tué un cochon, on te fera un procès, et Ors' Anton' ne voudra pas parler aux juges ni payer l'avocat. Heureusement personne ne t'a vu, et saint Nega est là pour te tirer d'affaire. »

Après une courte délibération, les deux bergers

conclurent que le plus prudent était de jeter le porc dans une fondrière, projet qu'ils mirent à exécution, bien entendu après avoir pris chacun quelques grillades sur l'innocente victime de la haine des della Rebbia et des Barricini.

CHAPITRE XVII

Débarrassé de son escorte indisciplinée, Orso continuait sa route, plus préoccupé du plaisir de revoir Miss
Nevil que de la crainte de rencontrer ses ennemis. « Le
procès que je vais avoir avec ces misérables Barricini,
se disait-il, va m'obliger d'aller à Bastia. Pourquoi
n'accompagnerais-je pas Miss Nevil ? Pourquoi, de
Bastia, n'irions-nous pas ensemble aux eaux
d'Orezza ? » Tout à coup des souvenirs d'enfance lui
rappelèrent nettement ce site pittoresque. Il se crut
transporté sur une verte pelouse au pied des châtaigniers séculaires. Sur un gazon d'une herbe lustrée,
parsemé de fleurs bleues ressemblant à des yeux qui lui
souriaient, il voyait Miss Lydia assise auprès de lui.
Elle avait ôté son chapeau, et ses cheveux blonds, plus
fins et plus doux que la soie, brillaient comme de l'or au
soleil qui pénétrait au travers du feuillage. Ses yeux,
d'un bleu si pur, lui paraissaient plus bleus que le
firmament. La joue appuyée sur une main, elle écoutait
toute pensive les paroles d'amour qu'il lui adressait en
tremblant. Elle avait cette robe de mousseline qu'elle
portait le dernier jour qu'il l'avait vue à Ajaccio. Sous
les plis de cette robe s'échappait un petit pied dans un
soulier de satin noir. Orso se disait qu'il serait bien
heureux de baiser ce pied ; mais une des mains de Miss
Lydia n'était pas gantée, et elle tenait une pâquerette.
Orso lui prenait cette pâquerette, et la main de Lydia
serrait la sienne ; et il baisait la pâquerette, et puis la
main, et on ne se fâchait pas... Et toutes ces pensées

l'empêchaient de faire attention à la route qu'il suivait, et cependant il trottait toujours. Il allait pour la seconde fois baiser en imagination la main blanche de Miss Nevil, quand il pensa baiser en réalité la tête de son cheval qui s'arrêta tout à coup. C'est que la petite Chilina lui barrait le chemin et lui saisissait la bride.

« Où allez-vous ainsi, Ors' Anton' ? disait-elle. Ne savez-vous pas que votre ennemi est près d'ici ?

— Mon ennemi ! s'écria Orso furieux de se voir interrompu dans un moment aussi intéressant. Où est-il ?

— Orlanduccio est près d'ici. Il vous attend. Retournez, retournez.

— Ah ! il m'attend ! Tu l'as vu ?

— Oui, Ors' Anton', j'étais couchée dans la fougère quand il a passé. Il regardait de tous les côtés avec sa lunette.

— De quel côté allait-il ?

— Il descendait par là, du côté où vous allez.

— Merci.

— Ors' Anton', ne feriez-vous pas bien d'attendre mon oncle ? Il ne peut tarder, et avec lui vous seriez en sûreté.

— N'aie pas peur, Chili, je n'ai pas besoin de ton oncle.

— Si vous vouliez, j'irais devant vous.

— Merci, merci. »

Et Orso, poussant son cheval, se dirigea rapidement du côté que la petite fille lui avait indiqué.

Son premier mouvement avait été un aveugle transport de fureur, et il s'était dit que la fortune lui offrait une excellente occasion de corriger ce lâche qui mutilait un cheval pour se venger d'un soufflet. Puis, tout en avançant, l'espèce de promesse qu'il avait faite au préfet, et surtout la crainte de manquer la visite de Miss Nevil, changeaient ses dispositions et lui faisaient presque désirer de ne pas rencontrer Orlanduccio. Bientôt le souvenir de son père, l'insulte faite à son cheval, les menaces des Barricini rallumaient sa colère, et l'excitaient à chercher son ennemi pour le provoquer et l'obliger à se battre. Ainsi agité par des résolutions contraires, il continuait de marcher en avant, mais, maintenant, avec précaution, examinant les buissons et les haies, et quelquefois même s'arrêtant pour écouter les bruits vagues qu'on entend dans la campagne. Dix minutes après avoir quitté la petite Chilina (il était alors environ neuf heures du matin), il se trouva au bord d'un coteau extrêmement rapide. Le chemin, ou plutôt le sentier à peine tracé qu'il suivait, traversait un maquis récemment brûlé. En ce lieu la terre était chargée de cendres blanchâtres, et çà et là des arbrisseaux et quelques gros arbres noircis par le feu et entièrement dépouillés de leurs feuilles se tenaient debout, bien qu'ils eussent cessé de vivre. En voyant un maquis brûlé, on se croit transporté dans un site du Nord au milieu de l'hiver, et le contraste de l'aridité des lieux que la flamme a parcourus avec la végétation luxuriante d'alentour les fait paraître encore plus tristes et désolés. Mais dans ce paysage Orso ne voyait en ce moment qu'une chose, importante il est vrai, dans sa position, la terre étant nue ne pouvait cacher une embuscade, et celui qui peut craindre à chaque instant de voir sortir d'un fourré un canon de fusil dirigé contre sa poitrine, regarde comme une espèce d'oasis un terrain uni où rien n'arrête la vue. Au maquis brûlé succédaient plusieurs champs en culture, enclos, selon l'usage du pays, de murs en pierres sèches à hauteur d'appui. Le sentier passait entre ces enclos, où d'énormes châtaigniers, plantés confusément, présentaient de loin l'apparence d'un bois touffu.

Obligé par la roideur de la pente à mettre pied à terre, Orso, qui avait laissé la bride sur le cou de son cheval, descendait rapidement en glissant sur la cendre ; et il n'était guère qu'à vingt-cinq pas d'un de ces enclos en pierre à droite du chemin, lorsqu'il aperçut, précisément en face de lui, d'abord un canon de fusil, puis une tête dépassant la crête du mur. Le fusil s'abaissa, et il reconnut Orlanduccio prêt à faire feu. Orso fut prompt à se mettre en défense, et tous les deux, se couchant en joue, se regardèrent quelques secondes avec cette émotion poignante que le plus brave éprouve au moment de donner ou de recevoir la mort.

« Misérable lâche ! » s'écria Orso...

Il parlait encore quand il vit la flamme du fusil d'Orlanduccio, et presque en même temps un second coup partit à sa gauche, de l'autre côté du sentier, tiré par un homme qu'il n'avait point aperçu, et qui l'ajustait posté derrière un autre mur. Les deux balles l'atteignirent : l'une, celle d'Orlanduccio, lui traversa le bras gauche, qu'il lui présentait en le couchant en joue ; l'autre le frappa à la poitrine, déchira son habit, mais, rencontrant heureusement la lame de son stylet, s'aplatit dessus et ne lui fit qu'une contusion légère. Le bras gauche d'Orso tomba immobile le long de sa cuisse, et le canon de son fusil s'abaissa un instant ; mais il le releva aussitôt, et dirigeant son arme de sa seule main droite, il fit feu sur Orlanduccio. La tête de son ennemi, qu'il ne découvrait que jusqu'aux yeux, disparut derrière le mur. Orso, se tournant à sa gauche, lâcha son second coup sur un homme entouré de fumée qu'il apercevait à peine. A son tour, cette figure disparut. Les quatre coups de fusil s'étaient succédé avec une rapidité incroyable, et jamais soldats exercés ne mirent moins d'intervalle dans un feu de file. Après le dernier coup d'Orso, tout rentra dans le silence. La fumée sortie de son arme montait lentement vers le ciel ; aucun mouvement derrière le mur, pas le plus léger bruit. Sans la douleur qu'il ressentait au bras, il aurait pu croire que ces hommes sur qui il venait de tirer étaient des fantômes de son imagination.

S'attendant à une seconde décharge, Orso fit quelques pas pour se placer derrière un de ces arbres brûlés restés debout dans le maquis. Derrière cet abri, il plaça son fusil entre se genoux et le rechargea à la hâte. Cependant son bras gauche le faisait cruellement souf-

frir, et il lui semblait qu'il soutenait un poids énorme.
Qu'étaient devenus ses adversaires ? Il ne pouvait le
comprendre. S'ils s'étaient enfuis, s'ils avaient été blessés, il aurait assurément entendu quelque bruit, quelque mouvement dans le feuillage. Étaient-ils donc
morts, ou bien plutôt n'attendaient-ils pas, à l'abri de
leur mur, l'occasion de tirer de nouveau sur lui ? Dans
cette incertitude, et sentant ses forces diminuer, il mit
en terre le genou droit, appuya sur l'autre son bras
blessé et se servit d'une branche qui partait du tronc de
l'arbre brûlé pour soutenir son fusil. Le doigt sur la
détente, l'œil fixé sur le mur, l'oreille attentive au
moindre bruit, il demeura immobile pendant quelques
minutes, qui lui parurent un siècle. Enfin, bien loin
derrière lui, un cri éloigné se fit entendre, et bientôt un
chien, descendant le coteau avec la rapidité d'une
flèche, s'arrêta auprès de lui en remuant la queue.
C'était Brusco, le disciple et le compagnon des bandits,
annonçant sans doute l'arrivée de son maître ; et
jamais honnête homme ne fut plus impatiemment
attendu. Le chien, le museau en l'air, tourné du côté de
l'enclos le plus proche, flairait avec inquiétude. Tout à
coup il fit entendre un grognement sourd, franchit le
mur d'un bond, et presque aussitôt remonta sur la
crête, d'où il regarda fixement Orso, exprimant dans
ses yeux la surprise aussi clairement que chien le peut
faire ; puis il se remit le nez au vent, cette fois dans la
direction de l'autre enclos, dont il sauta encore le mur.
Au bout d'une seconde, il reparaissait sur la crête,
montrant le même air d'étonnement et d'inquiétude ;
puis il sauta dans le maquis, la queue entre les jambes,
regardant toujours Orso et s'éloignant de lui à pas
lents, par une marche de côté, jusqu'à ce qu'il s'en
trouvât à quelque distance. Alors, reprenant sa course,
il remonta le coteau presque aussi vite qu'il l'avait
descendu, à la rencontre d'un homme qui s'avançait
rapidement malgré la roideur de la pente.

« A moi, Brando ! s'écria Orso dès qu'il le crut à
portée de voix.

— Ho ! Ors' Anton' ! vous êtes blessé ? lui demanda Brandolaccio accourant tout essoufflé. Dans le corps ou dans les membres ?...

— Au bras.

— Au bras ! ce n'est rien. Et l'autre ?

— Je crois l'avoir touché. »

Brandolaccio, suivant son chien, courut à l'enclos le plus proche et se pencha pour regarder de l'autre côté du mur. Là, ôtant son bonnet :

« Salut au seigneur Orlanduccio, » dit-il. Puis, se tournant du côté d'Orso, il le salua à son tour d'un air grave :

« Voilà, dit-il, ce que j'appelle un homme proprement accommodé.

— Vit-il encore ? demanda Orso respirant avec peine.

— Oh ! il s'en garderait ; il a trop de chagrin de la balle que vous lui avez mise dans l'œil. Sang de la Madone, quel trou ! Bon fusil, ma foi ! Quel calibre ! Ça vous écrabouille une cervelle ! Dites donc, Ors' Anton', quand j'ai entendu d'abord pif ! pif ! je me suis dit : "Sacrebleu ! ils escofient mon lieutenant." Puis j'entends boum ! boum ! "Ah ! je dis, voilà le fusil anglais qui parle : il riposte..." Mais Brusco, qu'est-ce que tu me veux donc ? »

Le chien le mena à l'autre enclos.

« Excusez ! s'écria Brandolaccio stupéfait. Coup double ! rien que cela ! Peste ! on voit bien que la poudre est chère, car vous l'économisez.

— Qu'y a-t-il, au nom de Dieu ? demanda Orso.

— Allons ! ne faites donc pas le farceur, mon lieutenant ! vous jetez le gibier par terre, et vous voulez qu'on vous le ramasse... En voilà un qui va en avoir un drôle de dessert aujourd'hui ! c'est l'avocat Barricini. De la viande de boucherie, en veux-tu, en voilà ! Maintenant qui diable héritera ?

— Quoi ! Vincentello mort aussi ?

— Très mort. Bonne santé à nous autres* ! Ce qu'il y a de bon avec vous, c'est que vous ne les faites pas souffrir. Venez donc voir Vincentello : il est encore à genoux, la tête appuyée contre le mur. Il a l'air de dormir. C'est là le cas de dire : Sommeil de plomb. Pauvre diable ! »

Orso détourna la tête avec horreur.

« Es-tu sûr qu'il soit mort ?

— Vous êtes comme Sampiero Corso, qui ne donnait jamais qu'un coup. Voyez-vous, là..., dans la poitrine, à gauche ? tenez, comme Vincileone fut attrapé à Waterloo.

Je parierais bien que la balle n'est pas loin du cœur. Coup double ! Ah ! je ne me mêle plus de tirer. Deux en deux coups !... A balle !... Les deux frères !... S'il avait eu un troisième coup, il aurait tué le papa... On fera mieux une autre fois... Quel coup, Ors' Anton' !... Et dire que cela n'arrivera jamais à un brave garçon comme moi de faire coup double sur des gendarmes ! »

Tout en parlant, le bandit examinait le bras d'Orso et fendait sa manche avec son stylet.

« Ce n'est rien, dit-il. Voilà une redingote qui donnera de l'ouvrage à Mlle Colomba... Hein ! qu'est-ce que je vois ? cet accroc sur la poitrine ?... Rien n'est entré par là ? Non, vous ne seriez pas si gaillard. Voyons, essayez de remuer les doigts... Sentez-vous mes dents quand je vous mords le petit doigt ?... Pas trop ?... C'est égal, ce ne sera rien. Laissez-moi prendre votre mouchoir et votre cravate... Voilà votre redingote perdue... Pourquoi diable vous faire si beau ? Alliez-vous à la noce ?... Là, buvez une goutte de vin... Pourquoi donc ne portez-vous pas de gourde ? Est-ce qu'un Corse sort jamais sans gourde ? »

Puis, au milieu du pansement, il s'interrompait pour s'écrier :

**Salute à noi !* Exclamation qui accompagne ordinairement le mot de mort, et qui lui sert de correctif.

« Coup double ! tous les deux roides morts !... C'est le curé qui va rire... Coup double ! Ah ! voici enfin cette petite tortue de Chilina. »

Orso ne répondait pas. Il était pâle comme un mort et tremblait de tous ses membres.

« Chili, cria Brandolaccio, va regarder derrière ce mur. Hein ? »

L'enfant, s'aidant des pieds et des mains, grimpa sur le mur, et aussitôt qu'elle eut aperçu le cadavre d'Orlanduccio, elle fit le signe de la croix.

« Ce n'est rien, continua le bandit ; va voir plus loin, là-bas. »

L'enfant fit un nouveau signe de croix.

« Est-ce vous, mon oncle ? demanda-t-elle timidement.

— Moi ! est-ce que je ne suis pas devenu un vieux bon à rien ? Chili, c'est de l'ouvrage de monsieur. Fais-lui ton compliment.

— Mademoiselle en aura bien de la joie, dit Chilina, et elle sera bien fâchée de vous savoir blessé, Ors' Anton'.

— Allons, Ors' Anton', dit le bandit après avoir achevé le pansement, voilà Chilina qui a rattrapé votre cheval. Montez et venez avec moi au maquis de la Stazzona. Bien avisé qui vous y trouverait. Nous vous y traiterons de notre mieux. Quand nous serons à la croix de Sainte-Christine, il faudra mettre pied à terre. Vous donnerez votre cheval à Chilina, qui s'en ira prévenir mademoiselle, et, chemin faisant, vous la chargerez de vos commissions. Vous pouvez tout dire à la petite, Ors' Anton' : elle se ferait plutôt hacher que de trahir ses amis. » Et d'un ton de tendresse : « Va, coquine, disait-il, sois excommuniée, sois maudite, friponne ! » Brandolaccio, superstitieux, comme beaucoup de bandits, craignait de fasciner les enfants en leur adressant des bénédictions ou des éloges, car on sait que les puissances mystérieuses qui président à l'*Annocchiatura*[*]

---

[*]Fascination involontaire qui s'exerce, soit par les yeux, soit par la parole.

ont la mauvaise habitude d'exécuter le contraire de nos souhaits.

« Où veux-tu que j'aille, Brando ? dit Orso d'une voix éteinte.

— Parbleu ! vous avez à choisir : en prison ou bien au maquis. Mais un della Rebbia ne connaît pas le chemin de la prison. Au maquis, Ors' Anton' !

— Adieu donc toutes mes espérances ! s'écria douloureusement le blessé.

— Vos espérances ? Diantre ! espériez-vous faire mieux avec un fusil à deux coups ?... Ah çà ! comment diable vous ont-ils touché ? Il faut que ces gaillards-là aient la vie plus dure que les chats.

— Ils ont tiré les premiers, dit Orso.

— C'est vrai, j'oubliais... Pif ! pif ! boum ! boum !... coup double d'une main*. Quand on fera mieux, je m'irai pendre ! Allons, vous voilà monté... avant de partir, regardez donc un peu votre ouvrage. Il n'est pas poli de quitter ainsi la compagnie sans lui dire adieu. »

Orso donna des éperons à son cheval ; pour rien au monde il n'eût voulu voir les malheureux à qui il venait de donner la mort.

« Tenez, Ors' Anton', dit le bandit s'emparant de la bride du cheval, voulez-vous que je vous parle franchement ? Eh bien, sans vous offenser, ces deux pauvres jeunes gens me font de la peine. Je vous prie de m'excuser... Si beaux... si forts... si jeunes !... Orlanduccio avec qui j'ai chassé tant de fois... Il m'a donné, il y a quatre jours, un paquet de cigares... Vincentello, qui était toujours de si belle humeur !... C'est vrai que vous avez fait ce que vous deviez faire... et d'ailleurs le coup est trop beau pour qu'on le regrette... Mais moi, je n'étais pas dans votre vengeance... Je sais que vous avez

---

*Si quelque chasseur incrédule me contestait le coup double de M. della Rebbia, je l'engagerais à aller à Sartène, et à se faire raconter comment un des habitants les plus distingués et les plus aimables de cette ville se tira seul, et le bras gauche cassé, d'une position au moins aussi dangereuse.

raison ; quand on a un ennemi, il faut s'en défaire. Mais les Barricini, c'est une vieille famille... En voilà encore une qui fausse compagnie !... et par un coup double ! c'est piquant. »

Faisant ainsi l'oraison funèbre des Barricini, Brandolaccio conduisait en hâte Orso, Chilina, et le chien Brusco vers le maquis de la Stazzona.

CHAPITRE XVIII

Cependant Colomba, peu après le départ d'Orso, avait appris par ses espions que les Barricini tenaient la campagne, et, dès ce moment, elle fut en proie à une vive inquiétude. On la voyait parcourir la maison en tous sens, allant de la cuisine aux chambres préparées pour ses hôtes, ne faisant rien et toujours occupée, s'arrêtant sans cesse pour regarder si elle n'apercevait pas dans le village un mouvement inusité. Vers onze heures une cavalcade assez nombreuse entra dans Pietranera ; c'étaient le colonel, sa fille, leurs domestiques et leur guide. En les recevant, le premier mot de Colomba fut : « Avez-vous vu mon frère ? » Puis elle demanda au guide quel chemin ils avaient pris, à quelle heure ils étaient partis ; et, sur ses réponses, elle ne pouvait comprendre qu'ils ne se fussent pas rencontrés.

« Peut-être que votre frère aura pris par le haut, dit le guide ; nous, nous sommes venus par le bas. »

Mais Colomba secoua la tête et renouvela ses questions. Malgré sa fermeté naturelle, augmentée encore par l'orgueil de cacher toute faiblesse à des étrangers, il lui était impossible de dissimuler ses inquiétudes, et bientôt elle les fit partager au colonel et surtout à Miss Lydia, lorsqu'elle les eut mis au fait de la tentative de réconciliation qui avait eu une si malheureuse issue. Miss Nevil s'agitait, voulait qu'on envoyât des messagers dans toutes les directions, et son père offrait de remonter à cheval et d'aller avec le guide à la recherche d'Orso. Les craintes de ses hôtes rappelèrent à Colomba ses devoirs de maîtresse de maison. Elle s'efforça de sourire, pressa le colonel de se mettre à table, et trouva pour expliquer le retard de son frère vingt motifs plausibles qu'au bout d'un instant elle détruisait elle-même. Croyant qu'il était de son devoir d'homme de chercher à rassurer des femmes, le colonel proposa son explication aussi.

« Je gage, dit-il, que della Rebbia aura rencontré du gibier ; il n'a pu résister à la tentation, et nous allons le voir revenir la carnassière toute pleine. Parbleu ! ajouta-t-il, nous avons entendu sur la route quatre coups de fusil. Il y en avait deux plus forts que les autres, et j'ai dit à ma fille : « Je parie que c'est della Rebbia qui chasse. Ce ne peut-être que mon fusil qui fait tant de bruit. »

Colomba pâlit, et Lydia, qui l'observait avec attention, devina sans peine quels soupçons la conjecture du colonel venait de lui suggérer. Après un silence de quelques minutes, Colomba demanda vivement si les deux fortes détonations avaient précédé ou suivi les autres. Mais ni le colonel, ni sa fille, ni le guide, n'avaient fait grande attention à ce point capital.

Vers une heure, aucun des messagers envoyés par Colomba n'étant encore revenu, elle rassembla tout son courage et força ses hôtes à se mettre à table ; mais, sauf le colonel, personne ne put manger. Au moindre bruit sur la place, Colomba courait à la fenêtre, puis revenait s'asseoir tristement, et, plus tristement encore, s'efforçait de continuer avec ses amis une conversation insignifiante à laquelle personne ne prêtait la moindre attention et qu'interrompaient de longs intervalles de silence.

Tout d'un coup, on entendit le galop d'un cheval.

« Ah ! cette fois, c'est mon frère », dit Colomba en se levant.

Mais à la vue de Chilina montée à califourchon sur le cheval d'Orso :

« Mon frère est mort ! » s'écria-t-elle d'une voix déchirante.

Le colonel laissa tomber son verre, Miss Nevil poussa un cri, tous coururent à la porte de la maison. Avant que Chilina pût sauter à bas de sa monture, elle était enlevée comme une plume par Colomba qui la serrait à l'étouffer. L'enfant comprit son terrible regard, et sa première parole fut celle du chœur d'*Otello* : « Il vit ! » Colomba cessa de l'étreindre, et Chilina tomba à terre aussi lestement qu'une jeune chatte.

« Les autres ? » demanda Colomba d'une voix rauque.

Chilina fit le signe de la croix avec l'index et le doigt du milieu. Aussitôt une vive rougeur succéda, sur la figure de Colomba, à sa pâleur mortelle. Elle jeta un regard ardent sur la maison des Barricini, et dit en souriant à ses hôtes :

« Rentrons prendre le café. »

L'Iris des bandits en avait long à raconter. Son patois, traduit par Colomba en italien tel quel, puis en anglais par Miss Nevil, arracha plus d'une imprécation au colonel, plus d'un soupir à Miss Lydia ; mais Colomba écoutait d'un air impassible, seulement elle tordait sa serviette damassée de façon à la mettre en pièces. Elle interrompit l'enfant cinq ou six fois pour se faire répéter que Brandolaccio disait que la blessure n'était pas dangereuse et qu'il en avait vu bien d'autres. En terminant Chilina rapporta qu'Orso demandait avec instance du papier pour écrire, et qu'il chargeait sa sœur de supplier une dame qui peut-être se trouvera dans sa maison, de n'en point partir avant d'avoir reçu une lettre de lui. « C'est, ajouta l'enfant, ce qui le tourmentait le plus ; et j'étais déjà en route quand il m'a rappelée pour me recommander cette commission. C'était la troisième fois qu'il me la répétait. » A cette injonction de son frère, Colomba sourit légèrement et serra fortement la main de l'Anglaise, qui fondit en larmes et ne jugea pas à propos de traduire à son père cette partie de la narration.

« Oui, vous resterez avec moi, ma chère amie, s'écria

Colomba, en embrassant Miss Nevil, et vous nous aiderez. »

Puis, tirant d'une armoire quantité de vieux linge, elle se mit à couper, pour faire des bandes et de la charpie. En voyant ses yeux étincelants, son teint animé, cette alternative de préoccupation et de sang-froid, il eût été difficile de dire si elle était plus touchée de la blessure de son frère qu'enchantée de la mort de ses ennemis. Tantôt elle versait du café au colonel et lui vantait son talent à le préparer ; tantôt, distribuant de l'ouvrage à Miss Nevil et à Chilina, elle les exhortait à coudre les bandes et à les rouler ; elle demandait pour la vingtième fois si la blessure d'Orso le faisait beaucoup souffrir. Continuellement elle s'interrompait au milieu de son travail pour dire au colonel :

« Deux hommes si adroits ! si terribles !... Lui seul, blessé, n'ayant qu'un bras... il les a abattus tous les deux. Quel courage, colonel ! N'est-ce pas un héros ? Ah ! Miss Nevil, qu'on est heureux de vivre dans un pays tranquille comme le vôtre !... Je suis sûre que vous ne connaissiez pas encore mon frère !... Je l'avais dit : l'épervier déploiera ses ailes !... Vous vous trompiez à son air doux... C'est qu'auprès de vous, Miss Nevil... Ah ! s'il vous voyait travailler pour lui... Pauvre Orso ! »

Miss Lydia ne travaillait guère et ne trouvait pas une parole. Son père demandait pourquoi l'on ne se hâtait pas de porter plainte devant un magistrat. Il parlait de l'enquête du *coroner* et de bien d'autres choses également inconnues en Corse. Enfin il voulait savoir si la maison de campagne de ce bon M. Brandolaccio, qui avait donné des secours au blessé, était fort éloignée de Pietranera, et s'il ne pourrait pas aller lui-même voir son ami.

Et Colomba répondait avec son calme accoutumé qu'Orso était dans le maquis ; qu'il avait un bandit pour le soigner ; qu'il courait grand risque s'il se montrait avant qu'on se fût assuré des dispositions du préfet et des juges ; enfin qu'elle ferait en sorte qu'un chirurgien habile se rendît en secret auprès de lui.

« Surtout, monsieur le colonel, souvenez-vous bien, disait-elle, que vous avez entendu les quatre coups de fusil, et que vous m'avez dit qu'Orso avait tiré le second. »

Le colonel ne comprenait rien à l'affaire, et sa fille ne faisait que soupirer et s'essuyer les yeux.

Le jour était déjà fort avancé lorsqu'une triste procession entra dans le village. On rapportait à l'avocat Barricini les cadavres de ses enfants, chacun couché en travers d'une mule que conduisait un paysan. Une foule de clients et d'oisifs suivait le lugubre cortège. Avec eux on voyait les gendarmes qui arrivent toujours trop tard, et l'adjoint, qui levait les bras au ciel, répétant sans cesse : « Que dira monsieur le préfet ! » Quelques femmes, entre autres une nourrice d'Orlanduccio, s'arrachaient les cheveux et poussaient des hurlements sauvages. Mais leur douleur bruyante produisait moins d'impression que le désespoir muet d'un personnage qui attirait tous les regards. C'était le malheureux père, qui, allant d'un cadavre à l'autre, soulevait leurs têtes souillées de terre, baisait leurs lèvres violettes, soutenait leurs membres déjà roidis, comme pour leur éviter les cahots de la route. Parfois on le voyait ouvrir la bouche pour parler, mais il n'en sortait pas un cri, pas une parole. Toujours les yeux fixés sur les cadavres, il se heurtait contre les pierres, contre les arbres, contre tous les obstacles qu'il rencontrait.

Les lamentations des femmes, les imprécations des hommes redoublèrent lorsqu'on se trouva en vue de la maison d'Orso. Quelques bergers rebbianistes ayant osé faire entendre une acclamation de triomphe, l'indignation de leurs adversaires ne put se contenir. « Vengeance ! vengeance ! » crièrent quelques voix. On lança des pierres, et deux coups de fusil dirigés contre les fenêtres de la salle où se trouvaient Colomba et ses hôtes percèrent les contrevents et firent voler des éclats de bois jusque sur la table près de laquelle les deux femmes étaient assises. Miss Lydia poussa des cris

affreux, le colonel saisit un fusil, et Colomba, avant
qu'il pût la retenir, s'élança vers la porte de la maison
et l'ouvrit avec impétuosité. Là, debout sur le seuil
élevé, les deux mains étendues pour maudire ses ennemis :

« Lâches ! s'écria-t-elle, vous tirez sur des femmes,
sur des étrangers ! Êtes-vous Corses ? êtes-vous
hommes ? Misérables qui ne savez qu'assassiner par-
derrière, avancez ! je vous défie. Je suis seule ; mon
frère est loin. Tuez-moi, tuez mes hôtes ; cela est digne
de vous... Vous n'osez, lâches que vous êtes ! vous savez
que nous nous vengeons. Allez, allez pleurer comme des
femmes, et remerciez-nous de ne pas vous demander
plus de sang ! »

Il y avait dans la voix et dans l'attitude de Colomba
quelque chose d'imposant et de terrible ; à sa vue, la
foule recula épouvantée, comme à l'apparition de ces
fées malfaisantes dont on raconte en Corse plus d'une
histoire effrayante dans les veillées d'hiver. L'adjoint,
les gendarmes et un certain nombre de femmes profi-
tèrent de ce mouvement pour se jeter entre les deux
partis ; car les bergers rebbianistes préparaient déjà
leurs armes, et l'on put craindre un moment qu'une
lutte générale ne s'engageât sur la place. Mais les deux
factions étaient privées de leurs chefs, et les Corses,
disciplinés dans leurs fureurs, en viennent rarement
aux mains dans l'absence des principaux auteurs de
leurs guerres intestines. D'ailleurs, Colomba, rendue
prudente par le succès, contint sa petite garnison :

« Laissez pleurer ces pauvres gens, disait-elle ; laissez ce vieillard emporter sa chair. A quoi bon tuer ce
vieux renard qui n'a plus de dents pour mordre ? —
Giudice Barricini ! souviens-toi du deux août ! Souviens-toi du portefeuille sanglant où tu as écrit de ta
main de faussaire ! Mon père y avait inscrit ta dette ; tes
fils l'ont payée. Je te donne quittance, vieux Barricini ! »

Colomba, les bras croisés, le sourire du mépris sur les

lèvres, vit porter les cadavres dans la maison de ses ennemis, puis la foule se dissiper lentement. Elle referma sa porte, et rentrant dans la salle à manger dit au colonel :

« Je vous demande bien pardon pour mes compatriotes, monsieur. Je n'aurais jamais cru que des Corses tirassent sur une maison où il y a des étrangers, et je suis honteuse pour mon pays. »

Le soir, Miss Lydia s'étant retirée dans sa chambre, le colonel l'y suivit, et lui demanda s'ils ne feraient pas bien de quitter dès le lendemain un village où l'on était exposé à chaque instant à recevoir une balle dans la tête, et le plus tôt possible un pays où l'on ne voyait que meurtres et trahisons.

Miss Nevil fut quelque temps sans répondre, et il était évident que la proposition de son père ne lui causait pas un médiocre embarras. Enfin elle dit :

« Comment pourrions-nous quitter cette malheureuse jeune personne dans un moment où elle a tant besoin de consolation ? Ne trouvez-vous pas, mon père, que cela serait cruel à nous ?

— C'est pour vous que je parle, ma fille, dit le colonel ; et si je vous savais en sûreté dans l'hôtel d'Ajaccio, je vous assure que je serais fâché de quitter cette île maudite sans avoir serré la main à ce brave della Rebbia.

— Eh bien, mon père, attendons encore et, avant de partir, assurons-nous bien que nous ne pouvons leur rendre aucun service !

— Bon cœur ! dit le colonel en baisant sa fille au front. J'aime à te voir ainsi te sacrifier pour adoucir le malheur des autres. Restons ; on ne se repent jamais d'avoir fait une bonne action. »

Miss Lydia s'agitait dans son lit sans pouvoir dormir. Tantôt les bruits vagues qu'elle entendait lui paraissaient les préparatifs d'une attaque contre la maison ; tantôt, rassurée pour elle-même, elle pensait au pauvre blessé, étendu probablement à cette heure sur la terre

froide, sans autre secours que ceux qu'il pouvait
attendre de la charité d'un bandit. Elle se le représen-
tait couvert de sang, se débattant dans des souffrances
horribles ; et ce qu'il y a de singulier, c'est que, toutes
les fois que l'image d'Orso se présentait à son esprit, il
lui apparaissait toujours tel qu'elle l'avait vu au
moment de son départ, pressant sur ses lèvres le talisman qu'elle lui avait donné... Puis elle songeait à sa
bravoure. Elle se disait que le danger terrible auquel il
venait d'échapper, c'était à cause d'elle, pour la voir un
peu plus tôt, qu'il s'y était exposé. Peu s'en fallait
qu'elle ne se persuadât que c'était pour la défendre
qu'Orso s'était fait casser le bras. Elle se reprochait sa
blessure, mais elle l'en admirait davantage ; et si le
fameux coup double n'avait pas, à ses yeux, autant de
mérite qu'à ceux de Brandolaccio et de Colomba, elle
trouvait cependant que peu de héros de roman auraient
montré autant d'intrépidité, autant de sang-froid dans
un aussi grand péril.

La chambre qu'elle occupait était celle de Colomba.
Au-dessus d'une espèce de prie-Dieu en chêne, à côté
d'une palme bénite, était suspendu à la muraille un
portrait en miniature d'Orso en uniforme de sous-
lieutenant. Miss Nevil détacha ce portrait, le considéra
longtemps et le posa enfin auprès de son lit, au lieu de
le remettre à sa place. Elle ne s'endormit qu'à la pointe
du jour, et le soleil était déjà fort élevé au-dessus de
l'horizon lorsqu'elle s'éveilla. Devant son lit elle aperçut Colomba, qui attendait immobile le moment où elle
ouvrirait les yeux.

« Eh bien, mademoiselle, n'êtes-vous pas bien mal
dans notre pauvre maison ? lui dit Colomba. Je crains
que vous n'ayez guère dormi.

— Avez-vous de ses nouvelles, ma chère amie ? » dit
Miss Nevil en se levant sur son séant.

Elle aperçut le portrait d'Orso, et se hâta de jeter un
mouchoir pour le cacher.

« Oui, j'ai des nouvelles », dit Colomba en souriant.

Et, prenant le portrait :

« Le trouvez-vous ressemblant ? Il est mieux que cela.

— Mon Dieu !... dit Miss Nevil toute honteuse, j'ai détaché... par distraction... ce portrait... J'ai le défaut de toucher à tout... et de ne ranger rien... Comment est votre frère ?

— Assez bien. Giocanto est venu ici ce matin avant quatre heures. Il m'apportait une lettre... pour vous, Miss Lydia ; Orso ne m'a pas écrit, à moi. Il y a bien sur l'adresse : A Colomba ; mais plus bas : Pour Miss N... Les sœurs ne sont point jalouses. Giocanto dit qu'il a bien souffert pour écrire. Giocanto, qui a une main superbe, lui avait offert d'écrire sous sa dictée. Il n'a pas voulu. Il écrivait avec un crayon, couché sur le dos. Brandolaccio tenait le papier. A chaque instant mon frère voulait se lever, et alors, au moindre mouvement, c'étaient dans son bras des douleurs atroces. C'était pitié, disait Giocanto. Voici sa lettre. »

Miss Nevil lut la lettre, qui était écrite en anglais, sans doute par surcroît de précaution. Voici ce qu'elle contenait :

« *Mademoiselle,*
« *Une malheureuse fatalité m'a poussé ; j'ignore ce que diront mes ennemis, quelles calomnies ils inventeront. Peu m'importe, si vous, mademoiselle, vous n'y donnez point créance. Depuis que je vous ai vue, je m'étais bercé de rêves insensés. Il a fallu cette catastrophe pour me montrer ma folie ; je suis raisonnable maintenant. Je sais quel est l'avenir qui m'attend, et il me trouvera résigné. Cette bague que vous m'avez donnée et que je croyais un talisman de bonheur, je n'ose la garder. Je crains, Miss Nevil, que vous n'ayez du regret d'avoir si mal placé vos dons, ou plutôt, je crains qu'elle me rappelle le temps où j'étais fou. Colomba vous la remettra... Adieu, mademoiselle, vous allez quitter la Corse, et je ne vous verrai plus : mais dites à ma sœur que j'ai encore votre estime, et, je le dis avec assurance, je la mérite toujours.*

« *O. D. R.* »

Miss Lydia s'était détournée pour lire cette lettre, et Colomba, qui l'observait attentivement, lui remit la bague égyptienne en lui demandant du regard ce que cela signifiait. Mais Miss Lydia n'osait lever la tête, et elle considérait tristement la bague, qu'elle mettait à son doigt et qu'elle retirait alternativement.

« Chère Miss Nevil, dit Colomba, ne puis-je savoir ce que vous dit mon frère ? Vous parle-t-il de son état ?

— Mais... dit Miss Lydia en rougissant, il n'en parle pas... Sa lettre est en anglais... Il me charge de dire à mon père... Il espère que le préfet pourra arranger... »

Colomba, souriant avec malice, s'assit sur le lit, prit les deux mains de Miss Nevil, et la regardant avec ses yeux pénétrants :

« Serez-vous bonne ? lui dit-elle. N'est-ce pas que vous répondrez à mon frère ? Vous lui ferez tant de bien ! Un moment l'idée m'est venue de vous réveiller lorsque sa lettre est arrivée, et puis je n'ai pas osé.

— Vous avez eu bien tort, dit Miss Nevil, si un mot de moi pouvait le...

— Maintenant je ne puis lui envoyer de lettres. Le préfet est arrivé, et Pietranera est pleine de ses estafiers. Plus tard nous verrons. Ah ! si vous connaissiez mon frère, Miss Nevil, vous l'aimeriez comme je l'aime... Il est si bon ! si brave ! songez donc à ce qu'il a fait ! Seul contre deux et blessé ! »

Le préfet était de retour. Instruit par un exprès de l'adjoint, il était venu accompagné de gendarmes et de voltigeurs, amenant de plus procureur du roi, greffier et le reste pour instruire sur la nouvelle et terrible catastrophe qui compliquait, ou si l'on veut qui terminait les inimitiés des familles de Pietranera. Peu après son arrivée, il vit le colonel Nevil et sa fille, et ne leur cacha pas qu'il craignait que l'affaire ne prît une mauvaise tournure.

« Vous savez, dit-il, que le combat n'a pas eu de

témoins ; et la réputation d'adresse et de courage de ces deux malheureux jeunes gens était si bien établie, que tout le monde se refuse à croire que M. della Rebbia ait pu les tuer sans l'assistance des bandits auprès desquels on le dit réfugié.

— C'est impossible, s'écria le colonel ; Orso della Rebbia est un garçon plein d'honneur ; je réponds de lui.

— Je le crois, dit le préfet, mais le procureur du roi (ces messieurs soupçonnent toujours) ne me paraît pas très favorablement disposé. Il a entre les mains une pièce fâcheuse pour votre ami. C'est une lettre menaçante adressée à Orlanduccio, dans laquelle il lui donne un rendez-vous... et ce rendez-vous lui paraît une embuscade.

— Cet Orlanduccio, dit le colonel, a refusé de se battre comme un galant homme.

— Ce n'est pas l'usage ici. On s'embusque, on se tue par-derrière, c'est la façon du pays. Il y a bien une disposition favorable ; c'est celle d'une enfant qui affirme avoir entendu quatre détonations, dont les deux dernières, plus fortes que les autres, provenaient d'une arme de gros calibre comme le fusil de M. della Rebbia. Malheureusement cette enfant est la nièce de l'un des bandits que l'on soupçonne de complicité et elle a sa leçon faite.

— Monsieur, interrompit Miss Lydia, rougissant jusqu'au blanc des yeux, nous étions sur la route quand les coups de fusil ont été tirés, et nous avons entendu la même chose.

— En vérité ? Voilà qui est important. Et vous, colonel, vous avez sans doute fait la même remarque ?

— Oui, reprit vivement Miss Nevil ; c'est mon père, qui a l'habitude des armes, qui a dit : « Voilà M. della Rebbia qui tire avec mon fusil. »

— Et ces coups de fusil que vous avez reconnus, c'étaient bien les derniers ?

— Les deux derniers, n'est-ce pas, mon père ? »

Le colonel n'avait pas très bonne mémoire ; mais en toute occasion il n'avait garde de contredire sa fille.

« Il faut sur-le-champ parler de cela au procureur du roi, colonel. Au reste, nous attendons ce soir un chirurgien qui examinera les cadavres et vérifiera si les blessures ont été faites avec l'arme en question.

— C'est moi qui l'ai donnée à Orso, dit le colonel, et je voudrais la savoir au fond de la mer... C'est-à-dire... le brave garçon, je suis bien aise qu'il l'ait eue entre les mains ; car, sans mon Manton, je ne sais trop comment il s'en serait tiré. »

CHAPITRE XIX

Le chirurgien arriva un peu tard. Il avait eu son aventure sur la route. Rencontré par Giocanto Castriconi, il avait été sommé avec la plus grande politesse de venir donner ses soins à un homme blessé. On l'avait conduit auprès d'Orso, et il avait mis le premier appareil à sa blessure. Ensuite le bandit l'avait reconduit assez loin, et l'avait fort édifié en lui parlant des plus fameux professeurs de Pise, qui, disait-il, étaient ses intimes amis.

« Docteur, dit le théologien en le quittant, vous m'avez inspiré trop d'estime pour que je croie nécessaire de vous rappeler qu'un médecin doit être aussi discret qu'un confesseur. » Et il faisait jouer la batterie de son fusil. « Vous avez oublié le lieu où nous avons eu l'honneur de vous voir. Adieu, enchanté d'avoir fait votre connaissance. »

Colomba supplia le colonel d'assister à l'autopsie des cadavres.

« Vous connaissez mieux que personne le fusil de mon frère, dit-elle, et votre présence sera fort utile. D'ailleurs il y a tant de méchantes gens ici que nous courrions de grands risques si nous n'avions personne pour défendre nos intérêts. »

Restée seule avec Miss Lydia, elle se plaignit d'un grand mal de tête, et lui proposa une promenade à quelques pas du village.

« Le grand air me fera du bien, disait-elle. Il y a si longtemps que je ne l'ai respiré. » Tout en marchant

elle parlait de son frère : et Miss Lydia, que ce sujet
intéressait assez vivement, ne s'apercevait pas qu'elle
s'éloignait beaucoup de Pietranera. Le soleil se cou-
chait quand elle en fit l'observation et engagea
Colomba à rentrer. Colomba connaissait une traverse
qui, disait-elle, abrégeait beaucoup le retour : et, quittant le sentier qu'elle suivait, elle en prit un autre en
apparence beaucoup moins fréquenté. Bientôt elle se
mit à gravir un coteau tellement escarpé qu'elle était
obligée continuellement pour se soutenir de s'accro-
cher d'une main à des branches d'arbres, pendant que
de l'autre elle tirait sa compagne auprès d'elle. Au bout
d'un grand quart d'heure de cette pénible ascension
elles se trouvèrent sur un petit plateau couvert de
myrtes et d'arbousiers, au milieu de grandes masses de
granit qui perçaient le sol de tous côtés. Miss Lydia
était très fatiguée, le village ne paraissait pas, et il
faisait presque nuit.

« Savez-vous, ma chère Colomba, dit-elle, que je
crains que nous ne soyons égarées ?

— N'ayez pas peur, répondit Colomba. Marchons
toujours, suivez-moi.

— Mais je vous assure que vous vous trompez : le
village ne peut pas être de ce côté-là. Je parierais que
nous lui tournons le dos. Tenez, ces lumières que nous
voyons si loin, certainement, c'est là qu'est Pietranera.

— Ma chère amie, dit Colomba d'un air agité, vous
avez raison ; mais à deux cents pas d'ici... dans ce
maquis...

— Eh bien ?

— Mon frère y est ; je pourrais le voir et l'embrasser
si vous vouliez. »

Miss Nevil fit un mouvement de surprise.

« Je suis sortie de Pietranera, poursuivit Colomba,
sans être remarquée, parce que j'étais avec vous...
autrement on m'aurait suivie... Être si près de lui et ne
pas le voir !... Pourquoi ne viendriez-vous pas avec moi
voir mon pauvre frère ? Vous lui feriez tant de plaisir !

— Mais, Colomba... ce ne serait pas convenable de ma part.

— Je comprends. Vous autres femmes des villes, vous vous inquiétez toujours de ce qui est convenable ; nous autres femmes de village, nous ne pensons qu'à ce qui est bien.

— Mais il est tard !... Et votre frère, que pensera-t-il de moi ?

— Il pensera qu'il n'est point abandonné par ses amis, et cela lui donnera du courage pour souffrir.

— Et mon père, il sera inquiet...

— Il vous sait avec moi... Eh bien, décidez-vous... Vous regardiez son portrait ce matin, ajouta-t-elle avec un sourire de malice.

— Non... vraiment, Colomba, je n'ose... ces bandits qui sont là...

— Eh bien, ces bandits ne vous connaissent pas, qu'importe ? Vous désiriez en voir !...

— Mon Dieu !

— Voyez, mademoiselle, prenez un parti. Vous laisser seule ici, je ne le puis pas ; on ne sait pas ce qui pourrait arriver. Allons voir Orso, ou bien retournons ensemble au village... Je verrai mon frère... Dieu sait quand..., peut-être jamais...

— Que dites-vous, Colomba ?... Eh bien, allons ! mais pour une minute seulement, et nous reviendrons aussitôt. »

Colomba lui serra la main et, sans répondre, elle se mit à marcher avec une telle rapidité, que Miss Lydia avait peine à la suivre. Heureusement Colomba s'arrêta bientôt en disant à sa compagne :

« N'avançons pas davantage avant de les avoir prévenus ; nous pourrions peut-être attraper un coup de fusil. »

Elle se mit à siffler entre ses doigts ; bientôt après on entendit un chien aboyer, et la sentinelle avancée des bandits ne tarda pas à paraître. C'était notre vieille connaissance, le chien Brusco, qui reconnut aussitôt

Colomba, et se chargea de lui servir de guide. Après maints détours dans les sentiers étroits du maquis, deux hommes armés jusqu'aux dents se présentèrent à leur rencontre.

« Est-ce vous, Brandolaccio ? demanda Colomba. Où est mon frère ?

— Là-bas ! répondit le bandit. Mais avancez doucement ; il dort, et c'est la première fois que cela lui arrive depuis son accident. Vive Dieu, on voit bien que par où passe le diable une femme passe bien aussi. »

Les deux femmes s'approchèrent avec précaution, et auprès d'un feu dont on avait prudemment masqué l'éclat en construisant autour un petit mur en pierres sèches, elles aperçurent Orso couché sur un tas de fougères et couvert d'un pilone. Il était fort pâle et l'on entendait sa respiration oppressée. Colomba s'assit auprès de lui, et le contemplait en silence les mains jointes, comme si elle priait mentalement. Miss Lydia, se couvrant le visage de son mouchoir, se serra contre elle ; mais de temps en temps elle levait la tête pour voir le blessé par-dessus l'épaule de Colomba. Un quart d'heure se passa sans que personne ouvrît la bouche. Sur un signe du théologien, Brandolaccio s'était enfoncé avec lui dans le maquis, au grand contentement de Miss Lydia, qui, pour la première fois, trouvait que les grandes barbes et l'équipement des bandits avaient trop de couleur locale.

Enfin Orso fit un mouvement. Aussitôt Colomba se pencha sur lui et l'embrassa à plusieurs reprises, l'accablant de questions sur sa blessure, ses souffrances, ses besoins. Après avoir répondu qu'il était aussi bien que possible, Orso lui demanda à son tour si Miss Nevil était encore à Pietranera, et si elle lui avait écrit. Colomba, courbée sur son frère, lui cachait complètement sa compagne, que l'obscurité, d'ailleurs, lui aurait difficilement permis de reconnaître. Elle tenait une main de Miss Nevil, et de l'autre elle soulevait légèrement la tête du blessé.

« Non, mon frère, elle ne m'a pas donné de lettre pour vous... ; mais vous pensez toujours à Miss Nevil, vous l'aimez donc bien ?

— Si je l'aime, Colomba !... Mais elle, elle me méprise peut-être à présent ! »

En ce moment, Miss Nevil fit un effort pour retirer sa main ; mais il n'était pas facile de faire lâcher prise à Colomba ; et, quoique petite et bien formée, sa main possédait une force dont on a vu quelques preuves.

« Vous mépriser ! s'écria Colomba, après ce que vous avez fait... Au contraire, elle dit du bien de vous... Ah ! Orso, j'aurais bien des choses d'elle à vous conter. »

La main voulait toujours s'échapper mais Colomba l'attirait toujours plus près d'Orso.

« Mais enfin, dit le blessé, pourquoi ne pas me répondre ?... Une seule ligne, et j'aurais été content. »

A force de tirer la main de Miss Nevil, Colomba finit par la mettre dans celle de son frère. Alors, s'écartant tout à coup en éclatant de rire :

« Orso, s'écria-t-elle, prenez garde de dire du mal de Miss Lydia, car elle entend très bien le corse. »

Miss Lydia retira aussitôt sa main et balbutia quelques mots inintelligibles. Orso croyait rêver.

« Vous ici, Miss Nevil ! Mon Dieu ! comment avez-vous osé ? Ah ! que vous me rendez heureux ! »

Et, se soulevant avec peine, il essaya de se rapprocher d'elle.

« J'ai accompagné votre sœur, dit Miss Lydia... pour qu'on ne pût soupçonner où elle allait... et puis, je voulais aussi... m'assurer... Hélas ! que vous êtes mal ici ! »

Colomba s'était assise derrière Orso. Elle le souleva avec précaution et de manière à lui soutenir la tête sur ses genoux. Elle lui passa les bras autour du cou, et fit signe à Miss Lydia de s'approcher.

« Plus près ! plus près ! disait-elle : il ne faut pas qu'un malade élève trop la voix. » Et comme Miss Lydia hésitait, elle lui prit la main et la força de s'asseoir tellement près, que sa robe touchait Orso, et que sa main, qu'elle tenait toujours, reposait sur l'épaule du blessé.

« Il est très bien comme cela, dit Colomba d'un air gai. N'est-ce pas, Orso, qu'on est bien dans le maquis, au bivouac, par une belle nuit comme celle-ci ?

— Oh oui ! la belle nuit ! dit Orso. Je ne l'oublierai jamais !

— Que vous devez souffrir ! dit Miss Nevil.

— Je ne souffre plus, dit Orso, et je voudrais mourir ici. »

Et sa main droite se rapprochait de celle de Miss Lydia, que Colomba tenait toujours emprisonnée.

« Il faut absolument qu'on vous transporte quelque part où l'on pourra vous donner des soins, monsieur della Rebbia, dit Miss Nevil. Je ne pourrai plus dormir, maintenant que je vous ai vu si mal couché... en plein air...

— Si je n'eusse craint de vous rencontrer, Miss Nevil, j'aurais essayé de retourner à Pietranera, et je me serais constitué prisonnier.

— Et pourquoi craigniez-vous de la rencontrer, Orso ? demanda Colomba.

— Je vous avais désobéi, Miss Nevil... et je n'aurais pas osé vous voir en ce moment.

— Savez-vous, Miss Lydia, que vous faites faire à mon frère tout ce que vous voulez ? dit Colomba en riant. Je vous empêcherai de le voir.

— J'espère, dit Miss Nevil, que cette malheureuse affaire va s'éclaircir, et que bientôt vous n'aurez plus rien à craindre... Je serai bien contente si, lorsque nous partirons, je sais qu'on vous a rendu justice et qu'on a reconnu votre loyauté comme votre bravoure.

— Vous partez, Miss Nevil ! Ne dites pas encore ce mot-là.

— Que voulez-vous... mon père ne peut pas chasser toujours... Il veut partir. »

Orso laissa retomber sa main qui touchait celle de Miss Lydia, et il y eut un moment de silence.

« Bah ! reprit Colomba, nous ne vous laisserons pas partir si vite. Nous avons encore bien des choses à vous montrer à Pietranera... D'ailleurs, vous m'avez promis de faire mon portrait, et vous n'avez pas encore commencé... Et puis je vous ai promis de vous faire une *serenata* en soixante et quinze couplets... Et puis... Mais qu'a donc Brusco à grogner ?... Voilà Brandolaccio qui court après lui... Voyons ce que c'est. »

Aussitôt elle se leva, et posant sans cérémonie la tête d'Orso sur les genoux de Miss Nevil, elle courut auprès des bandits.

Un peu étonnée de se trouver ainsi soutenant un beau jeune homme, en tête à tête avec lui au milieu d'un maquis, Miss Nevil ne savait trop que faire, car, en se retirant brusquement, elle craignait de faire mal au blessé. Mais Orso quitta lui-même le doux appui que sa sœur venait de lui donner, et, se soulevant sur son bras droit :

« Ainsi, vous partez bientôt, Miss Lydia ? Je n'avais jamais pensé que vous dussiez prolonger votre séjour dans ce malheureux pays..., et pourtant... depuis que vous êtes venue ici, je souffre cent fois plus en songeant qu'il faut vous dire adieu... Je suis un pauvre lieutenant... sans avenir..., proscrit maintenant... Quel moment, Miss Lydia, pour vous dire que je vous aime... mais c'est sans doute la seule fois que je pourrai vous le dire et il me semble que je suis moins malheureux, maintenant que j'ai soulagé mon cœur. »

Miss Lydia détourna la tête, comme si l'obscurité ne suffisait pas pour cacher sa rougeur :

« Monsieur della Rebbia, dit-elle d'une voix tremblante, serais-je venue en ce lieu si... » Et, tout en parlant, elle mettait dans la main d'Orso le talisman égyptien. Puis, faisant un effort violent pour reprendre le ton de plaisanterie qui lui était habituel :

« C'est bien mal à vous, monsieur Orso, de parler ainsi... Au milieu du maquis, entourée de vos bandits, vous savez bien que je n'oserais jamais me fâcher contre vous. »

Orso fit un mouvement pour baiser la main qui lui rendait le talisman ; et comme Miss Lydia la retirait un peu vite, il perdit l'équilibre et tomba sur son bras blessé. Il ne put retenir un gémissement douloureux.

« Vous vous êtes fait mal, mon ami ? s'écria-t-elle, en le soulevant ; c'est ma faute ! pardonnez-moi... » Ils se parlèrent encore quelque temps à voix basse, et fort rapprochés l'un de l'autre. Colomba, qui accourait précipitamment, les trouva précisément dans la position où elle les avait laissés.

« Les voltigeurs ! s'écria-t-elle. Orso, essayez de vous lever et de marcher, je vous aiderai.

— Laissez-moi, dit Orso. Dis aux bandits de se sauver... ; qu'on me prenne, peu m'importe ; mais emmène Miss Lydia : au nom de Dieu, qu'on ne la voie pas ici !

— Je ne vous laisserai pas, dit Brandolaccio qui suivait Colomba. Le sergent des voltigeurs est un filleul de l'avocat ; au lieu de vous arrêter, il vous tuera, et puis il dira qu'il ne l'a pas fait exprès. »

Orso essaya de se lever, il fit même quelques pas ; mais, s'arrêtant bientôt :

« Je ne puis marcher, dit-il. Fuyez, vous autres. Adieu, Miss Nevil ; donnez-moi la main, et adieu !

— Nous ne vous quitterons pas ! s'écrièrent les deux femmes.

— Si vous ne pouvez marcher, dit Brandolaccio, il faudra que je vous porte. Allons, mon lieutenant, un peu de courage ; nous aurons le temps de décamper par le ravin, là derrière. M. le curé va leur donner de l'occupation.

— Non, laissez-moi, dit Orso en se couchant à terre. Au nom de Dieu, Colomba, emmène Miss Nevil !

— Vous êtes forte, mademoiselle Colomba, dit Brandolaccio ; empoignez-le par les épaules, moi je tiens les pieds ; bon ! en avant, marche ! »

Ils commencèrent à le porter rapidement, malgré ses protestations ; Miss Lydia les suivait, horriblement effrayée, lorsqu'un coup de fusil se fit entendre, auquel cinq ou six autres répondirent aussitôt. Miss Lydia poussa un cri, Brandolaccio une imprécation, mais il redoubla de vitesse, et Colomba, à son exemple, courait au travers du maquis, sans faire attention aux branches qui lui fouettaient la figure ou qui déchiraient sa robe.

« Baissez-vous, baissez-vous, ma chère, disait-elle à sa compagne, une balle peut vous attraper. »

On marcha ou plutôt on courut environ cinq cents pas de la sorte, lorsque Brandolaccio déclara qu'il n'en pouvait plus, et se laissa tomber à terre, malgré les exhortations et les reproches de Colomba.

« Où est Miss Nevil ? » demandait Orso.

Miss Nevil, effrayée par les coups de fusil, arrêtée à chaque instant par l'épaisseur du maquis, avait bientôt perdu la trace des fugitifs, et était demeurée seule en proie aux plus vives angoisses.

« Elle est restée en arrière, dit Brandolaccio, mais elle n'est pas perdue, les femmes se retrouvent toujours. Écoutez donc, Ors' Anton', comme le curé fait du tapage avec votre fusil. Malheureusement on n'y voit goutte, et l'on ne se fait pas grand mal à se tirailler de nuit.

— Chut ! s'écria Colomba ; j'entends un cheval, nous sommes sauvés. »

En effet, un cheval qui paissait dans le maquis, effrayé par le bruit de la fusillade, s'approchait de leur côté.

« Nous sommes sauvés ! » répéta Brandolaccio.

Courir au cheval, le saisir par les crins, lui passer dans la bouche un nœud de corde en guise de bride, fut pour le bandit, aidé de Colomba, l'affaire d'un moment.

« Prévenons maintenant le curé », dit-il.

Il siffla deux fois ; un sifflet éloigné répondit à ce signal, et le fusil de Manton cessa de faire entendre sa grosse voix. Alors Brandolaccio sauta sur le cheval. Colomba plaça son frère devant le bandit, qui d'une main le serra fortement, tandis que de l'autre, il dirigeait sa monture. Malgré sa double charge, le cheval, excité par deux bons coups de pied dans le ventre, partit lestement et descendit au galop un coteau escarpé où tout autre qu'un cheval corse se serait tué cent fois.

Colomba revint alors sur ses pas, appelant Miss Nevil de toutes ses forces, mais aucune voix ne répondait à la sienne... Après avoir marché quelque temps à l'aventure, cherchant à retrouver le chemin qu'elle avait suivi, elle rencontra dans un sentier deux voltigeurs qui lui crièrent : « Qui vive ? »

« Eh bien, messieurs, dit Colomba d'un ton railleur, voilà bien du tapage. Combien de morts ?

— Vous étiez avec les bandits, dit un des soldats, vous allez venir avec nous.

— Très volontiers, répondit-elle ; mais j'ai une amie ici, et il faut que nous la trouvions d'abord.

— Votre amie est déjà prise, et vous irez avec elle coucher en prison.

— En prison ? c'est ce qu'il faudra voir ; mais, en attendant, menez-moi auprès d'elle. »

Les voltigeurs la conduisirent alors dans le campement des bandits, où ils rassemblaient les trophées de leur expédition, c'est-à-dire le pilone qui couvrait Orso, une vieille marmite et une cruche pleine d'eau. Dans le même lieu se trouvait Miss Nevil, qui, rencontrée par les soldats à demi morte de peur, répondait par des larmes à toutes leurs questions sur le nombre des bandits et la direction qu'ils avaient prise.

Colomba se jeta dans ses bras et lui dit à l'oreille : « Ils sont sauvés. »

Puis, s'adressant au sergent des voltigeurs :

« Monsieur, lui dit-elle, vous voyez bien que mademoiselle ne sait rien de ce que vous lui demandez. Laissez-nous revenir au village, où l'on nous attend avec impatience.

— On vous y mènera, et plus tôt que vous ne le désirez, ma mignonne, dit le sergent, et vous aurez à expliquer ce que vous faisiez dans le maquis à cette

heure avec les brigands qui viennent de s'enfuir. Je ne
sais quel sortilège emploient ces coquins, mais ils fas-
cinent sûrement les filles, car partout où il y a des
bandits on est sûr d'en trouver de jolies.

— Vous êtes galant, monsieur le sergent, dit
Colomba, mais vous ne ferez pas mal de faire attention
à vos paroles. Cette demoiselle est une parente du
préfet, et il ne faut pas badiner avec elle.

— Parente du préfet ! murmura un voltigeur à son
chef ; en effet, elle a un chapeau.

— Le chapeau n'y fait rien, dit le sergent. Elles
étaient toutes les deux avec le curé, qui est le plus grand
enjôleur du pays, et mon devoir est de les emmener.
Aussi bien, n'avons-nous plus rien à faire ici. Sans ce
maudit caporal Taupin..., l'ivrogne de Français s'est
montré avant que je n'eusse cerné le maquis... sans lui
nous les prenions comme dans un filet.

— Vous êtes sept ? demanda Colomba. Savez-vous,
messieurs, que si par hasard les trois frères Gambini,
Sarocchi et Théodore Poli se trouvaient à la croix de
Sainte-Christine avec Brandolaccio et le curé, ils pourraient vous donner bien des affaires. Si vous devez
avoir une conversation avec le *Commandant de la campagne** je ne me soucierais pas de m'y trouver. Les
balles ne connaissent personne la nuit. »

La possibilité d'une rencontre avec les redoutables
bandits que Colomba venait de nommer parut faire
impression sur les voltigeurs. Toujours pestant contre
le caporal Taupin, le chien de Français, le sergent
donna l'ordre de la retraite, et sa petite troupe prit le
chemin de Pietranera, emportant le pilone et la marmite. Quant à la cruche, un coup de pied en fit justice.
Un voltigeur voulut prendre le bras de Miss Lydia ;
mais Colomba le repoussant aussitôt :

« Que personne ne la touche ! dit-elle. Croyez-vous
que nous avons envie de nous enfuir ! Allons, Lydia, ma

---

* C'était le titre que prenait Théodore Poli.

chère, appuyez-vous sur moi, et ne pleurez pas comme un enfant. Voilà une aventure, mais elle ne finira pas mal ; dans une demi-heure nous serons à souper. Pour ma part, j'en meurs d'envie.

— Que pensera-t-on de moi ? disait tout bas Miss Nevil.

— On pensera que vous vous êtes égarée dans le maquis, voilà tout.

— Que dira le préfet ?... que dira mon père surtout ?

— Le préfet ?... vous lui répondrez qu'il se mêle de sa préfecture. Votre père ?... à la manière dont vous causiez avec Orso, j'aurais cru que vous aviez quelque chose à dire à votre père. »

Miss Nevil lui serra le bras sans répondre.

« N'est-ce pas, murmura Colomba dans son oreille, que mon frère mérite qu'on l'aime ? Ne l'aimez-vous pas un peu ?

— Ah ! Colomba, répondit Miss Nevil souriant malgré sa confusion, vous m'avez trahie, moi qui avais tant de confiance en vous ! »

Colomba lui passa un bras autour de la taille, et l'embrassant sur le front :

« Ma petite sœur, dit-elle bien bas, me pardonnez-vous ?

— Il le faut bien, ma terrible sœur », répondit Lydia en lui rendant son baiser.

Le préfet et le procureur du roi logeaient chez l'adjoint de Pietranera, et le colonel, fort inquiet de sa fille, venait pour la vingtième fois leur en demander des nouvelles, lorsqu'un voltigeur, détaché en courrier par le sergent, leur fit le récit du terrible combat livré contre les brigands, combat dans lequel il n'y avait eu, il est vrai, ni morts ni blessés, mais où l'on avait pris une marmite, un pilone et deux filles qui étaient, disait-il, les maîtresses ou les espionnes des bandits. Ainsi annoncées comparurent les deux prisonnières au milieu de leur escorte armée. On devine la contenance radieuse de Colomba, la honte de sa compagne, la surprise du préfet, la joie et l'étonnement du colonel. Le procureur du roi se donna le malin plaisir de faire subir à la pauvre Lydia une espèce d'interrogatoire qui ne se termina que lorsqu'il lui eut fait perdre toute contenance.

« Il me semble, dit le préfet, que nous pouvons bien mettre tout le monde en liberté. Ces demoiselles ont été se promener, rien de plus naturel par un beau temps ; elles ont rencontré par hasard un aimable jeune homme blessé, rien de plus naturel encore. »

Puis, prenant à part Colomba :

« Mademoiselle, dit-il, vous pouvez mander à votre frère que son affaire tourne mieux que je ne l'espérais. L'examen des cadavres, la déposition du colonel, démontrent qu'il n'a fait que riposter, et qu'il était seul au moment du combat. Tout s'arrangera, mais il faut qu'il quitte le maquis au plus vite et qu'il se constitue prisonnier. »

Il était près de onze heures lorsque le colonel, sa fille et Colomba se mirent à table devant un souper refroidi. Colomba mangeait de bon appétit, se moquant du préfet, du procureur du roi et des voltigeurs. Le colonel mangeait mais ne disait mot, regardant toujours sa fille qui ne levait pas les yeux de dessus son assiette. Enfin, d'une voix douce, mais grave :

« Lydia, lui dit-il en anglais, vous êtes donc engagée avec della Rebbia ?

— Oui, mon père, depuis aujourd'hui », répondit-elle en rougissant, mais d'une voix ferme.

Puis elle leva les yeux, et, n'apercevant sur la physionomie de son père aucun signe de courroux, elle se jeta dans ses bras et l'embrassa, comme les demoiselles bien élevées font en pareille occasion.

« A la bonne heure, dit le colonel, c'est un brave garçon ; mais, par Dieu ! nous ne demeurerons pas dans son diable de pays ! ou je refuse mon consentement.

— Je ne sais pas l'anglais, dit Colomba, qui les

regardait avec une extrême curiosité ; mais je parie que j'ai deviné ce que vous dites.

— Nous disons, répondit le colonel, que nous vous mènerons faire un voyage en Irlande.

— Oui, volontiers, et je serai la *surella Colomba*. Est-ce fait, colonel ? Nous frappons-nous dans la main ?

— On s'embrasse dans ce cas-là », dit le colonel.

CHAPITRE XX

Quelques mois après le coup double qui plongea la commune de Pietranera dans la consternation (comme dirent les journaux), un jeune homme, le bras gauche en écharpe, sortit à cheval de Bastia dans l'après-midi, et se dirigea vers le village de Cardo, célèbre par sa fontaine, qui, en été, fournit aux gens délicats de la ville une eau délicieuse. Une jeune femme, d'une taille élevée et d'une beauté remarquable, l'accompagnait montée sur un petit cheval noir dont un connaisseur eût admiré la force et l'élégance, mais qui malheureusement avait une oreille déchiquetée par un accident bizarre. Dans le village, la jeune femme sauta lestement à terre, et, après avoir aidé son compagnon à descendre de sa monture, détacha d'assez lourdes sacoches attachées à l'arçon de sa selle. Les chevaux furent remis à la garde d'un paysan, et la femme chargée des sacoches qu'elle cachait sous son mezzaro, le jeune homme portant un fusil double, prirent le chemin de la montagne en suivant un sentier fort raide et qui ne semblait conduire à aucune habitation. Arrivés à un des gradins élevés du mont Quercio, ils s'arrêtèrent, et tous les deux s'assirent sur l'herbe. Ils paraissaient attendre quelqu'un car ils tournaient sans cesse les yeux vers la montagne, et la jeune femme consultait souvent une jolie montre d'or, peut-être autant pour contempler un bijou qu'elle semblait posséder depuis peu de temps que pour savoir si l'heure d'un rendez-vous était arrivée. Leur attente ne fut pas longue. Un

chien sortit du maquis, et, au nom de Brusco prononcé
par la jeune femme, il s'empressa de venir les caresser.
Peu après parurent deux hommes barbus, le fusil sous
le bras, la cartouchière à la ceinture, le pistolet au côté.
Leurs habits déchirés et couverts de pièces contras-
taient avec leurs armes brillantes et d'une fabrique
renommée du continent. Malgré l'inégalité apparente
de leur position, les quatre personnages de cette scène
s'abordèrent familièrement et comme de vieux amis.

« Eh bien, Ors' Anton', dit le plus âgé des bandits au
jeune homme, voilà votre affaire finie. Ordonnance de
non-lieu. Mes compliments. Je suis fâché que l'avocat
ne soit plus dans l'île pour le voir enrager. Et votre
bras ?

— Dans quinze jours, répondit le jeune homme, on
me dit que je pourrai quitter mon écharpe. — Brando,
mon brave, je vais partir demain pour l'Italie, et j'ai
voulu te dire adieu, ainsi qu'à M. le curé. C'est pourquoi je vous ai priés de venir.

— Vous êtes bien pressés, dit Brandolaccio : vous
êtes acquitté d'hier et vous partez demain ?

— On a des affaires, dit gaiement la jeune femme.
Messieurs, je vous ai apporté à souper : mangez, et
n'oubliez pas mon ami Brusco.

— Vous gâtez Brusco, mademoiselle Colomba, mais
il est reconnaissant. Vous allez voir. Allons, Brusco,
dit-il, étendant son fusil horizontalement, saute pour
les Barricini. »

Le chien demeura immobile, se léchant le museau et
regardant son maître.

« Saute pour les della Rebbia ! »

Et il sauta deux pieds plus haut qu'il n'était nécessaire.

« Écoutez, mes amis, dit Orso, vous faites un vilain
métier ; et s'il ne vous arrive pas de terminer votre
carrière sur cette place que nous voyons là-bas*, le

---

* La place où se font les exécutions à Bastia.

mieux qui vous puisse advenir, c'est de tomber dans un maquis sous la balle d'un gendarme.

— Eh bien, dit Castriconi, c'est une mort comme une autre, et qui vaut mieux que la fièvre qui vous tue dans un lit, au milieu des larmoiements plus ou moins sincères de vos héritiers. Quand on a, comme nous, l'habitude du grand air, il n'y a rien de tel que de mourir dans ses souliers, comme disent nos gens de village.

— Je voudrais, poursuivit Orso, vous voir quitter ce pays... et mener une vie plus tranquille. Par exemple, pourquoi n'iriez-vous pas vous établir en Sardaigne, ainsi qu'ont fait plusieurs de vos camarades ? Je pourrais vous en faciliter les moyens.

— En Sardaigne ! s'écria Brandolaccio. *Istos Sardos !* que le diable les emporte avec leur patois. C'est trop mauvaise compagnie pour nous.

— Il n'y a pas de ressource en Sardaigne, ajouta le théologien. Pour moi, je méprise les Sardes. Pour donner la chasse aux bandits, ils ont une milice à cheval ; cela fait la critique à la fois des bandits et du pays[*]. Fi de la Sardaigne ! C'est une chose qui m'étonne, monsieur della Rebbia, que vous, qui êtes un homme de goût et de savoir, vous n'ayez pas adopté notre vie du maquis, en ayant goûté comme vous avez fait.

— Mais, dit Orso en souriant, lorsque j'avais l'avantage d'être votre commensal, je n'étais pas trop en état d'apprécier les charmes de votre position, et les côtes me font mal encore quand je me rappelle la course que je fis une belle nuit, mis en travers comme un paquet sur un cheval sans selle que conduisait mon ami Brandolaccio.

---

[*]Je dois cette observation critique sur la Sardaigne à un ex-bandit de mes amis, et c'est à lui seul qu'en appartient la responsabilité. Il veut dire que des bandits qui se laissent prendre par des cavaliers sont des imbéciles, et qu'une milice qui poursuit à cheval les bandits n'a guère de chances de les rencontrer.

— Et le plaisir d'échapper à la poursuite, reprit Castriconi, le comptez-vous pour rien ? Comment pouvez-vous être insensible au charme d'une liberté absolue sous un beau climat comme le nôtre ? Avec ce porte-respect (il montrait son fusil), on est roi partout, aussi loin qu'il peut porter la balle. On commande, on redresse les torts... C'est un divertissement très moral, monsieur, et très agréable, que nous ne nous refusons point. Quelle plus belle vie que celle de chevalier errant, quand on est mieux armé et plus sensé que don Quichotte ? Tenez, l'autre jour, j'ai su que l'oncle de la petite Lilla Luigi, le vieux ladre qu'il est, ne voulait pas lui donner une dot, je lui ai écrit, sans menaces, ce n'est pas ma manière ; eh bien, voilà un homme à l'instant convaincu ; il l'a mariée. J'ai fait le bonheur de deux personnes. Croyez-moi, monsieur Orso, rien n'est comparable à la vie de bandit. Bah ! vous deviendriez peut-être des nôtres sans une certaine Anglaise que je n'ai fait qu'entrevoir, mais dont ils parlent tous, à Bastia, avec admiration.

— Ma belle-sœur future n'aime pas le maquis, dit Colomba en riant, elle y a eu trop peur.

— Enfin, dit Orso, voulez-vous rester ici ? soit. Dites-moi si je puis faire quelque chose pour vous.

— Rien, dit Brandolaccio, que de nous conserver un petit souvenir. Vous nous avez comblés. Voilà Chilina qui a une dot, et qui, pour bien s'établir, n'aura pas besoin que mon ami le curé écrive des lettres de menaces. Nous savons que votre fermier nous donnera du pain et de la poudre en nos nécessités : ainsi, adieu. J'espère vous revoir en Corse un de ces jours.

— Dans un moment pressant, dit Orso, quelques pièces d'or font grand bien. Maintenant que nous sommes de vieilles connaissances, vous ne me refuserez pas cette petite cartouche qui peut vous servir à vous en procurer d'autres.

— Pas d'argent entre nous, lieutenant, dit Brandolaccio d'un ton résolu.

— L'argent fait tout dans le monde, dit Castriconi ;
mais dans le maquis on ne fait cas que d'un cœur brave
et d'un fusil qui ne rate pas.

— Je ne voudrais pas vous quitter, reprit Orso, sans
vous laisser quelque souvenir. Voyons, que puis-je te
laisser, Brando ? »

Le bandit se gratta la tête, et, jetant sur le fusil d'Orso
un regard oblique :

« Dame, mon lieutenant... si j'osais... mais non, vous
y tenez trop.

— Qu'est-ce que tu veux ?

— Rien... la chose n'est rien... Il faut encore la
manière de s'en servir. Je pense toujours à ce diable de
coup double et d'une seule main... Oh ! cela ne se fait
pas deux fois.

— C'est ce fusil que tu veux ?... Je te l'apportais ;
mais sers-t'en le moins que tu pourras.

— Oh ! je ne vous promets pas de m'en servir comme
vous ; mais, soyez tranquille, quand un autre l'aura,
vous pourrez bien dire que Brando Savelli a passé
l'arme à gauche.

— Et vous, Castriconi, que vous donnerai-je ?

— Puisque vous voulez absolument me laisser un
souvenir matériel de vous, je vous demanderai sans
façon de m'envoyer un Horace du plus petit format
possible. Cela me distraira et m'empêchera d'oublier
mon latin. Il y a une petite qui vend des cigares, à
Bastia, sur le port ; donnez-le-lui, et elle me le remettra.

— Vous aurez un Elzévir, monsieur le savant ; il y en
a précisément un parmi les livres que je voulais emporter. — Eh bien, mes amis, il faut nous séparer. Une
poignée de main. Si vous pensez un jour à la Sardaigne,
écrivez-moi ; l'avocat N. vous donnera mon adresse sur
le continent.

— Mon lieutenant, dit Brando, demain, quand vous
serez hors du port, regardez sur la montagne, à cette

place ; nous y serons, et nous vous ferons signe avec nos mouchoirs. »

Ils se séparèrent alors : Orso et sa sœur prirent le chemin de Cardo, et les bandits, celui de la montagne.

CHAPITRE XXI

Par une belle matinée d'avril, le colonel Sir Thomas Nevil, sa fille mariée depuis peu de jours, Orso et Colomba sortirent de Pise en calèche pour aller visiter un hypogée étrusque, nouvellement découvert, que tous les étrangers allaient voir. Descendus dans l'intérieur du monument, Orso et sa femme tirèrent des crayons et se mirent en devoir d'en dessiner les peintures ; mais le colonel et Colomba, l'un et l'autre assez indifférents pour l'archéologie, les laissèrent seuls et se promenèrent aux environs.

« Ma chère Colomba, dit le colonel, nous ne reviendrons jamais à Pise à temps pour notre *luncheon*. Est-ce que vous n'avez pas faim ? Voilà Orso et sa femme dans les antiquités ; quand ils se mettent à dessiner ensemble, ils n'en finissent pas.

— Oui, dit Colomba, et pourtant ils ne rapportent pas un bout de dessin.

— Mon avis serait, continua le colonel, que nous allassions à cette petite ferme là-bas. Nous y trouverons du pain, et peut-être de l'*aleatico*, qui sait ? même de la crème et des fraises, et nous attendrons patiemment nos dessinateurs.

— Vous avez raison, colonel. Vous et moi, qui sommes les gens raisonnables de la maison, nous aurions bien tort de nous faire les martyrs de ces amoureux qui ne vivent que de poésie. Donnez-moi le bras. N'est-ce pas que je me forme ? Je prends le bras, je mets des chapeaux, des robes à la mode ; j'ai des bijoux ; j'apprends je ne sais combien de belles choses ; je ne suis plus du tout une sauvagesse. Voyez un peu la grâce que j'ai à porter ce châle... Ce blondin, cet officier de votre régiment, qui était au mariage... mon Dieu ! je ne puis pas retenir son nom ; un grand frisé, que je jetterais par terre d'un coup de poing...

— Chatworth ? dit le colonel.

— A la bonne heure ! mais je ne le prononcerai jamais. Eh bien, il est amoureux fou de moi.

— Ah ! Colomba, vous devenez bien coquette. Nous aurons dans peu un autre mariage.

— Moi ! me marier ? Et qui donc élèverait mon neveu... quand Orso m'en aura donné un ? qui donc lui apprendrait à parler corse ?... Oui, il parlera corse, et je lui ferai un bonnet pointu pour vous faire enrager.

— Attendons d'abord que vous ayez un neveu ; et puis vous lui apprendrez à jouer du stylet, si bon vous semble.

— Adieu les stylets, dit gaiement Colomba ; maintenant j'ai un éventail, pour vous en donner sur les doigts quand vous direz du mal de mon pays. »

Causant ainsi, ils entrèrent dans la ferme où ils trouvèrent vin, fraises et crème. Colomba aida la fermière à cueillir des fraises pendant que le colonel buvait de l'*aleatico*. Au détour d'une allée, Colomba aperçut un vieillard assis au soleil sur une chaise de paille, malade, comme il semblait ; car il avait les joues creuses, les yeux enfoncés ; il était d'une maigreur extrême, et son immobilité, sa pâleur, son regard fixe, le faisaient ressembler à un cadavre plutôt qu'à un être vivant. Pendant plusieurs minutes, Colomba le contempla avec tant de curiosité qu'elle attira l'attention de la fermière.

« Ce pauvre vieillard, dit-elle, c'est un de vos compatriotes, car je connais bien à votre parler que vous êtes de la Corse, mademoiselle. Il a eu des malheurs dans son pays ; ses enfants sont morts d'une façon terrible. On dit, je vous demande pardon, mademoiselle, que vos compatriotes ne sont pas tendres dans leurs inimitiés. Pour lors, ce pauvre monsieur, resté seul, s'en est venu à Pise, chez une parente éloignée, qui est la propriétaire de cette

ferme. Le brave homme est un peu timbré ; c'est le
malheur et le chagrin... C'est gênant pour madame, qui
reçoit beaucoup de monde ; elle l'a donc envoyé ici. Il est
bien doux, pas gênant ; il ne dit pas trois paroles dans un
jour. Par exemple, la tête a déménagé. Le médecin vient
toutes les semaines, et il dit qu'il n'en a pas pour longtemps.

— Ah ! il est condamné ? dit Colomba. Dans sa position, c'est un bonheur d'en finir.

— Vous devriez, mademoiselle, lui parler un peu
corse ; cela le ragaillardirait peut-être d'entendre le langage de son pays.

— Il faut voir », dit Colomba avec un sourire ironique.
Et elle s'approcha du vieillard jusqu'à ce que son
ombre vînt lui ôter le soleil. Alors le pauvre idiot leva la
tête et regarda fixement Colomba, qui le regardait de
même, souriant toujours. Au bout d'un instant, le vieillard passa la main sur son front, et ferma les yeux comme
pour échapper au regard de Colomba. Puis il les rouvrit,
mais démesurément ; ses lèvres tremblaient ; il voulait
étendre les mains ; mais, fasciné par Colomba, il demeurait cloué sur sa chaise, hors d'état de parler ou de se
mouvoir. Enfin de grosses larmes coulèrent de ses yeux,
et quelques sanglots s'échappèrent de sa poitrine.

« Voilà la première fois que je le vois ainsi, dit la
jardinière. Mademoiselle est une demoiselle de votre
pays ; elle est venue pour vous voir, dit-elle au vieillard.

— Grâce ! s'écria celui-ci d'une voix rauque ; grâce !
n'es-tu pas satisfaite ? Cette feuille... que j'avais brûlée...
comment as-tu fait pour la lire ?... Mais pourquoi tous les
deux ?... Orlanduccio, tu n'as rien pu lire contre lui... il
fallait m'en laisser un... un seul... Orlanduccio... tu n'as
pas lu son nom...

— Il me les fallait tous les deux, lui dit Colomba à voix
basse et dans le dialecte corse. Les rameaux sont coupés ;
et, si la souche n'était pas pourrie, je l'eusse arrachée. Va,
ne te plains pas ; tu n'as pas longtemps à souffrir. Moi,
j'ai souffert deux ans ! »

Le vieillard poussa un cri, et sa tête tomba sur sa poitrine. Colomba lui tourna le dos, et revint à pas lents vers la maison en chantant quelques mots incompréhensibles d'une ballata : « Il me faut la main qui a tiré, l'œil qui a visé, le cœur qui a pensé... »

Pendant que la jardinière s'empressait à secourir le vieillard, Colomba, le teint animé, l'œil en feu, se mettait à table devant le colonel.

« Qu'avez-vous donc ? dit-il, je vous trouve l'air que vous aviez à Pietranera, ce jour où, pendant notre dîner, on nous envoya des balles.

— Ce sont des souvenirs de la Corse qui me sont revenus en tête. Mais voilà qui est fini. Je serai marraine, n'est-ce pas ? Oh ! quels beaux noms je lui donnerai : Ghilfuccio-Tomaso-Orso-Leone ! »

La jardinière rentrait en ce moment.

« Eh bien, demanda Colomba du plus grand sang-froid, est-il mort, ou évanoui seulement ?

— Ce n'était rien, mademoiselle ; mais c'est singulier comme votre vue lui a fait de l'effet.

— Et le médecin dit qu'il n'en a pas pour longtemps ?

— Pas pour deux mois, peut-être.

— Ce ne sera pas une grande perte, observa Colomba.

— De qui diable parlez-vous ? demanda le colonel.

— D'un idiot de mon pays, dit Colomba d'un air d'indifférence, qui est en pension ici. J'enverrai savoir de temps en temps de ses nouvelles. Mais, colonel Nevil, laissez donc des fraises pour mon frère et pour Lydia. »

Lorsque Colomba sortit de la ferme pour remonter dans la calèche, la fermière la suivit des yeux quelque temps.

« Tu vois bien cette demoiselle si jolie, dit-elle à sa fille, eh bien, je suis sûre qu'elle a le mauvais œil. »

1840.

TABLE DES MATIÈRES

IMPRIMÉ EN CEE
le 29-06-1995
B/056-93 – Dépôt légal, juillet 1993